索军事医学之路

天民 传

邓晓蕾 冉新泽 ◎ 著

国家学术成长资料采集工程
工程院院士传记

1927年	1949年	1978年	1983年	1993年	1996年	2000年
出生于江苏宜兴	在华中医学院参军入伍	担任防原医学学科首批硕士生导师	担任第三军医大学副校长	获国家科技进步奖一等奖	当选中国工程院院士	成为首批跨学部院士

老科学家学术成长资料采集工程
中国工程院院士传记 丛书

求索军事医学之路
程天民 传

邓晓蕾 冉新泽 ◎ 著

中国科学技术出版社
上海交通大学出版社

图书在版编目（CIP）数据

求索军事医学之路：程天民传 / 邓晓蕾，冉新泽 著．—北京：中国科学技术出版社，2014.5
（老科学家学术成长资料采集工程　中国工程院院士传记丛书）
ISBN 978-7-5046-6725-0

Ⅰ．①求… Ⅱ．①邓… ②冉… Ⅲ．①程天民-传记 Ⅳ．① K826.2

中国版本图书馆 CIP 数据核字（2014）第 233630 号

出 版 人	苏　青　韩建民
责任编辑	许　慧　李惠兴　周晓慧
责任校对	韩　玲
责任印制	张建农
版式设计	中文天地

出　　版	中国科学技术出版社　上海交通大学出版社
发　　行	科学普及出版社发行部
地　　址	北京市海淀区中关村南大街16号
邮　　编	100081
发行电话	010-62173865
传　　真	010-62179148
网　　址	http://www.cspbooks.com.cn

开　　本	787mm×1092mm　1/16
字　　数	260千字
印　　张	16.75
彩　　插	2
版　　次	2014年5月第1版
印　　次	2014年5月第1次印刷
印　　刷	北京华联印刷有限公司
书　　号	ISBN 978-7-5046-6725-0 / K·161
定　　价	50.00元

（凡购买本社图书，如有缺页、倒页、脱页者，本社发行部负责调换）

老科学家学术成长资料采集工程领导小组专家委员会

主　任：杜祥琬
委　员：（以姓氏拼音为序）
　　　　巴德年　　陈佳洱　　胡启恒　　李振声
　　　　王礼恒　　王春法　　张　勤

老科学家学术成长资料采集工程丛书组织机构

特邀顾问（以姓氏拼音为序）
　　　　樊洪业　　方　新　　齐　让　　谢克昌

编委会
主　编：王春法　　张　藜
编　委：（以姓氏拼音为序）
　　　　艾素珍　　董庆九　　胡化凯　　黄竞跃　　韩建民
　　　　廖育群　　吕瑞花　　刘晓勘　　林兆谦　　秦德继
　　　　任福君　　苏　青　　王扬宗　　夏　强　　杨建荣
　　　　张柏春　　张大庆　　张　剑　　张九辰　　周德进

编委会办公室
主　任：许向阳　　张利洁
副主任：许　慧　　刘佩英
成　员：（以姓氏拼音为序）
　　　　崔宇红　　董亚峥　　冯　勤　　何素兴　　韩　颖
　　　　李　梅　　罗兴波　　刘　洋　　刘如溪　　沈林苣
　　　　王晓琴　　王传超　　徐　捷　　肖　潇　　言　挺
　　　　余　君　　张海新　　张佳静

老科学家学术成长资料采集工程简介

  老科学家学术成长资料采集工程（以下简称"采集工程"）是根据国务院领导同志的指示精神，由国家科教领导小组于2010年正式启动，中国科协牵头，联合中组部、教育部、科技部、工信部、财政部、文化部、国资委、解放军总政治部、中国科学院、中国工程院、国家自然科学基金委员会等11部委共同实施的一项抢救性工程，旨在通过实物采集、口述访谈、录音录像等方法，把反映老科学家学术成长历程的关键事件、重要节点、师承关系等各方面的资料保存下来，为深入研究科技人才成长规律，宣传优秀科技人物提供第一手资料和原始素材。按照国务院批准的《老科学家学术成长资料采集工程实施方案》，采集工程一期拟完成300位老科学家学术成长资料的采集工作。

  采集工程是一项开创性工作。为确保采集工作规范科学，启动之初即成立了由中国科协主要领导任组长、12个部委分管领导任成员的领导小组，负责采集工程的宏观指导和重要政策措施制定，同时成立领导小组专家委员会负责采集原则确定、采集名单审定和学术咨询，委托中国科学技术史学会承担具体组织和业务指导工作，建立专门的馆藏基地确保采集资料的永久性收藏和提供使用，并研究制定了《采集工作流程》、《采集工作规范》等一系列基础文件，作为采集人员的工作指南。截止2014年底，已启动 304 位老科学家的学术成长资料采集工作，获得手稿、书信等实物原件资料 52093 件，数字化资料 137471 件，视频资料 183878 分钟，音频资料 224825 分钟，具有重要的史料价值。

采集工程的成果目前主要有三种体现形式，一是建设一套系统的"老科学家学术成长资料数据库"（本丛书简称"采集工程数据库"），提供学术研究和弘扬科学精神、宣传科学家之用；二是编辑制作科学家专题资料片系列，以视频形式播出；三是研究撰写客观反映老科学家学术成长经历的研究报告，以学术传记的形式，与中国科学院、中国工程院联合出版。随着采集工程的不断拓展和深入，将有更多形式的采集成果问世，为社会公众了解老科学家的感人事迹，探索科技人才成长规律，研究中国科技事业的发展历程提供客观翔实的史料支撑。

总序一

中国科学技术协会主席　韩启德

老科学家是共和国建设的重要参与者，也是新中国科技发展历史的亲历者和见证者，他们的学术成长历程生动反映了近现代中国科技事业与科技教育的进展，本身就是新中国科技发展历史的重要组成部分。针对近年来老科学家相继辞世、学术成长资料大量散失的突出问题，中国科协于2009年向国务院提出抢救老科学家学术成长资料的建议，受到国务院领导同志的高度重视和充分肯定，并明确责成中国科协牵头，联合相关部门共同组织实施。根据国务院批复的《老科学家学术成长资料采集工程实施方案》，中国科协联合中组部、教育部、科技部、工业和信息化部、财政部、文化部、国资委、解放军总政治部、中国科学院、中国工程院、国家自然科学基金委员会等11部委共同组成领导小组，从2010年开始组织实施老科学家学术成长资料采集工程。

老科学家学术成长资料采集是一项系统工程，通过文献与口述资料的搜集和整理、录音录像、实物采集等形式，把反映老科学家求学历程、师承关系、科研活动、学术成就等学术成长中关键节点和重要事件的口述资料、实物资料和音像资料完整系统地保存下来，对于充实新中国科技发展的历史文献，理清我国科技界学术传承脉络，探索我国科技发展规律和科技人才成长规律，弘扬我国科技工作者求真务实、无私奉献的精神，在全社会营造爱科学、学科学、用科学的良好氛围,是一件很有意义的事情。采集工程把重点放在年龄在80岁以上、学术成长经历丰富的两院院士,以及虽然不是两院院士、但在我国科技事业发展中作出突出贡献的老科技工作者,充分体现了党和国家对老科学家的关心和爱护。

自2010年启动实施以来,采集工程以对历史负责、对国家负责、对科技事业负责的精神,开展了一系列工作,获得大量反映老科学家学术成长历程的文字资料、实物资料和音视频资料,其中有一些资料具有很高的史料价值和学术价值,弥足珍贵。

以传记丛书的形式把采集工程的成果展现给社会公众,是采集工程的目标之一,也是社会各界的共同期待。在我看来,这些传记丛书大都是在充分挖掘档案和书信等各种文献资料、与口述访谈相互印证校核、严密考证的基础之上形成的,内中还有许多很有价值的照片、手稿影印件等珍贵图片,基本做到了图文并茂,语言生动,既体现了历史的鲜活,又立体化地刻画了人物,较好地实现了真实性、专业性、可读性的有机统一。通过这套传记丛书,学者能够获得更加丰富扎实的文献依据,公众能够更加系统深入地了解老一辈科学家的成就、贡献、经历和品格,青少年可以更真实地了解科学家、了解科技活动,进而充分激发对科学家职业的浓厚兴趣。

借此机会,向所有接受采集的老科学家及其亲属朋友,向参与采集工程的工作人员和单位,表示衷心感谢。真诚希望这套丛书能够得到学术界的认可和读者的喜爱,希望采集工程能够得到更广泛的关注和支持。我期待并相信,随着时间的流逝,采集工程的成果将以更加丰富多样的形式呈现给社会公众,采集工程的意义也将越来越彰显于天下。

是为序。

总序二

中国科学院院长　白春礼

由国家科教领导小组直接启动，中国科学技术协会和中国科学院等12个部门和单位共同组织实施的老科学家学术成长资料采集工程，是国务院交办的一项重要任务，也是中国科技界的一件大事。值此采集工程传记丛书出版之际，我向采集工程的顺利实施表示热烈祝贺，向参与采集工程的老科学家和工作人员表示衷心感谢！

按照国务院批准实施的《老科学家学术成长资料采集工程实施方案》，开展这一工作的主要目的就是要通过录音录像、实物采集等多种方式，把反映老科学家学术成长历史的重要资料保存下来，丰富新中国科技发展的历史资料，推动形成新中国的学术传统，激发科技工作者的创新热情和创造活力，在全社会营造爱科学、学科学、用科学的良好氛围。通过实施采集工程，系统搜集、整理反映这些老科学家学术成长历程的关键事件、重要节点、学术传承关系等的各类文献、实物和音视频资料，并结合不同时期的社会发展和国际相关学科领域的发展背景加以梳理和研究，不仅有利于深入了解新中国科学发展的进程特别是老科学家所在学科的发展脉络，而且有利于发现老科学家成长成才中的关键人物、关键事件、关键因素，探索和把握高层次人才培养规律和创新人才成长规律，更有利于理清我国科技界学术传承脉络，深入了解我国科学传统的形成过程，在全社会范围内宣传弘扬老科学家的科学思想、卓越贡献和高尚品质，推动社会主义科学文化和创新文化建设。从这个意义上说，采集工程不仅是一项文化工程，更是一项严肃认真的学术建设工作。

中国科学院是科技事业的国家队，也是凝聚和团结广大院士的大家庭。早在1955年，中国科学院选举产生了第一批学部委员，1993年国务院决定中国科学院学部委员改称中国科学院院士。半个多世纪以来，从学部委员到院士，经历了一个艰难的制度化进程，在我国科学事业发展史上书写了浓墨重彩的一笔。在目前已接受采集的老科学家中，有很大一部分即是上个世纪80、90年代当选的中国科学院学部委员、院士，其中既有学科领域的奠基人和开拓者，也有作出过重大科学成就的著名科学家，更有毕生在专门学科领域默默耕耘的一流学者。作为声誉卓著的学术带头人，他们以发展科技、服务国家、造福人民为己任，求真务实、开拓创新，为我国经济建设、社会发展、科技进步和国家安全作出了重要贡献；作为杰出的科学教育家，他们着力培养、大力提携青年人才，在弘扬科学精神、倡树科学理念方面书写了可歌可泣的光辉篇章。他们的学术成就和成长经历既是新中国科技发展的一个缩影，也是国家和社会的宝贵财富。通过采集工程为老科学家树碑立传，不仅对老科学家们的成就和贡献是一份肯定和安慰，也使我们多年的夙愿得偿！

鲁迅说过，"跨过那站着的前人"。过去的辉煌历史是老一辈科学家铸就的，新的历史篇章需要我们来谱写。衷心希望广大科技工作者能够通过"采集工程"的这套老科学家传记丛书和院士丛书等类似著作，深入具体地了解和学习老一辈科学家学术成长历程中的感人事迹和优秀品质；继承和弘扬老一辈科学家求真务实、勇于创新的科学精神，不畏艰险、勇攀高峰的探索精神，团结协作、淡泊名利的团队精神，报效祖国、服务社会的奉献精神，在推动科技发展和创新型国家建设的广阔道路上取得更辉煌的成绩。

总序三

中国工程院院长 周 济

由中国科协联合相关部门共同组织实施的老科学家学术成长资料采集工程，是一项经国务院批准开展的弘扬老一辈科技专家崇高精神、加强科学道德建设的重要工作，也是我国科技界的共同责任。中国工程院作为采集工程领导小组的成员单位，能够直接参与此项工作，深感责任重大、意义非凡。

在新的历史时期，科学技术作为第一生产力，已经日益成为经济社会发展的主要驱动力。科技工作者作为先进生产力的开拓者和先进文化的传播者，在推动科学技术进步和科技事业发展方面发挥着关键的决定的作用。

新中国成立以来，特别是改革开放30多年来，我们国家的工程科技取得了伟大的历史性成就，为祖国的现代化事业作出了巨大的历史性贡献。两弹一星、三峡工程、高速铁路、载人航天、杂交水稻、载人深潜、超级计算机……一项项重大工程为社会主义事业的蓬勃发展和祖国富强书写了浓墨重彩的篇章。

这些伟大的重大工程成就，凝聚和倾注了以钱学森、朱光亚、周光召、侯祥麟、袁隆平等为代表的一代又一代科技专家们的心血和智慧。他们克服重重困难，攻克无数技术难关，潜心开展科技研究，致力推动创新发展，为实现我国工程科技水平大幅提升和国家综合实力显著增强作出了杰出贡献。他们热爱祖国，忠于人民，自觉把个人事业融入到国家建设大局之中，为实现国家富强而不断奋斗；他们求真务实，勇于创新，用科技为中华民族的伟大复兴铸就了辉煌；他们治学严谨，鞠躬尽瘁，具有崇高的科学精神和科学道德，是我们后代学习的楷模。科学家们的一生是一本珍贵的教科书，他们坚定的理想信念和淡泊名利的崇高品格是中华民族自强不息精神的宝贵财富，永远值得后人铭记和敬仰。

通过实施采集工程，把反映老科学家学术成长经历的重要文字资料、实物资料和音像资料保存下来，把他们卓越的技术成就和可贵的精神品质记录下来，并编辑出版他们的学术传记，对于进一步宣传他们为我国科技发展和民族进步作出的不朽功勋，引导青年科技工作者学习继承他们的可贵精神和优秀品质，不断攀登世界科技高峰，推动在全社会弘扬科学精神，营造爱科学、讲科学、学科学、用科学的良好氛围，无疑有着十分重要的意义。

中国工程院是我国工程科技界的最高荣誉性、咨询性学术机构，集中了一大批成就卓著、德高望重的老科技专家。以各种形式把他们的学术成长经历留存下来，为后人提供启迪，为社会提供借鉴，为共和国的科技发展留下一份珍贵资料。这是我们的愿望和责任，也是科技界和全社会的共同期待。

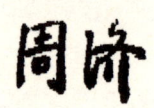

周济

程天民

冉新泽（右）和邓晓蕾（左）与程天民合影

冉新泽（前右）、邓晓蕾（后左4）、张远军（后左2）、
赵虹霖（后左5）、肖燕（后左3）、郑小涛
（后左1）与程天民一起研究采集进展

程天民听取采集组长冉新泽（中）和副组长邓晓蕾（左）
采集工作汇报

序

纵观古今中外，一切精神财富和物质财富无一不是"人"创造的。历史的发展成长了人，人又创造了历史。在众多的"人"中间，成为"家"的人，如思想家、科学家、文学家、艺术家，等等，起着更为突出的不可替代的作用。科学追求真，文学追求善，艺术追求美，三者融合而形成的真善美，成为促进社会进步发展的巨大动力。科学技术的发展很大程度上有赖于科学家的努力和创造。科学技术是第一生产力，而掌握、发展、创造、运用科学技术的人是第一生产力的第一要素，其中的科学家又是最重要、最宝贵和最核心的人。

科学家、特别是"大家"的成长，多经历漫长而艰苦的岁月，成为"大家"要比盖大楼难得多，受到诸多因素的影响，如所处的时代背景，对所从事专业的客观需求，领导管理科技的理念和政策，相关领域的发展和互动，学术团队的素质和协同，特别是科学家自身的意志、毅力、智慧和能力。我国有一大批成绩卓著、贡献巨大的科学家，一批老科学家把毕生心血奉献给建设祖国和发展科技的伟大事业，他们的成长史可说在一个重要方面反映了中国的近代（现代）科技发展史，有些还扩及世界。中国科协领导和开展对中国老科学家学术成长资料的采集工程，乃是一项意义重大、工程浩大的伟大工程。我有幸成为一名被采集的对象，从自我采集和被采集的过程中，越发感到这项工程的迫切、重要和必要。

我认为这项工程的重大意义主要在于：① 通过真人真事、有血有肉、可歌可颂的资料，实实在在地传扬了中华优秀文化，倡导了科学精神和奉献精神。② 可从中总结提炼出老科学家学术成长的特点、轨迹和规律，并结合诸多科学家的具体业绩，将形成无价的传世的学术宝库。③ 对党和政府各级领导而言，可从中了解、领悟科学家的道路是怎样走过来的，从而更好地遵循科学规律，加强和改善对科技工作的领导，增进对科学家的知心贴心。④ 对我国科技队伍、特别是年轻科技人员，从科学精神、治学态度、科研思维、人格魅力，以至文风文采等诸多方面起到启迪、示范、励志作用。现在的工作、生活条件比老科学家当年好得多了，更应发奋图强，为时代、为人类、为祖国作出更大贡献。⑤ 具有特殊的迫切性、抢救性。随着时间推移，一些老科学家相继离开了我们，国家和人民崇敬、怀念他们。而对现在的老科学家，必须于他们健在、能"自我采集"或"配合采集"的时候，组织相关力量采集他们的学术成长资料，时不我待，不然就难以弥补了。

我在这次采集工作中，通过自我采集和接受采集，也获诸多受益和教育，主要是：① 促使系统地回顾、总结、思考，进而升华忆悟自己的一生是怎样走过来的，大西南的重庆高滩岩和大西北的新疆戈壁滩是我学术成长的主要地区。从成长过程凝练一些轨迹和节点，更加深了自我认识，并通过多次系统访谈予以表述。对自己，也形成了一部相对系统完整的包括语音、文字、图像的历史记载。② 获得动力去"翻箱倒柜"，搜集"历史"资料，从20世纪五六十年代的读书笔记、教学讲稿手稿（将发黄的劣质纸手稿整理拓裱后装订成册）到编著的学术著作和创作的人文作品，确实有着老有所学、老有所为、老有所乐、乐在其中之感。③ 从总结大半辈子从事的科技专业实际工作，从大量学术论文、讲座、论著，归纳出学术成长中在防原医学和病理学领域所取得的主要进展，包括有形的学术成绩和感悟的学术精神。④ 进一步体会到科学家的"老"，说明过去工作时间的长和今后工作时间的短，更激励要珍惜抓紧晚年，努力老有所为，而这主要在于培养年轻一代，培养成长出德才兼备、超过自己的学术接班人，应是老科学家最重要的崇高而迫切的任务。

诸多老科学家的学术成长既有共性，又有个性。我感到采集工程要重视共性，寻求有普遍指导意义的规律。然而各科学家的成长过程并不是、也不可能是千篇一律的，是各有特色的，尊重、突出个性，才更具有创造性、针对性、真实性和生动性。作为被采集的科学家，也应努力发掘提炼自身的特色。通过这次采集，我感悟自己的学术成长体现有以下一些特点：

（1）所处时代特征。求学生涯小学、中学阶段家乡沦陷，正处抗日战争，大学学习正逢解放战争，迈向人生之路就懂得要爱国，要坚强，要奉献。经历共和国成立后各个历史阶段，得到多方面的锻炼和教育。

（2）专业变动特征。大学毕业后从事了29年的作为基础医学的病理学专业，随我国研发核武器，进行核试验，服从需要而改行转向防原医学，使自己的专业与国家重大需求更直接密切相关。把自己的抱负志向融合于国家人民的需求之中和对科学的追求之中，情系祖国安危，献身军事医学，成为学术成长的动力。

（3）学术与管理双挑。走过了由教授到大学校长，由校长到教授的成长道路。当校长没丢专业，做专业也重管理，既要深化学术，又要做好管理，加强了成长的"复合"过程。自己"出身"于教师和科研人员，当校长努力遵循科教规律，尊重科教人员，又拓展了自己的学术知识。回到教授岗位，继续致力于专业，与团队大力协同，五项国家科技进步奖和教学成果奖一等、二等奖和主编的几部重要专著，都是在我62—84岁期间获得和完成的。

（4）教学与科研结合。教学与科研相辅相成，是一名大学教师成长的必由之路，也是科学家学术成长的主要途径。我既重视教学，坚持教育改革，潜心教书育人；又致力科研，主持和完成了多项国家和军队重大项目研究。两者相互促进，既获国家科技进步奖一等奖，又得国家教学成果奖一等奖。

（5）科技与人文相融。业余喜好并学习书法、绘画、篆刻、诗词等人文艺术。寓美育于智育之中，提高了教学质量；将自然科学严谨求证的理性思维与人文艺术抒情以至浪漫的形象思维相结合，有利于形成创新的科学思维，指导科学研究。进而认识科学与艺术的同源性和统一性，确立正确的事业观、学术观和生活观，领悟人生，开拓境界，促进专业发展和个人成长。

最后，我要深切感谢中国科协这一创举、壮举，第三军医大学从多方面的支持指导，接受访谈的25位领导、院士、同事、学生的热切关爱，采集小组（冉新泽、邓晓蕾、肖燕、郑小涛、张远军、赵虹霖、耿鹏等）同志的辛劳高效工作，我将永志不忘。

程天民

2013年3月

于重庆第三军医大学

目 录

老科学家学术成长资料采集工程简介

总序一 ································· 韩启德

总序二 ································· 白春礼

总序三 ································· 周　济

序 ··································· 程天民

导　言 ······································· 1

第一章 ｜ 沦陷区的童年生活 ··················· 9

　　和睦大家庭 ······························· 9
　　竺西小学的启蒙 ·························· 11
　　誓死不能再当亡国奴 ······················ 13

第二章 | 战火纷飞　负笈求学 ····· 15

苏州中学的颠沛流离 ····· 15
跨越封锁线报考大学 ····· 18
国立中正医学院 ····· 21
积极投身爱国学生运动 ····· 25
走上从军道路 ····· 29

第三章 | 投身病理学 ····· 34

一切为了学生 ····· 34
受教一年，受益终身 ····· 40
努力讲好每一堂课 ····· 45
两次特殊的临时任务 ····· 52

第四章 | 迈入防原医学领域 ····· 56

孔雀河畔参加核效应试验 ····· 56
不研究防护救治怎么得了 ····· 62
戈壁滩上主持防原医学训练 ····· 66
参加两次核试验资料大总结 ····· 69
编著《核武器损伤及其防护》和《防原医学》 ····· 73
发现并命名骨髓巨核细胞被噬现象 ····· 75
矢志不渝选择"硬骨头" ····· 77

第五章 | 从教授到校长 ····· 83

提出业务建设的设想 ····· 83
新任校长面临的严峻挑战 ····· 88
提出"两个取胜"办学思想 ····· 91
为历史正名 ····· 98
征地拓展发展空间 ····· 104
主动请辞、平静回归 ····· 106

| 第六章 | 开拓引领复合伤研究 ·· 110

　　和平年代的复合伤研究仍旧必要 ····················· 110
　　"复合效应"的深入思考 ································· 115
　　聚焦两大类代表性复合伤 ······························ 118
　　解决复合伤救治的关键问题 ··························· 123
　　开创贫铀弹伤害医学防护研究 ························ 127

| 第七章 | 创建军事预防医学新学科 ···································· 132

　　倡议创建新学科 ·· 132
　　奠基性专著的诞生与发展 ······························ 135
　　新学科带来勃勃生机 ····································· 138

| 第八章 | 身后留下一片林 ··· 143

　　我国第一位防原医学女博士 ··························· 143
　　延续防原医学事业的希望 ······························ 146
　　教书与育人 ··· 151
　　只为"江山代有才人出" ································· 155

结　语　求索、艰辛、成功之路 ································· 161

附录一　程天民年表 ··· 189

附录二　程天民主要论著目录 ······································ 214

附录三　程天民担任、兼任学术职务 ··························· 230

附录四　程天民所获科技成果与荣誉奖励 ···················· 232

参考文献 ··· 237

后　记 ·· 240

图片目录

图2-1　1944年程天民在苏州中学高中三年级时与同学们的留影……………16
图2-2　1945年程天民在屯溪报考大学时与好友孙初、毕敖洪的合影………19
图2-3　1937年国立中正医学院旧址……………………………………………22
图2-4　1942年国立中正医学院第一学期教职员一览…………………………22
图2-5　程天民大学学习时的英文笔记…………………………………………23
图2-6　1949年程天民在南昌解放后的留影……………………………………28
图2-7　1949年程天民和同学们参加建校劳动…………………………………31
图2-8　1950年程天民和演出队登车到南昌望城岗军政大学
　　　　演出话剧《思想问题》…………………………………………………32
图2-9　1949年刚穿上军装的程天民和同学在校园里的合影…………………33
图3-1　1950年华中医学院1951级结业合影……………………………………35
图3-2　1951年程天民等毕业留校的部分同学与学员队李亚东队长、
　　　　刘光璞教导员的合影………………………………………………………36
图3-3　1950年程天民正在备课…………………………………………………37
图3-4　1950年程天民在病理学实习课上指导学生观察显微镜下
　　　　病理组织………………………………………………………………38
图3-5　程天民亲手绘制的《病理解剖学图谱》…………………………………39
图3-6　1951—1952年程天民在病理学师资班的学习笔记……………………40
图3-7　1952年全国第一期病理学高级师资班学员与教授合影………………44
图3-8　1999年11月梁伯强教授百年诞辰纪念，程天民等与
　　　　师母余绍娥的合影………………………………………………………44
图3-9　1953年程天民获得的第一个三等功立功证明书………………………45
图3-10　程天民所做的部分病理学读书笔记……………………………………47
图3-11　程天民在课堂上边画边讲………………………………………………49

IV

图4-1	参试队员自己动手修建养狗房	59
图4-2	1970年10月程天民与"戈壁战友"在总后效应大队开屏驻地的合影	60
图4-3	参试人员在核试验现场布放动物	61
图4-4	第三军医大学在核试验现场布放的试验狗	61
图4-5	1980年程天民身着防护服在戈壁滩留影	62
图4-6	1980年程天民带领第三军医大学参试小分队在核试验现场合影	64
图4-7	1980年程天民参加最后一次大气层核试验后返回途中在天山之顶	65
图4-8	程天民在核试验现场的讲课手稿	67
图4-9	程天民在总后效应大队介绍防原医学研究经验	68
图4-10	《核武器对人员的损伤及其防护（机密）》书影	72
图4-11	程天民参加我国核试验两次资料大总结的成果	72
图4-12	1975年程天民在工作中	73
图4-13	1979年8月完稿之后，程天民与同仁同登八达岭长城	74
图4-14	《核武器损伤及其防护（秘密）》书影	74
图4-15	我国第一部《防原医学》书影	75
图4-16	程天民撰写的《骨髓巨核细胞被噬现象的研究》论文手稿	76
图5-1	1986年程天民与黎鳌教授在中美首届国际烧伤会议上	87
图5-2	1987年程天民与学校新一届领导班子成员在一起	88
图5-3	1986年程天民首次提出"以质量取胜、以特色取胜"办学战略思想	93
图5-4	1996年第三军医大学的三名院士在第二十一届国际军事医学大会上	96
图5-5	第三军医大学校训碑。上面镌刻着由程天民亲自题写的"以质量取胜，以特色取胜"	97
图5-6	1986年第三军医大学学术论文报告会全体代表合影	101
图5-7	1987年程天民写给总后勤部领导的信，提请尽快确定这批学生参加革命的时间	103
图6-1	1990年程天民脱下军装后，继续在教研室从事科研工作	111
图6-2	1989年程天民请总后勤部支持复合伤实验室建设的信件手稿	113
图6-3	新建成的全军复合伤研究所外景	114

图6-4	用于模拟致伤的5千瓦溴钨灯及钴源室	120
图6-5	1993年程天民主持的"放烧和烧冲复合伤的病理学研究"获得国家科技进步奖一等奖	121
图6-6	2001年,74岁的程天民和粟永萍在贫铀弹效应试验现场解剖试验动物	129
图7-1	1997年9月在第三军医大学召开的军事预防医学新学科研讨会	135
图7-2	程天民主编的《军事预防医学》书影	138
图8-1	1988年程天民与粟永萍在答辩通过后的合影	145
图8-2	程天民写给粟永萍的对联	145
图结-1	第三军医大学校歌	184

导　言

屈原在《离骚》中曰"路漫漫其修远兮，吾将上下而求索"。程天民院士学术成长之路，正是不断求索军事医学之路——求学生涯之路，发展专业之路，办学治校之路，强军报国之路，人生感悟之路。

程天民院士及其经历简介

程天民，1927年12月27日生，江苏省宜兴市周铁镇人。我国著名防原医学与病理学家，中国工程院医药卫生学部与工程管理学部院士，军队文职特级、技术一级教授，博士研究生导师。曾任第三军医大学校长兼党委书记，国务院学位委员会第二、第三、第四届学科评议组成员兼公共卫生与预防医学评议组召集人，中华创伤学会主任委员等，现任解放军总后勤部科技咨询委员会副主任委员、第三军医大学专家咨询委员会主任委员、全军复合伤研究所名誉所长。程天民从事医学教育和科学研究60余年，曾14次参加我国核试验，是我国防原医学的主要开拓者之一，先后荣获国家科技进步奖一等奖2项，二等奖、三等奖各1项，国家教学成果奖一等奖1项、二等奖2项，军队科技进步奖及教学成果奖一等奖8项，并获何梁何利基金科学与技术进步奖、光华工程科技奖、重庆市首届科技突出贡献奖等重大奖励，中央军委授记一等功，是我国复合伤研究和军事医学领域的重要领军人物,被评为全国优秀共产党员、建军80周年全军英模等。

程天民院士的主要求学生涯处于战乱时期。1937年抗日战争爆发后不久,家乡周铁镇就被日军占领,成为沦陷区。抗战八年,周铁镇沦陷了八年。在此期间,程天民在家乡完成了小学和中学阶段的学习,并多次由于日寇侵犯而停课或迁校;1945年从苏州中学毕业后,程天民徒步穿越敌伪封锁线至安徽屯溪(现黄山市)报考大学,从录取的三所大学中,选择了到国立中正医学院学习。入学就读后不久,全国随即进入解放战争时期。1946年,程天民随中正医学院从福建长汀迁回江西南昌,大学四年级时迎来了全国的解放和新中国的成立。

程天民院士的学术成长主要经历国家与军队的独立培养和实践锻炼。1949年南昌解放后,国立中正医学院改名"南昌医学院",后与第四野战军军医学校合并成为军事院校,程天民也由此走上了从军道路。该校曾三易校名,最终发展成为了现在的中国人民解放军第三军医大学。1950年结业(六年制医科,五年结业,第六年实习)留校任教,迄今一直在同一学校工作。他长期从事病理学专业的教学及研究,1965年首次赴戈壁滩参加我国第二次核试验,促使他的专业方向由病理学逐渐转向了防原医学。此后曾14次参加我国核试验,在试验场区摸爬滚打,使他对防原医学的认识和取得的成就,产生了质的飞跃。

1967年和1972年,程天民两次参加我国核试验资料大总结,由他主笔撰写的《核爆炸所致狗损伤的病理变化》《烧冲复合伤的病理变化》两个专题报告是我国自己的、唯一的、由真实核武器爆炸所致真实核武器损伤的病理学研究成果,也是国内外最全面、最具权威性、包括不同当量空爆与地爆时所致真实核武器损伤的病理学文献。在此基础上,程天民与叶常青、王正国、赵青玉一起编著了《核武器损伤及其防护》专著(1976年第一版,1980年第二版),由解放军总后勤部卫生部印发全军。1986年又从平战结合、军民兼用出发,程天民主编,罗成基、阎永堂副主编的《防原医学》,由上海科学技术出版社在全国公开出版发行。程天民的这些核试验现场与实验室的研究成果充分发挥了核效应试验资料的实用价值,极大地促进了防原知识的传播和普及,在防原医学领域产生了深远影响,为建立我国自己的防原医学学科体系做出了重要的贡献。

1979年,程天民调任第三军医大学防原医学教研室主任,并兼卫生防疫系副主任、主任。他从国家和军队的需求出发,在饱受争议的情况下,决策以复合伤这块"硬骨头"作为防原医学研究的主要方向,带领研究团队克服了重重困难,矢志不渝坚持研究复合伤。经过近40年的努力,他们不仅在复合伤基础理论和治疗研究方面取得了丰硕的成果,而且建立起国内唯一的全军复合伤研究所,培养了一支高素质的复合伤专业研究团队,并不断开辟复合伤研究新领域,使第三军医大学的复合伤研究水平在国内遥遥领先,在国际上也有重大影响。程天民本人也因此成为我国复合伤研究领域名副其实的开拓者和引领者。1996年当选为中国工程院院士,成为我国防原医学领域仅有的两名院士之一。

程天民院士的学术生涯经历丰实。他经历过教学、科研、管理等多个岗位的锻炼,并且长期承担"双肩挑"任务,具有丰富的实践经历和教育管理经验。1983年,程天民从一名教授走上了学校领导岗位,直至1988年,他先后担任了第三军医大学副校长、校长兼党委书记等职,提出了"以质量取胜、以特色取胜"办学思想,并确立全校以军事医学为重点和特色,成为第三军医大学连续七届党委、26年坚持至今的传家宝和校训,显著促进了学校的建设发展,取得了以军事医学领域获得五项国家科技进步奖一等奖和出了三位院士的突出成就。1988年,程天民主动请辞,回归到教授岗位,从事教学与科研工作。1996年,程天民倡议创建了"军事预防医学"新学科,主编了奠基性教材《军事预防医学概论》及《军事预防医学》,从而丰富完善了我国军事医学教育体系,极大地推进了军队公共卫生与预防医学专业人才的培养,为发展军队预防医学卫生防疫事业做出了突出贡献。

还需指出,程天民院士所主编的重要专著,获得的主要科技成果及其他奖励多是在他1988年由校长回到教授岗位上后,在原有基础上与团队共同努力完成和获得的,也是他62—85岁老年期的成绩。他深感"文化大革命"八年被耽误了、从事学校管理五年精力分散了,回到专业岗位更要珍惜老年时期，努力老有所学、老有所为，努力发挥一名老科学家的作用。

程天民院士自幼受到家乡浓郁的人文氛围和自然风光熏陶，在艺术方面也有很深的造诣，尤其擅长书法、绘画、诗词、篆刻及摄影，是非常难得的"科学家中的艺术家"。他注重治学与修身相融，对科学与艺术的结合有深入的体验和思考，通过自觉、主动地将两者结合在科研思维和方法创新上，并进一步以此指导业务实践，贯穿于工作和生活氛围之中，使他的学术发展和个人成长具有了深邃的智慧基础和不竭的活力源泉，从而让他逐步实现了"既创科学事业的成就，又享丰富多彩的人生"。

采集工作基本情况

成员组成

采集小组于 2011 年 5 月正式成立，由第三军医大学副政委牵头，政治部宣传处负责协调与指导。小组成员有六名：组长冉新泽系第三军医大学全军复合伤研究所书记，与程天民院士共事 30 多年，熟悉程院士的研究领域并有丰富的项目管理经验；副组长邓晓蕾系学校政工干事，具有高等教育专业硕士学位，现为社会医学与卫生事业管理专业在读博士，熟悉业务工作；组员张远军、赵虹霖系政治部宣传处干事，长期从事广播电视和新闻宣传工作；组员郑小涛系学校电视工作人员，专职从事电视摄像工作；组员肖燕为院士秘书，主要负责与院士相关的协调和沟通工作。

工作进展

采集小组于 2011 年 4 月底取得采集资格，随即正式开展工作。5 月中旬提交项目任务书；6 月至 10 月主要完成任务部署和案头准备；在此期间，采集小组得到了第三军医大学的全力支持，专门抽调相关人员参与有关采集工作。2011 年 11 月，基本完成院士大事年表和基础资料收集工作，并初步拟定了研究报告提纲；2011 年 12 月至 2012 年 2 月，如期完成了北京、上海、江苏地区的外围访谈工作；2012 年 3 月至 10 月，集中完成了对程天民院士本人的口述访谈及重庆地区的外围访谈工作，并且同步进行了研究报告的撰写和资料编目等工作。

主要成果

经过一年多的努力，采集小组所取得的成果主要体现在三方面。一是口述访谈资料。从2011年10月到2012年10月，采集小组完成了对程天民院士本人的七次直接访谈，采集音、视频资料时长各为522分钟，整理访谈文字稿107511字。直接访谈时间长，院士思路清晰、内容全面，访谈内容质量高，并且专门现场采集了程天民院士近期三次授课和讲座的音视频，总计时长255分钟，整理录音文字33250字；完成与院士关系紧密的原总部领导、学术同行、学生、家人等共24人的间接口述访谈，采集到音频、视频时长各为866分钟，整理访谈文字稿80907字。间接访谈人数多，涉及面广，从多个侧面立体反映出程天民院士的学术人生。二是其他音视频资料。翻录历史影像资料370份，共计29.8小时，高清拍摄程天民院士的家乡、母校以及家庭生活、科研工作、业余文化生活等共约130分钟。三是实物数字化资料。采集的实物原件主要有程天民院士捐赠的书籍15本，书画作品2件，捐赠自行复制照片149张。此外，对院士提供的部分实物资料进行了高标准的扫描，数字化资料共计2150.6G，包括手稿1041页，照片472张，证书、奖章25份等。

研究报告的形成

研究现状

由于程天民院士是现役军人，所从事的防原医学研究属于军事医学范畴，研究领域和内容部分涉及国防和军事秘密。因此，在程天民院士被列入采集对象之前，关于他学术成长历程方面的公开资料比较少，外界能够深入其本人及其研究领域的人为数不多，程天民院士对自己的整个成长历程也没有做过完整详细的传记性回顾，所以目前尚未见专门的程天民个人传记。

能够反映程天民院士学术成长历程的资料主要体现在相关的机构史、军队内部发行的文件、纪念集及新闻宣传报道中，大致包括两部分：

一是程天民院士的个人回忆。2006年12月，为纪念程天民院士从事医学教育科学研究55周年，全军复合伤研究所专门编印了纪念册《岁月留痕》。这部纪念册也是目前比较能够完整反映程院士成长历程的图片资料集。其中，程天民院士提供了人生经历中具有代表意义的珍贵照片及文字说明，并且在书后附有他在个人回忆的基础上参阅《第三军医大学校史》编写的"程天民个人简历和要事记"，这份资料为整体把握程天民院士的成长历程、梳理他的学术人生提供了基础脉络。另外，程天民院士在为不同书籍撰写文章的过程中，对自己的学术成长历程也有一些基本的梳理和叙述。例如在卢嘉锡等编写的《院士思维》一书中，程天民院士亲自撰写文章《辩证思维：删繁就简，立异标新》，其中叙述了他个人学术思维的特色和产生背景，描述了自己的基本成长经历；作为苏州中学校友，程天民院士在胡铁军主编的《百年苏中》一书中，撰写了《战火纷飞上苏中》一文，回忆了抗日战争期间在苏州中学艰难求学时的情况；在《中国人民解放军历史资料丛书·院校回忆史料》中，程天民院士撰写了《第三军医大学发展简史和几个片段、侧面的回忆》，在文中重点回顾了学校的发展历史、1949 年走上从军道路的过程，以及在军医大学工作的情况；程天民院士还在《大西北，大戈壁，大事业：中国核武器效应试验风云录》中撰写了《参试抒怀》，着重介绍了自己在戈壁滩核试验现场的工作经历和体会。这部分资料虽然是程天民院士对不同时期经历的片段性回忆，但是反映了他在不同阶段的成长经历，是对整体理解和深入研究其学术成长历程十分重要的基础性材料，因此也是本研究重点参考的内容。

　　二是对程天民院士的侧面反映。2006 年 12 月，第三军医大学军事预防医学院为程天民院士编写了纪念集《清泉流响》，其中收录了大部分关于程天民院士的报告文学、新闻通讯和诗歌等，并且还有他曾经的领导、同学、同事、朋友、学生为纪念其从事医学教育 55 周年而撰写的回忆文章和题词作品等，从不同侧面生动地反映了程天民院士从事科学研究、教书育人及担任校长期间的经历和成就；在《第三军医大学志》、《第三军医大学校史》、《第三军医大学军事预防医学院院史》等文献中，有多处关于程天民院士的成就及其经历的概略式阐述。此外，在搜集到的 71 篇新闻报道中，从不同角度反映了程天民院士的学术历程和成就。总体看来，这部分资料重点反映的是程天民院士学术成就比较突出的人生后半段，缺少对其学术发展过程的完整介绍，而且内容上仍存在着零散表浅、趋同性强、缺乏历史考证等问题，但是掌握这些资料是全面了解程天民院士成长经历不可缺少的前期案头准备，对之后进行人物口述访谈提供了深入挖掘的切入口，并在考证的基础上利用，有助于丰富活化历史细节。

研究思路

研究报告的基本思路为，以编年递进的方式梳理程天民院士的学术成长路线，以其成长历程中的关键事件和时间节点为章节划分标准，着重体现程天民院士经历的特色，并且在其中贯穿呈现我国防原医学学科和复合伤研究的发展演进历程，体现程天民院士在该领域的学术贡献和成就。在此基础上，进一步归纳程天民院士学术成长的基本特点，以及他能够实现学术成长的深层次原因。具体的研究框架如下：

首先，理清学术成长的基础脉络。通过对现有资料和口述访谈材料进行梳理、分析、考证，以编年推进的方式真实还原程天民院士的学术成长过程。其次，突出个性特色。例如在沦陷区的童年生活、战乱求学、从病理学转向防原医学的过程、从教授到校长的转变经历以及主动请辞校长职务回到教授岗位专注于复合伤研究、开创军事医学新学科等，以此体现出程天民院士学术成长中的与众不同之处。第三，呈现学术发展的演进路线。程天民院士是我国防原医学学科的开拓者之一，他的学术成长与防原医学发展息息相关。因此，要在描述其成长经历的过程中呈现出学科发展的轨迹，体现他学术思想的演进过程及主要的学术贡献。第四，剖析学术成长的根本原因。在归纳程天民院士学术历程特点的基础上，深入分析影响其学术成长的内在和外部因素，并进一步探求促使其实现学术成长的根本动因和内在渊源。

研究方法

一是注重分析现有文字资料。采集小组从既有文献入手，广泛查阅关于程天民院士及学术成长方面的各类书籍、报刊、网络文献等资料，力求理清其学术成长脉络，明确关键节点；收集并通读了程天民院士主编论著13部，参编论著14部，发表研究论文380多篇，其中较有代表性的134篇，试图通过这些论文了解程天民院士的学术传承、研究历程和研究方法，并从中探求其基本的科研思路；通读第三军医大学校史和相关机构史、学科史，努力把对人物的考察放入宏观的历史背景之下，增强人物解读的客观性、准确性。二是注重多侧面口述访谈，充分利用口述访谈弥补现有资料不全的情况。访谈的内容以编年递进，着重突出程天民院士学术人生的七个重要阶段，贯穿六大专题。对程天民院士本人进行了七次直接访谈，选择了对其影响较大的领导、家人、同学、同事、学生和助手等25人进行间接口述访谈，并在其家乡江苏宜兴周铁镇与他的部分邻居、朋友进行了非正式的侧面访谈，尽可能充分地发掘程天民院士在学术成长历程中的具体细节。三是注重实地走访调研。采集小组先后赴北京、上海、江苏和重庆等程天民院士生活和工作过的地点进行实地调查。在解放军总政治部干部部、江苏宜兴档案馆、苏州中学校史馆、第三军医大学校史馆、名人馆等地查询了程天民院士的学习、人事和科研档案，尽可能完整地搜集了程天民院士求学和工作期间的档案材料，包括学籍表、成绩单、职务晋升和科研材料等；在全军复合伤研究所的支持下，采集小组实地感受了程天民院士当前的工作环境，并且得到程天民院士的支持，进一步接触了他的家人、同事和朋友，还受邀在他家中做客参访，切身感受了其业余生活和家庭氛围，从而对程天民院士的整个成长过程和经历有了比较完整的把握，形成了比较深刻立体的认识。四是注重资料鉴别及考证。通过广泛采集一手资料，重点厘清了已有文献材料中未记录、记录不详以及有出入的地方；注重资料间的相互对比考证，尤其是为克服口述访谈获取资料的主观性，对受访人记忆模糊的历史节点或事件，在交叉比较的基础上筛选鉴别，并根据相关史料及原始档案材料等多种渠道进行考证，最终选择能够对同一主题相互印证、结果一致、有证可考的内容作为研究材料，力求真实客观地还原程天民院士学术成长全过程。

第一章
沦陷区的童年生活

和睦大家庭

　　1927年12月27日，程天民出生在太湖之滨、竺山以西的江苏省宜兴市周铁镇。这里因2700年前周朝设铁官于此而得名。周铁开门见湖、侧畔邻山，可以说是钟灵毓秀，独占佳绝处。南宋词人蒋捷在此隐居终老，写下的名句"流光容易把人抛，红了樱桃，绿了芭蕉"至今仍广为流传；周铁的文教风范颇为浓厚，自古以来恪守"耕读传家"的古训，在这个江南小镇上已经产生了两名中国工程院院士、六名全国政协委员，全国各地的周铁籍教授、高工达531人之多，故有"阳羡状元地，周铁教授乡"之称。在家乡优美的自然环境和厚实的文化底蕴中浸润成长的程天民，骨子里就有一种浓郁的人文情结。

　　程天民的曾祖母早年守寡。正值太平天国革命，连年兵灾，穷困异常，全靠曾祖母做女红抚养两个儿子。后来，曾祖母因"守节贞操"被镇上列入"贞节牌坊"。程天民的祖父长大成人后开始经商，因为人聪明又肯吃苦，渐渐积累起了家业。祖父为人公正，常常帮邻里排忧解难、调解纠纷。祖父过世之后，程天民的父亲和伯父一直没有分家，叔伯两家居住在周铁镇北街的一幢两层小楼里，相处非常和睦。

程天民的父亲程绥彬，早年在县政府做文书，抗战前两年辞职回家。他的文化基础很好，特别喜欢书法和绘画，尤其擅长画侍女。在程天民的印象中，家里总是铺满了父亲画的一幅幅古代仕女图，让他从小就对笔墨书画产生了浓厚兴趣[1]。父亲性情温和，待人友善，常常教育程天民"要好好做人"、"好好读书"。母亲洪振家性格温柔善良，对妯娌、友邻也亲和有加，是一位典型的贤妻良母。程天民的伯父和父亲对待街坊邻里，不论贫富都谦和有礼，每年的正月初一到初五，都会安排家里做很多糯米团子送给附近的乡邻。所以，程家在周铁镇上的口碑很不错，乡亲们都习惯叫程天民的伯父"三先生"，叫他的父亲"小先生"[2]。

按照族谱，程天民这一辈的男丁统名为"民"，女孩统名为"美"。长幼有序，两家的男丁有程西民、程冠民、程怀民、程葛民、程天民、程苏民、程虎民、程演民八人，女子有程美琛、程美瑜、程美瑛、程美琴四人[3]。在这个大家庭里，叔伯婶娘都如亲生父母，对所有孩子视如己出、关爱有加；兄弟姐妹之间从不分彼此，相互照应，感情十分亲密。在程绥彬的孩子中，程天民排行老三。他经常和哥哥、姐姐在一起练习毛笔字、画画、唱京剧；放学回家后，他不仅会帮助弟弟、妹妹复习功课，还利用课本上学到的知识，在糖水里加上小苏打做成汽水，装在玻璃瓶里给大家分享[4]。所以，程天民从小就生活在一个和睦的大家庭里，家中的温馨氛围让他度过了快乐的童年时光，父母长辈的言传身教和兄弟姐妹间的友爱相处也形成了他谦和、友善的性格。

程家的几个孩子都很能干，在周铁镇上颇有名气。程天民的二哥程葛民，毕生致力于治淮水利建设；姐姐程美琛、程美瑜和妹妹程美瑛曾经分

---

[1] 程天民访谈，2012年3月2日，重庆。资料存于采集工程数据库。
[2] 程美瑛访谈，2011年12月7日，北京。存地同上。
[3] 同[1]。
[4] 程虎民访谈，2011年12月14日，重庆。存地同上。

别在浙江大学、国家建委和内务部工作；小弟程虎民新中国成立后考入北京大学，并成为北京大学化学系的教授。伯父的长子程西民是程天民从小的榜样。程西民毕业于南京国立中央大学法学系，学习成绩优异，曾任当时国民政府司法部的指纹研究员和江苏省高等法院的书记官。程西民因目睹国民政府官场黑暗愤然辞职，回到家乡投身教育工作。先后执教于苏州中学、竺西中学，并且担任了竺西中学校长。

大哥程西民在当地声誉很高，他特别擅长教学、爱护学生。无论语文、数学、历史、物理，只要学校里任何一门课的老师请假，程西民都能立即顶课，因此被誉为"全能教师"。1970年程西民因食道癌去世时，周铁镇的父老乡亲都叹息"周铁地区最有学问的人去世矣"。西民大哥的为人和学识让程天民自小就知道，一定要做个有知识、有作为、正直的人。后来，程天民亲自为兄长书写了一篇碑文，以"泽惠桑梓"表达了对西民大哥的尊重和无限怀念。

竺西小学的启蒙

1933年，六岁的程天民进入了周铁镇的竺西小学念书。竺西小学历史悠久，因位于竺山以西而得名。它的前身是创建于清光绪六年的竺西书院，周铁镇上的孩子基本上都在这里念过小学。程天民仍清晰地记得，上学第一天，已经念六年级的姐姐程美琛牵着他的小手，带他走进竺西小学的校门。

在竺西小学，程天民最喜欢教语文的周中才老师。周中才老师是竺西小学的老教师，大半生都工作在这里，他几乎教过程家所有的孩子，后来还被评为江苏省的特级教师。周老师特别慈爱，对待学生像对自己的孩子一样，对程天民更是呵护备至、关爱有加。每次批改作文，周老师总是会从头到尾看几遍才动手修改，而且尽量保持作文的原意，鼓舞程天民写作的信心。程天民早年回家探望，周老师隔老远就会高兴地向他挥手："天民啊，你回来啦"，他亲切的乡音总能让程天民感到父亲般的关心和温暖①。

程天民很喜欢听周老师用家乡话讲课，特别感兴趣的是他教的"乡土课"。在这门课里，周老师会给大家讲很多本乡本土的历史故事和神话传说，其中《周处除三害》的故事让程天民记忆犹新。周处改过迁善，"志存义烈，言必忠信克己"②的品格让程天民由衷地钦佩，为家乡有这么了不起的人物感到很骄傲。在周中才老师的谆谆教导下，"且患志之不立，何忧名之不彰"融入了程天民的心里，激励着他坚定志向，律己进取。

程天民学习成绩非常好，很讨老师和父母欢心。他还对学校里的书法和绘画课极感兴趣。程天民一年级的书法课主要就是毛笔描红。每次上课，老师就让大家在字帖上蒙张毛边纸，用毛笔把大字一笔一画地照着描画下来。程天民觉得拿着毛笔描一描、写一写很好玩，每次描得还很认真。后来老师在他的毛笔字作业上写了个批语：写得很好，要好好努力，一定会大有进步。这短短一行字给了程天民很大的鼓励，他越写越来劲，除了上课完成作业，回家后还喜欢自己照着字帖写。

此外，程天民还特别喜欢美术课。当年竺西小学因为校舍紧张，美术课往往安排两个年级的学生一起上课。每次上课时，教室里一半是一年级学生，一半是四年级学生。老师先在黑板上画个圆圈、三角之类的形状，让一年级的学生照着图案描，然后再教四年级的学生画房子、树和山水。程天民虽然还在念一年级，但觉得画圆圈和三角也太简单了点，几笔就画完了很无聊。后来，他慢慢开始跟着四年级的学生一起学画画，而且还画得有模有样，老师发现了，又把他表扬一通，这让程天民画画的兴趣越来越浓厚了。从此以后，书法和绘画就成为了程天民一辈子最喜欢的两大业余爱好，伴随着他之后的成长③。

---

① 程天民访谈，2012年3月2日，重庆。资料存于采集工程数据库。
② 引自《晋书·列传》。
③ 同①。

誓死不能再当亡国奴

程天民的家乡周铁镇是宜兴的重镇，也是太湖边上的交通要冲。水陆交通发达，物产丰富，是苏南的战略要地。1937年抗日战争爆发后，日军迅速占领了宜兴。一时间，宜兴的水陆交通线上岗楼林立，四乡八镇的据点星罗棋布，周铁镇也岌岌可危，镇上的百姓纷纷开始逃难。

此时，程天民的伯父想办法找到了一艘小船，准备带着一家老小去太湖的上游，那里暂时还没有被日本兵占领，可以去避避难。程天民很快收拾好行李，和家人一起坐上了逃难的小船。一路上，他们不断看到太湖沿岸有大火燃起来，冒出浓浓的黑烟。那是日本兵点起来的大火，他们每扫荡一个村子后，就会在那里放火烧村。程天民和家人坐在湖心的小船上，无助地望着不断窜起的一簇又一簇大火，程家的大人们想，在这种情况下逃难，跑到哪里都是逃不掉的，全家人一起跑，到头来不知道还能不能留下一条性命。不管怎么样，总得给程家留个根。

最后，程天民的父亲和伯父决定，让他的大哥程冠民和堂哥程怀民两人单独去逃难，并让他们想办法往后方走，留下程家的根。程天民清楚地记得，两个哥哥一人背上一个包，在他们向大家告别的时候，全家人都泪流满面，大家都不知道这辈子还能不能再见面，也不知道哥哥们能不能逃过劫难，那场景真的就如生死诀别一般[①]。

既然已经无处可逃，程天民一家又再次回到了镇上。日军果然很快就占领了周铁镇，程天民快乐的童年也随着家乡的沦陷而匆匆结束了。日本兵进驻周铁镇后，看中了竺西小学的校舍，把师生们全都赶了出去，强占学校作为兵营，竺西小学被迫解散。过了不久，竺西小学的老师们利用周铁镇上的竺西图书馆逐步开始复课。

竺西图书馆是1928年由周铁镇的一批回乡学生在当地士绅的支持下建

---

① 程天民访谈，2012年3月2日，重庆。资料存于采集工程数据库。

第一章　沦陷区的童年生活

立起来的[①]，抗日战争爆发后就停办了。小学复课后，程天民和同学们就挤在图书馆破旧的房间里上课。夏末的一天，突然电闪雷鸣、风雨大作，图书馆的房顶上有一个年久失修的水泥雕塑，被大雨冲刷后"轰"地塌了下来，一下子砸穿了屋顶，正好落在程天民上课的教室里。硕大的水泥块当场就把一个同学给砸死了，而这位不幸遇难的同学刚好就坐在程天民的前一排。发生在眼前血淋淋的一幕至今还让程天民心有余悸。

在程天民的记忆中，那时经常会看到大批的日本兵坐着大大小小的舰船，沿着太湖从无锡来到周铁镇，其中还有拿着很长指挥刀的大佐。这些进驻周铁镇的日本兵，穿着崭新的呢子军装和大头皮鞋，飞扬跋扈、气焰嚣张。日本兵经常在镇上到处扫荡和"清乡"，一旦抓住了游击队员，就会把他们吊在镇上的石桥上示众。年幼的程天民亲眼目睹，日本兵在小学的操场上，用寒光闪闪的长刀把一名游击队员当众斩首。镇上驻扎的日本兵让大家又怕又恨、不得安宁，日本兵还时不时闯进百姓家里为非作歹。一天，一个喝得醉醺醺的日本兵闯进了程天民家里，他看到程天民的姐姐程美琛正在家里看书，一边喊着"花姑娘、花姑娘"，一边追着程美琛四处跑。幸好程美琛很机灵，一下子绕开他跑掉，这才没被日本兵抓住，逃过一劫。

抗战八年，周铁镇就沦陷了八年。身在沦陷区，程天民亲眼目睹了日寇的烧杀抢掠、家乡的满目疮痍和百姓们的苟且生活，也看到日本兵的兴衰，从开始几年穿着崭新的呢子军服，到后来穿的就像旧的麻袋布。他深深体会到了"亡国奴"被压迫的恐惧和被侵占的屈辱，从此立下了发奋图强、"誓死不能再当亡国奴"的誓言[②]。

[①] 郭海全：《周铁镇志》。江苏：凤凰出版社，2008年，第373页。
[②] 程天民访谈，2012年3月2日，重庆。资料存于采集工程数据库。

第二章
战火纷飞　负笈求学

苏州中学的颠沛流离

程天民小学毕业时，恰逢当时的和桥中学与竺西中学合办改名为"私立彭城初级中学"，在周铁镇附近的棠下村复校，安顿在当地最大的宗族祠堂——张家祠堂里，这里离程天民的家只有三里路。程天民考入了这所初中，平时就从家到祠堂往返走读。初中三年，家乡的战火不断，而战乱中母亲的离世也让程天民十分悲伤，总算是勉强完成了初中学业。

1942年10月，程天民考入了江苏省立苏州中学。这所闻名遐迩的中学是江苏四大高中之一，其前身是北宋名相范仲淹于公元1035年捐出私宅创办的"苏州府学"，它也是宋代历史上规模最大的官办地方学府，号称"东南学宫之首"。抗战爆发后，苏州沦陷。1942年夏天，苏州中学的爱国师生辗转迁到了宜兴境内的亳阳村。亳阳是个偏远的山区水乡，河汊密布，小道崎岖，一到雨季更是泥泞难行。这里也是新四军与国民党"忠义救国军"、日本兵相互交错而又都不驻守的地方，日军不敢轻易来此，只在其周围筑起碉堡，形成一条封锁线①。亳阳村翠竹流水、风光优美，这对饱经战乱的学校来说已经算是战火中的世外桃源了。

在农村办学非常困难，学校只能借用当地的宗族祠堂作为教室。程天民所在的高一年级共有三个班，总共108人，大家戏称自己是《水浒》里的一百零八将。学生们上课没有任何教科书，参考书就更谈不上了。生活条件很艰苦，大家只能分散居住在当地农民家中。一间大约四五十平方米的房里要放二三十张双人床，可以住40多个女生，床与床之间几乎只容一个人侧身通过②。男生们则睡大通铺，一个挨着一个，每个人也就能占不到一米宽的位置。伙食也十分低劣，大米是有点发霉的陈米，菜基本上就只有盐水煮白菜、煮萝卜，还有就是葱炒豆腐渣，只有到周末才能见到菜里漂几点油滴。每到吃饭的时候，监膳老师在祠堂大殿里摆上几十张方桌，学生们八个人一桌站着吃饭。开饭前，监膳老师环视四周，见人来齐了便大喝一声"开动"，这时大家就立即拿起筷子狼吞虎咽起来。

图2-1 1944年程天民（右一）在苏州中学高中三年级时与同学们的留影（程天民提供）

在这样艰苦的条件下，学校依旧保持了苏州中学的优良传统，教风和学风十分浓厚。老师们不遗余力地倾心授课，学生们也倍感战乱求学不易，分外刻苦学习。虽然一直处于战乱之中，苏州中学仍旧集结了很多省内知名的精英教师，师资力量非常强大。老师们上课没有一个带讲稿的，所有内容全都装在脑子里，也没有讲义发给学生，他们经常只随身带两支粉笔，教学全靠板书和口授。上课时，老师把要讲授的题目写在黑板上，

---

① 蔡大镛、张昕：《道山情怀》. 苏州：古吴轩出版社，2010年，第73页。
② 蒋励君：三进苏州中学. 见：胡铁军，《百年苏中》. 苏州：苏州大学出版社，2005年。

之后便口若悬河地一路讲下去。学生们必须一边全神贯注地听，一边埋头在笔记本上迅速把老师讲的记下来，考试前要把笔记背得滚瓜烂熟才能得到好分数。当时程天民和很多同学对这种教法颇有微词，哪知后来进入大学乃至工作后发现，记笔记时居然驾轻就熟、得心应手，倒反过来感激苏州中学老师们的独特教法。

当年的老师们让程天民在时隔几十年后仍记忆犹新，尤其是教生物的周玉田老师。在程天民印象中，周老师胖胖的，脸上经常都会带着笑容。周老师一进教室，站上讲台就开始讲课。他一边讲，一边还在黑板上画各种各样的图，把自然界里的动物、植物还有细胞都画得惟妙惟肖，学生们把他讲课的内容一路记下来，整理一下就能成一本很好的教材，周玉田老师让程天民第一次感到"生物学太有趣了"[1]，这种对生物学的浓厚兴趣也成为他之后选择学医的重要原因之一。

苏州中学的课业负担繁重，号称"近视眼制造厂"。晚上学生自习没有电灯，甚至连煤油灯也没有，每人只有一盏自制的小桐油灯，灯芯草点燃后的火苗就黄豆那么大。桐油灯的油烟很大，上完自习后，同学们的鼻孔里都能擦洗出黑黑的桐油灰。就在这黄豆大的火光下，程天民和同学们每天复习功课到深夜，第二天清晨天刚明，田野四处又是一片琅琅读书声。

在这期间，程天民他们饱受日本兵扫荡之苦。一天半夜，日本兵进村扫荡，程天民和同学们听到"日本兵进村了"的呼喊后，立即掀开被褥往外逃，身上什么都没带，幸好附近的漏湖上有一大片茂密的芦苇荡，大家藏在芦苇后面躲过了日本兵的搜查。亳阳村遭受扫荡后，苏州中学被迫解散。随后的两年，苏州中学先后迁至义庄村、西锄村继续办学，并改名为"弘毅中学"。

高中三年，程天民随学校三迁校址，颠沛流离、艰难异常。苏州中学在国难当头时坚持办学，优良的学风、教风为程天民之后的成长打下了良好的文化专业基础。毕业时，老师在他的成绩单上留下了两个字的评语：

---

[1] 程天民访谈，2012年4月27日，重庆。资料存于采集工程数据库。

"敏悟"。在苏州中学三年的学习，使程天民深切地懂得了"要爱国、要坚强"，这个信念已经在他的心里深深地扎下了根，并为他后来的人生道路打下了良好的思想基础①。

跨越封锁线报考大学

1945年8月初，程天民高中毕业了。连年的战乱和家庭的变故让程天民家中的境况也大不如前。母亲在战乱中去世，兄长相继离家谋业，父亲因为长期在外做事，只能把程天民及年幼的两个弟弟托付给伯母照顾。之后，父亲续娶的继母坚持要求分家，原本的大家庭也不得不分开了。此时，程天民还想继续念大学，但是日本仍占领着上海，虽然租界里还有一些大学在招生，但是学费非常高昂。所以，程天民既不愿意也没钱到上海租界上大学，最后他决定到国民政府后方报考大学。

当时国民政府的江南行署所在地皖南屯溪（今安徽黄山市），这里也是当时整个东南地区的政治中心，很多大学都在这里招生。程天民与在苏州中学很要好的同班同学毕敖洪、庄逢巽三人决定一起去屯溪报考。由于家乡是日寇占领的沦陷区，而屯溪是国统区，两边的货币不能通用，为了到屯溪后的生活，他们随身携带了一些布匹、纱锭等小商品，打算到时候变卖了作生活费。告别家人后，三个年轻人结伴从家乡徒步去往屯溪。

去屯溪的必经之路上设有汪精卫的伪军封锁线。一天程天民他们正通过封锁线时，一个伪军士兵扣住他们准备搜查。程天民从口袋里掏出事先准备的一点钱给他，那人看他们是年轻学生也没多刁难，放了三人过境，程天民为顺利走过封锁线而暗自庆幸。但是，当他们进入安徽广德境内，刚走上一个小山岗，突然从身后冲上来几个土匪，其中一个还拿着一支枪，要他们交出身上所有的钱物。程天民三人不敢也无法反抗，只能任由

① 程天民访谈，2012年3月2日，重庆。资料存于采集工程数据库。

土匪抢走商品和行李扬长而去。

此时，距离屯溪还有一段不短的路程，三人身上除了程天民贴身藏着的一打钢笔之外一无所有。长路漫漫，前途未知，一位同行的同学提出要回家，但程天民却决意继续前行。他身上幸存下来的12支"新民牌"钢笔成为他之后一路的生活来源，卖一支钢笔、走一段路，历尽千辛万苦总算走到了屯溪。

到了屯溪之后，程天民找到了高中同学孙初。孙初与程天民既是同乡，又是苏州中学时的同班同学，他们俩经常在暑假时去对方家里小住。当年还在西锄上学时，孙初因为生病身体虚弱无法独自回家，程天民不仅陪着他走了几十里路，最后还背着身材高大的孙初走了四五里路，把他平安送回了家[①]。所以两人如同亲兄弟一般，感情非常要好。孙初在高三那年转学到了屯溪，就读于当地的江苏省临时中学（简称"江苏临中"），亏得他在这里，让程天民他们总算能有个落脚的地方了。当时正好是暑假，江苏临中的学生都放假了，孙初把程天民他们接到了学校，安顿在无人的教室里。他们白天复习备考，晚上把课桌一拼，直接就睡在这没铺没盖的"床"上。

从备考到放榜至少还有两个月时间，但是程天民手里的钢笔已经卖光了，之后的生活费也没有着落。无奈之下，他向在江西工作的大哥程冠民发去电报求助。程冠民在战乱期间为了"给程家留个根"，辗转到了后方，在江西

图2-2　1945年程天民（中）在屯溪报考大学时与好友孙初（左）、毕敖洪（右）的合影（程天民提供）

[①] 孙初访谈，2012年2月16日，宜兴。资料存于采集工程数据库。

吉安报考学校。他从江西的电讯培训班毕业后，被分配在当地的电信局里做收发电报的报务员。虽然程冠民的收入也不高，但是他接到电报后立即给程天民寄去了自己两个月的工资，帮助程天民度过了人生中非常艰难的一段日子，此后还一直支持他念大学，让程天民感念至今[1]。

在屯溪招考的大学很多，没有统一考试，都由各个大学自己出题组织招生。程天民在那里先后报考了三所大学。对当时一直处于漂泊状态的程天民来说，考上了大学就等于有了一个安身之处，所以只要能报的他都尽力去考，能够考下来一所就好。考完之后，程天民留在江苏临中等待发榜消息。

一天，程天民在路上听人家说"抗战胜利了、日本投降了"，兴奋得赶紧回去通知同学。几个年轻人连夜从江苏临中跑到屯溪的市区，在街上和大家一起欢呼庆祝抗日战争胜利。不久，各个大学相继放榜，程天民和孙初都被江苏学院的经济系录取了。看到放榜通知，程天民一颗悬着的心总算踏实下来。虽然考取的是经济系，但至少可以有个稳定的地方好好念书了。他和孙初两人收拾行装奔赴福建三明报到，并很快办好了经济系的入学手续[2]。

开学后不久，程天民看到报纸上大学放榜的名单，他惊讶地发现自己被国立中正医学院录取了。面对突如其来的惊喜，程天民有些举棋不定：是继续留在这里和好兄弟一起读书，还是独自退学去学医呢？孙初很了解程天民，他认为程天民性格安静，一副文质彬彬的样子就是学医的料，因而坚持劝程天民退学去学医[3]。

其实，程天民心里也是很希望能够学医的。从高中开始生物和化学就是他最喜欢的课程，而且大学毕业后还得靠自己养活自己，如果能够当医生，毕业后找工作就容易得多，至少工作不求人，不会毕业就失业。而且国立中正医学院因为战乱南迁，目前正好就在福建的长汀。在当时东南地区的高校中，中正医学院的师资力量算是非常好的，并且实行免除所有学

---

[1] 程天民访谈，2012年3月2日，重庆。资料存于采集工程数据库。
[2] 同[1]。
[3] 孙初访谈，2012年2月16日，宜兴。存地同上。

杂费的公医制度[①]，这对想学医又经济拮据的程天民来说充满了吸引力，中正医学院无疑是他最佳的选择。

程天民鼓起勇气，拿着发榜报纸找到江苏学院院长，向他说明了自己想退学改学医的愿望。院长十分开明，同意了程天民的退学申请，并把高中文凭退还给他，给了程天民第二次选择人生的机会。

从江苏学院退学后，中正医学院的报到截止时间也快到了，程天民准备坐汽车到长汀。当年所谓的汽车，动力不是来自汽油，而是烧柴禾。开起来又慢又颠，坐在上面让人昏昏欲睡。行车刚翻过浙江和福建交界处的仙霞岭，程天民坐的"老爷车"突然翻到了旁边的小沟里，他一下子被惊醒，以为必定出大事了，幸运的是小沟不算深，车虽然翻了，但他没有受伤。程天民从车里爬出来，发现眼前这个地方前不着村、后不着店，也没有时间等车修好再走，因此决定步行走到几里外的建瓯再坐汽车[②]。经过一番折腾，程天民总算赶到了长汀，按时在中正医学院报到入学。就在这个过程中，程天民又收到了英士大学医学院的录取通知书。不过他想既然选择了中正医学院，当然就不会再去英士大学了。

国立中正医学院

1936年，国民政府教育部接受时任医学教育专门委员王子玕[③]的建议，决定筹设一所适应推行公医制度需要的医学教育中心，并于10月成立了筹备委员会。王子玕认为，蒋介石长期在赣指挥军事，故这所学院应

[①] 根据当年国民政府《教育部公医学生待遇暂行办法》的规定，公医生"在修业期间免收学费、住宿费、图书费及其他杂费，学院供给膳食并酌情补贴制服、研究费用"，毕业后服务于公共医疗机构。
[②] 程天民访谈，2012年3月2日，重庆。资料存于采集工程数据库。
[③] 王子玕（1880-1963），江西永新人。1923年在美国圣路易大学医学院获医学博士学位后回国，在湘雅医学院任讲师，1927年任教授兼院长。1937年任国立中正医学院第一任院长。

图 2-3 1937 年国立中正医学院旧址（江西南昌）

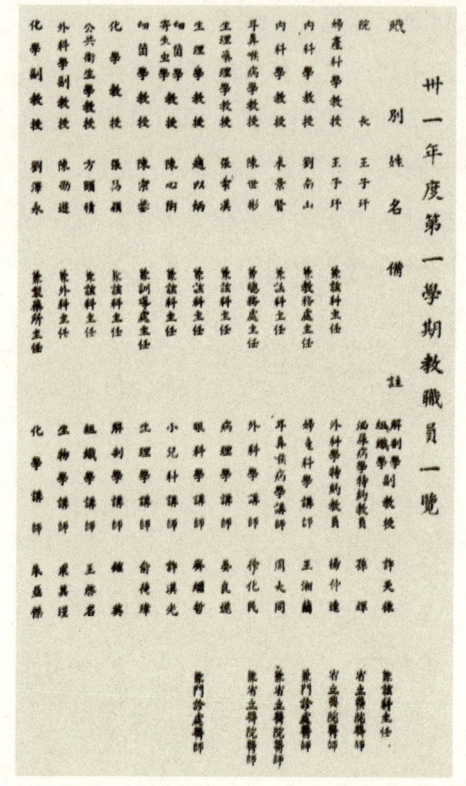

图 2-4 1942 年国立中正医学院第一学期教职员一览（资料来源：《国立中正医学院院刊》）

设于江西[1]。办院得到了江西省政府主席熊式辉的支持，但熊式辉坚持以"中正"二字为院名，以表明他对蒋介石的忠心[2]。

1937 年 7 月，国立中正医学院在江西南昌正式成立，王子玕任学院第一任院长。中正医学院是江西高等教育史上第一所专门学院，明确"以培植公医人才，倡行公医制度，增进民族健康为宗旨"，倡导"国家至上、民族至上"精神。随着日寇步步侵犯，学院成立之后经历了八年抗战几度迁徙，1945 年春被迫搬迁到战火尚未波及的福建长汀。

入学之后，程天民几乎分文不剩。闽北的长汀，冬天是非常寒冷的，他的同班同学王敖川也是宜兴人，两人都只有一床被子，他与王敖川一合计，干脆就睡在一张床上，一床被子盖、一床被子铺。不过，与清苦的物质条件相比，适应中正医学院的学习要求更让程天民倍感压力[3]。

国立中正医学院规定学生的修业年限为六年，严格按照六年制医

---

[1] 何友良：熊式辉与中正大学的创办.《江西社会科学》，2008 年第 4 期，第 117 页。
[2] 杨锡寿：抗日战争中的国立中正医学院.《贵阳文史》，2008 年第 6 期，第 29—32 页。
[3] 程天民访谈，2012 年 3 月 2 日，重庆。资料存于采集工程数据库。

学生培养目标设置课程，教学水准和要求都相当高。自建立之初就聘请了国内许多大师级学者、知名归国留学生来校执教，例如王志钧、陈心陶、米景贤、赵以炳、刘南山、牛满江等，不少教师成为了新中国首批学部委员（院士），有的成为国家一级学会的理事长。学院师资力量之强由此可见一斑。

学院实行全英语教学，教科书都是来自国外的几部原版英文教材，一本中文教材都没有。老师们上课从头到尾都使用英语，课堂提问、学生回答、笔记、作业和考试等都要求使用英语；教学方式非常灵活，老师不会按照教材一路教下去，而是经常根据侧重不同，有时候教得多点，有时候教得少点，有时候甚至就让学生看书自学后组织讨论。

但是，中正医学院的考试制度非常严格。考试分为平时考试、学期考试和毕业考试三种，以学分计算各科成绩。其中，平时考试及学生的听讲笔录、读书札记，以及练习、实习、实验等分数占学期总成绩的三分之二，学期成绩占三分之一，所有的笔记和札记都必须妥善保存，以随时供教育部调阅[①]。而且，课程考试以70分为及格，两门主科不及格就必须留级。

这种全英语的教学方式和严格的考试制度着实让程天民头疼了一阵。凭他入校时的英语水平，一时要达到用英语听讲、回答和记笔记的程度还有不小差距。他十分羡慕学院里的华侨同学，他们都说一口流利的英语，程天民很担心

图 2-5　程天民大学学习时的英文笔记
（程天民提供）

自己跟不上。不过，也正是因为学校的英语氛围，程天民每天听的课、看的书本、写的作业都是英语，老师、同学之间的日常交流也主要使用英语，在这种全英语环境下加上他的刻苦勤奋，程天民的英文水平提升非常快，从一开始只能磕磕巴巴地应付读写听说，到后来使用英语已经非常自

---

① 中正医学院学则。《中正医学院院刊》，1942年。

如了[1]。

中正医学院的科系比较全，设有解剖、生理及药理、病理（包括法医）、内科（包括放射学）、外科（包括妇产科）、公共卫生六个系科[2]，课程设置也很丰富。前五年开设的课程主要是医学基础和临床学科，包括国文、英文、数学等基础课和医学全科课等共31门，第六年主要是在医院实习。在所有课程中，程天民尤其喜欢许天禄[3]教授的神经解剖学课。

解剖学本来是一门很枯燥的医学基础课，但是许天禄教授却能把这门课讲活了。许老师每次总是神采奕奕地走上讲台，面带微笑扫视一下，大家立即就会被他饱满的热情和精神状态吸引住。他还有一手娴熟的画画绝活，他一边讲着，一边三笔两笔就能在黑板上逼真地勾勒出器官和组织的轮廓。特别是给大家讲神经解剖时，他用两只手同时在黑板上画脊髓切面图，话音一落，脊髓的断面一下子就活灵活现地呈现在黑板上，让学生们从吃惊到由衷地佩服，程天民也觉得"这个老师真的神了"，发自内心敬重许老师。

不仅如此，许天禄教授讲课的层次非常清晰，重点突出，从来不会按部就班、就事论事。比如讲神经的时候，他会从解剖开始讲，然后讲不同的神经如何在人体分配、具有哪些感觉和运动功能，之后又会从临床角度出发，通过病人某一部位的感觉或运动障碍，反过来推断相应的神经病变。所以，许老师从解剖结构讲到功能，再从功能联系临床表现，之后从临床表现反过来解释神经功能，这种从理论到实践的讲授方式，不仅把一门基础课讲得活泼生动、引人入胜，还让程天民认识到了基础解剖对疾病诊断的指导作用，极大地调动起了他学习的兴趣和积极性。而且许教授的英语不仅流利，音色还非常好听，程天民感觉"许老师的口语简直达到了美国广播员的水准，听他讲课的确是一种享受"。

---

[1] 程天民访谈，2012年3月2日，重庆。资料存于采集工程数据库。
[2] 中正医学院学则。《中正医学院院刊》，1942年。
[3] 许天禄（1906-1990），福建闽侯人。我国神经解剖学的奠基人之一。1936年毕业于北京协和医学院，获医学博士。曾任中正医学院解剖系主任、教授并兼任教务长。

与许老师的解剖课不同，上陈心陶老师[①]教的寄生虫学课就一点不轻松。陈老师常常会在讲课过程中突然停下来，对大家说"下面我出个题目……"。这就是陈老师经常让学生们做的"quiz"，有时还发一张纸进行笔试，或者让点到名的学生立即站起来用英语回答问题。学生们对陈老师的这种提问方式防不胜防，大家都不知道他什么时候会停下来做"quiz"，出的题目也不全是以前讲过或者大家复习过的，很多时候他会从课上正在讲的内容中出题。这使得程天民他们整堂课都不敢有一丁点松懈，必须高度集中精神跟着老师的思路走，课前还要扎实做好复习和预习。所以，陈心陶老师的教学方式极大地促进了学生们的自主学习，显著地提高了教学效果[②]。

在国立中正医学院学习的日子里，学院强大的师资力量和浓厚的学习氛围为程天民打下了扎实的医学基础，让他具备了娴熟的外语水平，更培养了他独立学习和思考的能力，使他在以后的科研工作中受益匪浅；老师们的教学风范对程天民走上教师岗位后的工作方法和教学理念更产生了直接的启发和影响。

积极投身爱国学生运动

1946年，程天民在长汀学习了一年后，随中正医学院迁回了江西南昌。时值解放战争时期，国民党的统治腐败已经日益激起全国人民的强烈反对，北平、上海、杭州等地的"反内战、反饥饿"爱国学生运动风起云涌，在南昌也激起了风浪[③]，程天民爱国民主的热情日益高涨。他不仅利

[①] 陈心陶（1904-1977），福建古田人。我国著名医学寄生虫学家，医学教育家。1942年任江西省中正医学院寄生虫学及细菌学教授，兼任江西省卫生实验所所长及福建厦门大学生物学教授。新中国成立后当选为中国科学院学部委员。

[②] 程天民访谈，2012年4月27日，重庆。资料存于采集工程数据库。

[③] 程天民：第三军医大学发展简史和几个片段、侧面的回忆。见：第三军医大学编，《程天民院士科研教学与管理文选》。北京：人民军医出版社，2006年，第583页。

用学生自治会这一公开合法的组织，积极编印进步的文艺刊物、壁报，还发挥自己的特长为学生运动写标语、画漫画、印传单等，以实际行动投入到南昌的多次爱国学生运动中。

1947年，随着内战扩大、国统区危机的加深，整个南昌都处于极度黑暗之中。物价暴涨不仅使人民生活陷入极端痛苦的境地，师生的生活也朝不保夕，经常遭受饥饿的威胁，生命安全亦无保障，再加上学校教育经费少得可怜，江西的高等教育处于危机之中①。1947年2月，南昌市的国立中正大学爆发了第一次学生运动——护校斗争，并逐渐发展为"反内战、反饥饿、反迫害"的政治斗争②。5月21日，中正大学的800余名学生进城游行请愿，要求解冻公费，并增加图书设备、增聘教授、增加教育经费，和改善教授、学生、职工的生活待遇等合理要求，以抢救中正大学的教育危机。这场护校运动遭到国民党反动派的残酷镇压，参加游行的五位同学受重伤，百余同学受轻伤③。

"五二一"事件彻底揭露了国民党反动派的凶恶本质，教育了江西广大人民群众，更加激起了学生们的愤怒。5月22日，在中正医学院召开了南昌市高等学校"五二一事件声援会"，发起募捐慰问受伤学生，并且一致罢课，声援中正大学的学生运动。程天民积极参加了中正医学院师生们自发成立的"南昌市高等学校抗暴联合委员会"。他临时用晒干的大肥皂块为抗暴联合委员会雕刻了一枚长方形的印章，加盖在抗议书上。抗议书提交给江西省政府主席王陵基，表达了南昌学生对其行为的严正抗议，并准备第二天举行抗暴大游行④。

王陵基当局提前早作了镇压学生的紧急布置，调集了全副武装的宪兵、警察、保安团和便衣特务，在南昌市的主要街头用木架、铁丝网、步枪和机关枪布下了重重防线。南昌的知情士绅提前来校游说学生，希望他们不要上街游行做无谓牺牲，但被学生们拒绝了。程天民和同学们

---

① 郭常顺：江西解放前中共地下党领导下的学生运动.《长沙铁道学院学报（社会科学版）》，2012年第13卷第1期，第9页。
② 彭友德：近代江西高等学校沿革纪略.《江西社会科学》，1986年第3期，第117-122页。
③ 江西省中共党史学会编印：《江西党史讲义》。1984年，第704页。
④ 程天民访谈，2012年3月2日，重庆。资料存于采集工程数据库。

把身上稍值钱的东西都留下，打算不管有什么危险阻挠都要把抗暴游行坚持到底。

第二天，程天民及中正医学院的进步学生冒雨从学校出发，举着"反内战、反暴行"的旗帜示威游行，以抗议当局暴行，声援中正大学学生的正义斗争。当学生们经过南昌市警备司令部时，果然看到国民党的军队已经荷枪实弹布防好了，但是程天民和大家高呼着口号，手挽着手无所畏惧地一路冲过去。国民党反动宪兵和警察见此状况，不敢对着学生扫射，当局也担心再镇压学生会激起更大范围的反抗，不敢轻举妄动。最后，程天民和同学们的游行队伍经过了百花洲、中山路、洗马池、胜利桥头、阳明路等主要市区，顺利完成游行，平安返校，反映了大家反蒋爱国的高昂激情[1]。

1948年，升入四年级的程天民当选为学生自治会理事长，负责管理公费、保障学生福利。为了保障好同学们的日常生活，自治会设立了学生膳食委员会管理学生伙食，每天都会轮流安排一名学生和炊事工人一起上街买菜，联系实惠的书店、洗衣店和小食部到学校里来为大家服务，把同学们的一日三餐、洗澡、理发等等日常生活安排得妥妥帖帖，还常常帮助协调同学之间的矛盾。因此，程天民在中正医学院的学生中颇具威望，赢得了广大同学的信任和支持。

1949年5月，国民党军队节节败退，南昌国民党军政要员纷纷逃离。中正医学院的训导长陈宗莹逃往台湾，极少数学生离校转学到了广东、福建。然而，院长王子玕留下了，内科主任米景贤[2]教授还从广州回到南昌，中正医学院绝大多数的师生都选择留了下来[3]，迎接南昌解放。

新中国成立前的南昌城一片混乱，国民党的散兵游勇为非作歹、四处抢劫。为了反对国民党反动当局疏散、搬迁和转移学校资产的阴谋，南昌市高校随即成立了"南昌市学生联合会"，号召各高校组织护校"应变

---

[1] 程天民访谈，2012年3月2日，重庆。资料存于采集工程数据库。
[2] 米景贤（1906-1974），河北定县人。著名血液、内分泌教授。1928年毕业于北平清华高等学校，1934年在美国芝加哥大学医学院获医学博士学位。1941年任南昌中正医学院教授。
[3] 程天民：第三军医大学发展简史和几个片段、侧面的回忆。见：第三军医大学编，《程天民院士科研教学与管理文选》。北京：人民军医出版社，2006年，第583页。

第二章 战火纷飞 负笈求学

会"，并且明确了宣传《中国人民解放军布告》及各项政策，粉碎敌人谣言，开展护校斗争，保护公私财产，保障师生安全，迎接南昌解放的任务[①]。中正医学院的学生自治会随即成立了"非常时期理代联合会"（理事会和代表会的联合会）。当时22岁的程天民被大家一致推选为主席。那时的程天民并不是地下党员，只是具有进步思想，希望保卫自己的学校不被破坏，迎接新社会的到来。为此，他和留在学校的米景贤、凌惠扬[②]、晏良遂[③]、黎鳌[④]等教授一起，组织领导中正医学院的护校工作。

为了保证学校财产不受损失，程天民把在校的学生集中起来，组成多个护校小组在校园内昼夜巡逻、站岗放哨。学生们没有枪，巡逻的时候就带上铜锣和木棍，发现情况时立即鸣锣为号、随时集合。此外，程天民还组织同学们学跳秧歌舞，学唱《解放区的天是晴朗的天》等革命歌曲，为迎接南昌解放做好准备。

1949年5月21日，解放军的枪炮声由远及近，南昌的国民党残军逐渐向赣江对岸败退。当天晚上，程天民和同学们就开始在教学大楼的地下室里赶制迎接解放的标语、彩旗和《告南昌市父老兄弟姐妹书》，激动地在上面写着

图2-6 1949年程天民在南昌解放后的留影（程天民提供）

[①] 中共南昌市委党史研究室编：《中共南昌城工部史料》。1989年。
[②] 凌惠扬（1906-1999），山东青岛人。1936年毕业于湘雅医学院，获博士学位。1937—1946年在湘雅医学院任外科助教、主治医生，副教授。1947年赴美国纽约景海医院进修，1948年回国后任中正医学院附属医院副院长、外科主任、教授。
[③] 晏良遂（1909-1996），湖南浏阳人。1938年毕业于湘雅医学院，获医学博士学位。1942年8月—1949年5月任中正医学院病理学讲师、副教授。曾任第三军医大学病理学教授，博士生导师。解放军医学科学技术委员会委员，全军病理学组组长及顾问，中华病理学会四川分会副主任委员，重庆市第六、第七、第八届政协委员。
[④] 黎鳌（1917-1999），湖南浏阳人，中国工程院院士，我国烧伤医学奠基人之一。1941年毕业于上海医学院后任教于中正医学院。曾任第三军医大学副校长，第一附属医院全军烧伤专科中心主任、烧伤研究所名誉所长。1994年当选为中国工程院院士。

"欢庆南昌解放"、"中国人民解放军万岁"、"中国共产党万岁"①。是夜，国民党军队经赣江上的胜利桥败退九江方向，随即炸毁大桥。伴随午夜的一声巨响，宣示了南昌的解放。

5月22日清晨，随着人民解放军第二野战军四兵团13军37师进驻南昌市②。中正医学院的师生员工们全都集合起来了，由程天民担任领队，以一辆救护车为先导，大家冒着小雨，举着旗帜环行市区，庆祝南昌解放，欢迎解放军进城。

经过中正医学院师生们的不懈努力，在新中国成立前最动乱的时期里，全校连一本书都未丢失，完完整整地迎来了解放，并且很快恢复上课，医院照样收治患者。6月30日，解放军军管会在南昌市中山纪念堂举行庆祝"七一"大会，邀请各界人士参加。程天民作为中正医学院的学生代表参加了会议。当时的军管会主任陈正人（后任江西省委第一书记），根据毛主席的《论人民民主专政》和七届二中全会精神向大家做报告，这是程天民第一次听党的高级干部做报告，不仅让他感到新鲜、好奇和振奋，也由衷地钦佩毛主席、共产党和解放军③。

走上从军道路

南昌解放后，中正医学院由南昌市军管会文教部接管，并于1949年8月1日更名为"南昌医学院"。9月6日，第四野战军兼华中军区后勤部接管南昌医学院④。为了充实军队医学教育，适应培养医务人员的需要，9月22日，华中军区司令部决定将南昌医学院与华中军区医科学校（第四

---

① 程天民访谈，2012年3月2日，重庆。资料存于采集工程数据库。
② 中共南昌市委党史研究室编：《中共南昌城工部史料》。1989年。
③ 程天民：第三军医大学发展简史和几个片段、侧面的回忆。见：第三军医大学编，《程天民院士科研教学与管理文选》。北京：人民军医出版社，2006年，第584页。
④ 高恩显主编：《中国人民解放军第四野战军卫生工作史资料选编（1945.8-1950.5）》。北京：人民军医出版社，2000年，第375页。

野战军医科学校）合并，番号称"华中医学院"，任命华中军区卫生部第三副部长涂通今兼任华中医学院院长[1]。两校合并后，原南昌医学院的教职员留校继任，300名学员编入一队，原第四野战军医科学校的200余名学员编入二队[2]。

合并后的华中医学院是隶属于军队的医学院校，原南昌医学院的学生也由此正式成为人民军队的一员。这批学生中很多人出身于资本家或地主家庭，少数仍存有宗教信仰问题；很多学生都亲身经历了沦陷区的屈辱生活和国民党的黑暗统治，因此打心眼里是拥护纪律严明的解放军的。但由于长期生活在国统区或沦陷区，许多学生虽然抱有一腔爱国热情，对无产阶级思想和共产党的方针政策却并不熟悉，很多人对部队的军事化管理和纪律约束不太适应。他们中有的人担心一旦参军就会被命令上战场，还有一部分学生的家庭负担重，担心入伍之后只能以供给制领工资，难以养家糊口等，对参军存在着各种顾虑甚至误解。加上新中国成立初期生活困难，学院留存的大米很快吃完了，在市上又无法买到大米，主要靠从北方运来的高粱、小米度日，不少人开始怨声载道[3]。为此，涂通今[4]院长在学院党代表大会上明确了"教育为主、学生工作第一"的办学方针，慎重处理学生参军问题，决定对原南昌（中正）医学院的学生先行组织两个月的政治学习，强化思想政治教育。

从1949年9月起，程天民和原南昌医学院的学生一起接受了为期两个月的集中政治教育。这也是程天民第一次系统地学习马列主义理论和毛泽东思想。学院重点安排了"社会发展史"、"中国近百年史话"、"中国革命基本问题"、"新人生观"等理论内容学习，组织学生以小组形式讨论，并且有针对性地举办"讲理大会"，让同学们根据理论学习体会，结合实

---

[1] 第四野战军兼华中军区命令，军字第22号（1949.9.22）。见：《中国人民解放军组织沿革·文献（3）》，第854页。

[2] 中国人民解放军第三军医大学校史（内部资料）。2006年，第6页。

[3] 李官禄：《红军博士涂通今》。北京：军事医学科学出版社，1998年，第162页。

[4] 涂通今（1914-　），福建长汀人。1932年参加工农红军。1949年2月—1951年8月任第四野战军医科学校校长、华中医学院院长。曾任第四军医大学校长、总后勤卫生部副部长、军事医学科学院院长等。

图 2-7　1949 年程天民和同学们参加建校劳动（程天民提供）

际进行辩论，比如"是地主养活农民还是农民养活地主"、"是资本家养活工人还是工人养活资本家"、"是上帝创造世界还是劳动创造世界"等①。

在此期间，学院还有计划地组织学生下农村参观土地改革接受教育，动员大家参加建校劳动，培养学生的归属感和主人翁意识。另外，学院还千方百计为保障供应而努力，规定凡军人不管原来享受的待遇是中灶、小灶，都在一个食堂用餐②。在学院里营造起了平等和谐的良好氛围，让学生们对解放军的优良作风心生崇敬。

为丰富学生们的课余文化生活，学院在各个学员队设有俱乐部，爱好广泛的程天民是俱乐部的活跃分子，经常和学员二队一起组织各种晚会和文艺演出。他还参加了学院的大型话剧演出队，负责舞台设计和后台主任的工作，多次在校内外演出《思想问题》《保尔·柯察金》《王贵与李香香》《俄罗斯问题》等经典大型剧目。在这些活动中，程天民逐步认识到"文娱活动不只是玩玩的意思，要考虑如何将艺术性与政治性结合起来达到教

---

① 程天民访谈，2012 年 3 月 2 日，重庆。资料存于采集工程数据库。
② 李官禄：《红军博士涂通今》。北京：军事医学科学出版社，1998 年，第 163 页。

图 2-8　1950 年程天民（正中叉腰站立者）和演出队登车到南昌望城岗军政大学演出话剧《思想问题》（程天民提供）

育目的，并如何将艺术变成为人民服务的新艺术……一切装置设计等不能只是漂亮，只满足于庸俗的要求，而是在于增强其政治影响"[1]。

两个月的政治学习结束后，程天民和大家都认真写了学习心得和自传，在政治觉悟上有了切切实实的提高，真正知道"学医为谁学、怎样学，学习思想有了可靠保障"[2]，对中国共产党在中国革命中起到的重大意义以及人民解放军的作风有了更深刻的体会和理解，在思想认识上有了明显的转变。当时同学中有不少人信奉基督教，不仅每周会到教堂去做礼拜，而且每当吃饭的时候信教学生都会先祷告感谢上帝。这时其他同学就会在他们闭上眼睛祷告的时候把饭菜拿走，等他们睁开眼睛看到饭没了，大家就笑：上帝创造一切嘛，你找上帝去要饭吧[3]。

这一阶段的马列主义启蒙教育对程天民这一批从旧社会走过的学生来

---

[1] 程天民档案自传。存于解放军总政治部干部部。
[2] 同[1]。
[3] 程天民访谈，2012 年 3 月 2 日，重庆。资料存于采集工程数据库。

图 2-9　1949 年刚穿上军装的程天民（右一）和同学在校园里的合影（程天民提供）

讲，不仅在思想上受到了强烈的震撼和转变，而且对他们的一生起了很重要的作用，对他们坚定地参加革命、参加军队，以至把自己的一生献给国防卫生事业起到了重要作用，打下了良好的思想基础[1]。程天民在这个过程中也由衷地认识到"在政治上要求进步的人，在业务学习上也不会放松，政治上坚定的人，学到的技术才能得到最大的发挥"[2]。1950 年 5 月 4 日，程天民光荣地加入了新民主主义青年团。

---

[1]　程天民：第三军医大学发展简史和几个片段、侧面的回忆。见：第三军医大学编，《程天民院士科研教学与管理文选》。北京：人民军医出版社，2006 年，第 583 页。
[2]　程天民档案自传。存于解放军总政治部干部部。

第二章　战火纷飞　负笈求学

第三章
投身病理学

一切为了学生

随着抗美援朝战争爆发，不断发展的战争形势对军事医学人才的需求量猛增，华中医学院的招生数量也急剧增加。此时，中央军委卫生部要求各军区要在5至7年内将现职卫生干部轮训一遍，中南军区后勤部卫生部安排华中医学院负责下辖各军区当年200名干部的轮训任务[1]。突然加剧的培训任务使华中医学院的师资严重跟不上形势需要。当年全校仅有教授7人，副教授11人，讲师22人，助教12人，完成正常教学任务的师资已经十分紧张。为解决师资不足，学院从上海、广州、福州、南昌等地招聘教师到校任教或兼课，并且争取原中正医学院的毕业生返校任教[2]。

---

[1] 高恩显主编：《中国人民解放军第四野战军卫生工作史资料选编（1945.8—1950.5）》。北京：人民军医出版社，2000年，第376页。

[2] 同[1]，第377页。

图 3-1　1950年华中医学院1951级结业合影（最后一排右起十四为程天民，程天民提供）

1950年，程天民完成五年的本科学习后结业。按照六年制医科培养要求，他应当在1951年完成临床实习后毕业。但此时学院师资严重不足的情况并没有得到实质改善，而且基础医学方面的教师奇缺。一个教研室里加上主任、讲师才四五个人，却要负担全校的基础教学工作。因此，学院决定"1950年新中国成立后的第一批50余名毕业生不分散使用，集中分配在本院附属医院、武汉中南军区总医院和广州军区总医院三个点上，以充实师资队伍"[1]，并且大力动员毕业生留校担任基础医学教师，以缓解基础医学师资不足的情况。

程天民的理想是毕业后做一名外科医生。他感觉自己的手指很长也很灵巧，而且做外科手术能够像篆刻一样精雕细刻，加上他的外科学成绩也十分出色，所以他自信能够当好外科医生。然而，在讨论留校人选的团小组会议上很多团员认为，程天民既能写又能画，是留校当老师的最佳人选。最后，团小组议定推荐程天民留校任教。其实，程天民在此之前从没

---

[1] 李官禄：《红军博士涂通今》。北京：军事医学科学出版社，1998年。

图 3-2　1951 年程天民（后排右三）等毕业留校的部分同学与学员队李亚东队长（前排右二）、刘光璞教导员（前排正中）的合影（程天民提供）

想过做老师，但当年团小组的决定却是很有权威的，程天民觉得"既然团小组都这样决定了，我就服从了吧"①。就这样，程天民因为团小组的一次会议而留校，被分配到学校病理科担任实习助教，在病理学专业上开始了他的教师生涯。

刚走上岗位的程天民对如何开展教学工作毫无头绪。他觉得自己的病理学基础也只有在大学二年级时学的 100 多个课时而已，要给学生讲病理学课还真没有什么底气。他原本打算先好好跟科里的老教师学习一下怎么讲课再说，但没想到的是教师实在太少了，报到第一天，病理系的晏良遂主任就安排他单独带一个班的病理教学和实习课。这对一个刚毕业的学生来说是个不小的挑战，但是年轻的程天民心里有一个简单的想法：当医生要一切为了伤病员，教学生就要树立一切为了学生的思想②，也一定得自己真正搞懂了才能教学生。

为了加深对病理学理论的理解和整体把握，程天民把以前的病理学教材一一翻出来，从头到尾扎扎实实地学了一遍；他还一点点梳理回忆曾经的病理学老师是如何教学的，把听别人讲课时好的表达方法都记下来，再根据自己的理解和学生的特点不断丰富和完善讲课技巧。有时为了设计一

---

① 程天民访谈，2012 年 3 月 2 日，重庆。资料存于采集工程数据库。
② 程天民档案自传。存于解放军总政治部干部部。

个合适的表达方法，程天民常常辗转反侧、夜不成眠，所有讲稿写出来之后，他一定要反复地自我试讲，感觉有不顺当的地方就不厌其烦地再构思和修改，直到自己满意了再到教研室试讲，请其他老师帮忙提意见。

每次讲完一堂课后，程天民都会趁着印象新鲜，及时记下这堂课的成功之处和存在问题。为了写好板书，他除了在草稿本上设计好板书图，还一有空就去教室的黑板上练习粉笔字，写出不同大小的字体，再跑到教室后排去看看，到底

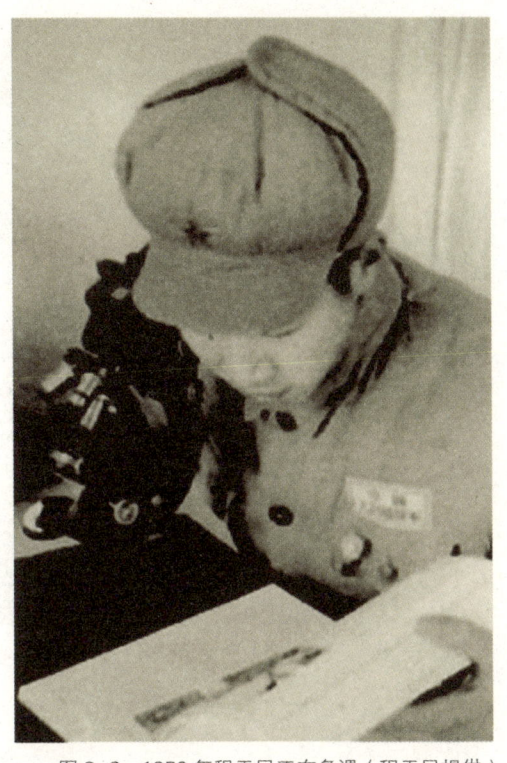

图3-3 1950年程天民正在备课（程天民提供）

多大的字能让最后一排的学生也看清楚。经过程天民的摸索和努力，一段时间后，他不仅能够把一堂病理课顺利地讲下来，而且板书也写得又快又好。

然而，每天下午的病理实习课让程天民这个年轻的助教有点难以招架。一次实习课至少有四五十个学生，当年的学生也没有别的病理图片参考书，每次在显微镜下观察病理切片时，总是会很不放心地问他：老师帮我看看是不是这个细胞？是不是这种变化？只有等程天民过来看了并确定是这样的，学生们才会安心。所以，程天民每次上实习课除了讲解之外，还要在教室里来来回回逐一指导学生观察识别病理变化，就这样一节课忙下来，还是有很多学生没被照顾到。后来，程天民开始挑选学习比较好的学生当"小先生"，帮助自己指导实习课。他利用中午的休息时间，先带"小先生"们看病理切片，教他们识别各种病理变化，下午上实习课的时候，同学们有问题就可以分别问这些"小先生"了，这种教法让学生们都

第三章 投身病理学 37

图 3-4　1950 年程天民（左一）在病理学实习课上指导学生观察显微镜下病理组织（程天民提供）

很满意[①]。

　　担任实习助教的这段时间里，程天民每天的时间都安排得满满当当，基本上就是晚上备课、上午上课、中午指导"小先生"、下午实习。他的努力得到了学生和教研室的认可。不久后，系主任决定让程天民为学校招收的首批在职干部学员讲课。

　　这批干部学员来自全军各部队，年纪都比程天民大，而且经历非常丰富。为此，程天民先到学员宿舍找到队干部和课代表，向他们了解学员的文化程度及之前的学习情况。程天民考虑到这批学员的文化底子比较薄，通过征求同学们对病理学课学习要求，把之前制定的教学计划和进度安排反复修改，对课前的开场白和课后的总结一丝不苟地精心准备，并且用简陋的材料做成简单模型，尽可能形象生动地帮助大家理解教学内容。

　　程天民还特别注意结合干部学员之前的工作经验来讲课。在讲"战

---

① 程天民访谈，2012 年 3 月 6 日，重庆。资料存于采集工程数据库。

伤"这一课时，因为他本身没有参加战争的经历，为此他专门找到有战斗经验的同学收集材料，再结合病理学理论在课堂上加以讲解。学生们一致反映"程教员讲课熟练，有准备，不浪费一点时间"，"讲课简要明了容易懂"。

每一阶段的学习结束后，程天民必定会结合大体标本为学生做总复习，总结阶段课程内容；学生考卷中出现的问题，他也会一一归纳出来，然后在课堂上重新讲解；每次考试结束后，程天民还会及时将全班的总评成绩绘制成曲线图，督促和鼓励大家学习。在程天民的努力下，学校培养的第一期干部学员病理学成绩总评达到了 89.8 分[①]。

由于病理解剖学是一门以形态学为主的基础学科，要使学生观察到疾病时不同脏器、组织、细胞发生了哪些变化，以此来理解疾病的发生、发展和具体疾病的特征。但是那时不要说彩色的病理照片，就连清晰的黑白图片都没有。为了提高教学质量，程天民自己动手设计绘制了一本《病理解剖学图谱》。他运用自己的病理学知识和绘画技能，先把各种疾病的器官病变形态分别画下来，再对着显微镜，用病理切片的染料伊红和苏木青逼真地把细微的病理变化也描绘下来，最后形成了一本比较完整的病理学图谱。程天民手绘的这本彩色《病理解剖学图谱》不仅色彩丰富，而且包括了整体和局部、宏观和微观的各种病理形态，让很多届学生都从中受益，起到

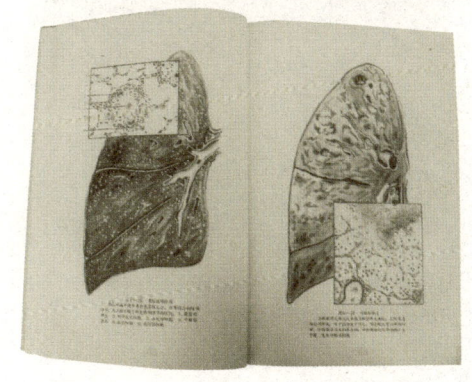

图 3-5　程天民亲手绘制的《病理解剖学图谱》（程天民提供）

---

① 程天民档案自传。存于解放军总政治部干部部。

了很好的教学效果[①]。

经过在教学岗位上的摸爬滚打，程天民不仅掌握了系统的病理学理论知识，对于备课、上课、指导实验等教学方法也开始有了自己的切身感受，更重要的是，在这个过程中他已经逐渐褪去学生的青涩，开始认识到自己作为一名青年教师担负的责任，时刻都把学生放在心上。

受教一年，受益终身

1951年，国家卫生部委托广州中山医学院梁伯强[②]教授主办"全国第一期病理学高级师资班"，学校选派程天民参加培训。

师资班的首批学员只有12人，程天民是其中唯一的军人。学员来自全国多所学校和地区，其中只有一位是从事过多年病理专业工作的讲师，其余学员或者是刚从医学院校毕业，或者是像程天民一样只做了一年的病理实习助教，学员的基础理论和技能都不算太扎实。为此，师资班的负责人、我国病理学的奠基者——梁伯强教授为师资班的教学倾注了大量心血和精力，在繁忙的行政工作和社会活动之余坚持为师资班的学员们亲自授课。梁教授上课注重把理论知识和临床诊治结合起来，着重讲清疾病从正常到病变的过程，环环紧扣、步步深入。为了配合教学，他还亲自设计编印了一套病理

图3-6 1951—1952年程天民在病理学师资班的学习笔记（程天民提供）

[①] 程天民访谈，2012年3月6日，重庆。资料存于采集工程数据库。

[②] 梁伯强（1899-1968），广东梅县人，著名的医学教育家、病理学家、我国病理学奠基人之一。1955年当选为中国科学院生物学部委员。1932年受聘为广州国立中山大学医学院教授兼病理学研究所主任，新中国成立后，梁伯强继续在中山大学医学院任教授和病理学研究所主任。多次举办"高级病理师资班"，培养了大量病理学专业人才。

学简图，在当时印刷条件很困难的条件下套印为彩色图谱，向大家简明而生动地展示了病变的特征和发生、发展过程。

为了给学员争取尸体解剖的实践机会，梁伯强教授亲自跑遍了广州市的各个医院联系尸体解剖。特别是广州市的"方便医院"，这家医院收治了很多无家病人，病逝后无人认领，梁教授联系医院同意让病理师资班的学员进行尸检学习。

每名学员第一次做尸体解剖的时候，梁教授都会亲自示教、亲自指导。程天民和首期师资班的学员在一年培训中，平均每个人都做了25—30例病理解剖，不仅自己主做，其他同学做尸体解剖时也都在现场观察，这样多的尸体解剖数量和扎实的解剖实践是非常难得和珍贵的。

梁教授非常重视学员用肉眼判断病理变化的能力培养。他要求大家解剖完成后当场用肉眼识别出病变，并且判断全身发生的不同变化之间存在的相互关系。之后，还要求把这些全身病变都一一列出来，包括病变发生、发展的过程都要详细列出来，在此基础上提出病理诊断和死亡原因。这种严格的要求一开始让程天民和其他学员很吃不消，毕竟他们大多也只是刚刚毕业不久的实习助教，做解剖时大家都很紧张，担心被梁教授问到时大脑一片空白。为此，他们在做解剖时比平常更加小心，观察每一处病变也更为深入细致。

解剖完成之后，梁教授还要带学员们观察病理切片。他不让大家直接用显微镜看，而是要把切片拿起来对着光，先看看整个切片是什么样子，之后还要把显微镜上的低倍镜取下来观察切片，从比较宏观的方面来看看切片的组织结构，比如要看清肠道的黏膜、浆膜、血管等。完成这几步之后，梁教授才让大家把切片放到显微镜下，先在低倍镜下把整个病理变化浏览一遍，比如先看清肺结核的病灶和结构是怎么分布的，再从高倍镜下具体观察细微的细胞变化。梁教授这种采取先全面看，再逐步集中看局部变化、细胞变化的观察方法，不仅把高倍、低倍结合起来了，而且把显微镜下观察和肉眼平面观察结合起来了，通过从多个层次和侧面观察病理变化，最终让大家在头脑中勾勒出比较立体的病理变化形态。

几十例尸体解剖和病理观察的训练让程天民的病理解剖操作技能和用

肉眼识别病变的能力得到了极大增强。梁教授这种看似苛刻的要求还对程天民的科研思维形成影响颇深，使他认识到"病变不可能是孤立的，必定是相互联系的、全身性的病变；虽然某一部位的变化是相对静止的，但是病变在不同的部位可以处于不同的发展阶段，是一个发生、发展的动态过程，必须要把不同部位、不同发展阶段的病理变化连贯起来观察，只有从整体上把握这个变化过程才能得出准确的判断[1]"。在梁伯强教授的言传身教下，程天民逐步形成了整体的、发展的、联系的辩证唯物主义思想和科学思维方式，养成了用整体的、联系的、发展的观点认识事物和解决问题的习惯，使他此后的人生经历都在这种思维方式中受益匪浅。

此外，梁教授对学员的基本功训练也非常严格。他在检查病理解剖报告时，先让学员自查切片是否与之前肉眼判断一致，然后还要把病理解剖报告念给他听。梁教授一边听一边复查标本，看学员的解剖记录是否完整、系统，结论是否准确，如果有不对的地方马上就会指出，连标点符号用错也不会放过；学员们观察的切片都必须自己动手制作，而且要从磨刀和洗瓶子开始做起，每次光是磨刀和洗瓶子就要花上几个小时。梁教授开始总是拿比较钝的刀让大家磨，不仅要磨得锋利，而且要达到放根头发在刀刃上，用嘴一吹能让头发被自然切断的程度，之后还要拿到显微镜下检查，没有一丝缺口才算合格；配制试剂染液的玻璃瓶子不但要反复洗刷、晾干、烘烤，还要拿起来逐个对着灯光检查，一旦发现有水印就得从头再洗；实验室里的仪器设备、档案、标本、记录、资料等都归档有序且放置有位，每次使用都必须要做好记录，使用完毕后原位放回，甚至连小小的火柴盒也是如此。这种扎实严格的基本功训练也让程天民养成了严谨细致、一丝不苟的科研习惯。

师资班的杨简[2]教授主要负责带学员做病理检验。杨简教授的工作效率特别高，每天都要完成很多的切片临床检验，而且每张片子都要自己先

---

[1] 程天民访谈，2012年4月27日，重庆．资料存于采集工程数据库．

[2] 杨简（1911-1981），广东梅县人，著名病理学家、我国实验肿瘤学创始人之一，1980年当选为中国科学院学部委员。

看，然后要求每个人都要对病理标本进行观察、描述并作出病理诊断，之后把学员们召集在一起讨论病理切片的观察结果。他总是先让学员们逐一把自己的病理诊断意见说出来，大家讨论过后，他才会提出自己的诊断意见，并且把确定诊断的理由逐条讲解清楚。这种讨论式的教学方式让程天民深受启发，也成了他之后教学和带研究生的重要方法[①]。

程天民在病理师资班学习期间正值新中国成立初期，政治学习的任务要求很高。由于中山医学院第一次举办全国性的师资班，梁伯强教授考虑到程天民是军人，而且曾经是学校的团支部副书记，就把师资班的政治学习交给他负责。为了组织好师资班的政治学习，程天民在梁教授的支持下把第一期、第二期师资班的49名学生组织起来，成立起政治学习委员会，并且建立了政治学习制度，有计划地组织大家学习政治理论以及"三反""五反"等运动的相关文件；他还根据师资班的特点，考虑到学员结业之后将从事教学工作的实际，除了安排文件学习外，还组织大家学习教学原则和教师修养方面的内容。

这些学习让很多同学都感到很有收获，认为"这一年的学习进步和程天民的努力是分不开的"[②]。师资班的政治学习与业务学习相结合取得了很好的成绩，也增强了梁教授开办师资班的信心。他在总结中说："我开始还不相信一年可以达到这样好的成绩，以后再多些同学我也敢接收"，"我现在体会到了政治学习推动业务学习的真正益处"[③]。程天民在同学中有很高的威望和影响，连两年后参加第三届师资班培训的顾健人都知道，"首届病理师资班里有一个非常优秀的学员程天民"。1999年11月4日，中山医科大学举行梁伯强教授诞辰100周年纪念会，程天民和当年的学员专门赴广州参加。当他去看望已经85岁高龄的梁教授夫人——余绍娥师母时，余师母一见他就高兴地叫他"解放军"。相隔半个多世纪，老人依然记得当年的解放军学员程天民[④]。

---

① 程天民访谈，2012年4月27日，重庆。资料存于采集工程数据库。
② 程天民档案。存于解放军总政治部干部部。
③ 同②。
④ 同①。

第三章　投身病理学

图 3-7 1952年全国第一期病理学高级师资班学员与教授合影（前排正中为梁伯强教授，左三为杨简教授，左一为程天民。程天民提供）

图 3-8 1999年11月梁伯强教授百年诞辰纪念，程天民等与师母余绍娥的合影（左起：钟世镇、姚开泰、余绍娥、程天民、甄永苏。程天民提供）

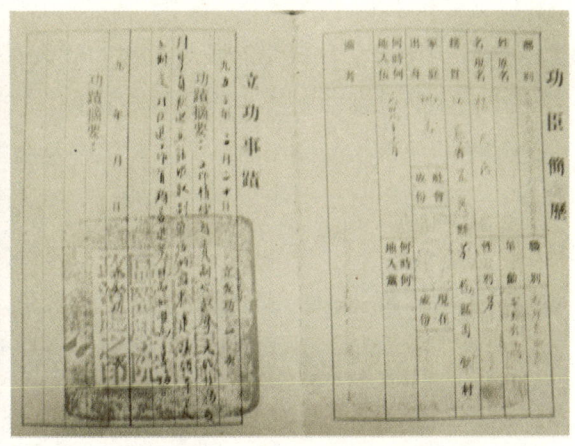

图 3-9　1953 年程天民获得的第一个三等功立功证明书（采集小组复制）

在全国高级病理学师资班为期一年的学习，使程天民在进入病理学专业之初就得到了梁伯强、杨简等国内著名的病理学家的悉心指导，受到了系统完整和严格正规的专业训练。这一段经历为程天民之后的科研工作打下了扎实的病理学基础，对他的学术思想和个人成长产生了深远的影响。

师资班培训结束之后，程天民将学习内容以及中山医学院病理研究所的工作制度进行了梳理，着手建立起学校病理教研室的工作制度，尤其是建立起了病理解剖制度及大体标本管理办法，包括整体解剖、病理解剖的基本工作流程和各种实验室管理规章等；病理解剖室在程天民的设计及带头下，各种设备和标准整理有序，大体标本的登记收藏、解剖器械及药品等都安排了专人负责，从而规范了病理教学和研究制度，使学校病理解剖工作逐步走上正轨，他也因此荣立了军旅生涯中的第一个三等功。

努力讲好每一堂课

1956 年，程天民从病理学助教晋升为讲师。此时，第六军医大学已经从南昌迁往重庆，与原第七军医大学合并为新的第七军医大学[①]。几年来

[①]　中国人民解放军第三军医大学校史．内部资料，2006 年，第 17 页。

教学岗位上的磨练，让程天民对教师的职责有了更深刻的体会。他感到，虽然上大课时面前200多名学生多一个少一个也看不出来，讲多一点、少一点似乎也不那么要紧，但是这些学生毕业后都要分到全军各个部门、各个医疗卫生单位从事卫生工作，他们每一个人都是一粒种子，都会在军队的某一个单位、某一个部门生根、发芽、发挥作用。军医大学的教师要忠诚于党的教育事业，要对全军的卫生事业负责，也要对学生的个人成长负责，教师一人多花工夫，换来的却是数以百计学员的学习收获，必须为教好学、讲好每一堂课自觉地付出辛勤的劳动[①]。

　　讲一堂课的时间是50分钟，为了在这50分钟给学生"一杯水"，程天民认为"自己得有好几桶'水'才行，一桶是不够的，这样才能讲好课、教好学生。"[②]而且，"如果老师没有系统的理论知识和学科知识体系，就难以在讲课中形成整体的观念，也容易使学生把视野局限在病理学这一本教材上，从而割裂病理学与基础课、临床实践之间的联系。"为此，程天民十分注重围绕病理学这一门课进行整体设计，他从病理学的基础教学内容出发，收集整理了丰富的基础资料和专业文献，包括人体宏观、微观系统的病理基础理论以及相关的临床资料，他写下的各种学习体会和读书笔记堆起来足足有半人高。他用这种广搜博览的扎实准备，极大地拓展了病理学知识的深度和广度，具备了比较系统的理论体系和厚实的授课基础[③]。

　　然而，老师不可能在一堂课上把所有内容一下子全倒给学生。"如果只广搜博览而不提炼加工，只能增加老师的业务知识，还不一定就能把课讲好，必须要在此基础上根据教学要求进行消化、提炼、概括和组织。"[④]程天民把教学内容比作一棵树，"有些属主干，有些为枝叶，要始终抓住主干，围绕主干适当展开枝叶。对枝叶要散得开、收得拢，不能离开主干去大讲枝叶的内容，这样会使枝叶失去根源，形成局部畸形的大肚子，学

[①] 程天民：精讲重点，启发推理。见：第三军医大学编，《程天民院士科研教学与管理文选》。北京：人民军医出版社，2006年，第551页。

[②] 程天民访谈，2012年3月6日，重庆。资料存于采集工程数据库。

[③] 同②。

[④] 同①。

生也不易获得完整的、发展的概念；同时还要讲清枝叶，使主干更加强壮繁茂，不然就会变成光杆或枯杆了①。"因此，要在"广搜博览"的基础上"提炼精华"，根据课程在医学教育中的地位来把握讲课重点，做到"广中取少，博中求精"。

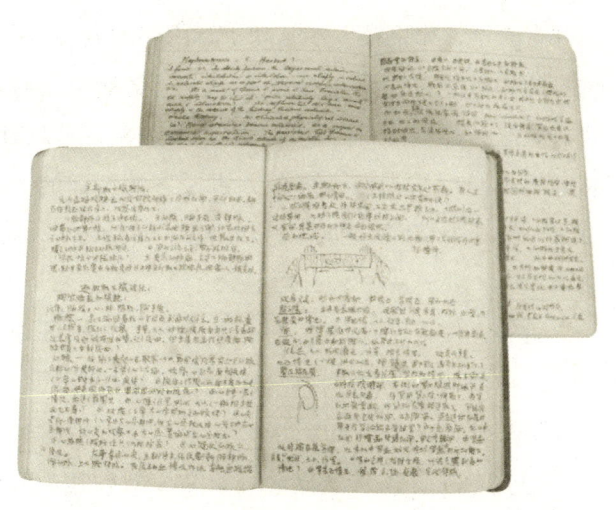

图 3-10　程天民所做的部分病理学读书笔记（程天民提供）

病理学是医学教育中一门承先启后的桥梁课，它以正常人体结构与功能以及生物病原等课程为基础，又为临床医学打基础。学生在之前需要学习很多如解剖学、组织胚胎学、生理学、生物化学等基础理论知识作为铺垫，进入临床实习之后，又需要病理学知识帮助他们做出临床病理诊断。所以，教学中常要讲"正常"以承先，讲"临床"以启后；但在整个过程中，病理学本身的基础理论和基本知识始终是教学的重点。

例如，病理解剖学的内容包括作为基本病理过程的总论和具体疾病的各论。总论的共性和各论的个性是辩证相关的，讲总论时虽也用一些个性来说明共性，但重点是共性，讲各论时则以共性为指导，突出讲各个疾病的个性。而在讲某一疾病时，一般来说，虽然深入认识疾病的临床表现和防治依据很重要，但是其基本的病理变化仍旧应该是讲解重点。比如，程天民讲病理学中的"炎症"时，虽然"炎症"的牵涉面广、内容繁多，但经过他的精心提炼后的主干内容是"血管和炎细胞反应"。这些反应又受到多种炎性因子的影响，任何一个因子作为专题都能够讲很长时间，但作

---

① 程天民：精讲重点，启发推理。见：第三军医大学编，《程天民院士科研教学与管理文选》。北京：人民军医出版社，2006 年，第 552 页。

为课堂教学，如果花太多时间讲解因子的内容就会喧宾夺主，就像有大片浓密的枝叶把主干和主枝给淹没了，势必会影响学生的消化和理解。因此，他把血管和炎细胞反应过程及其意义，以及对诸多因子的作用及其机制等基本原理作为核心来深入讲授，使授课的主题非常鲜明，让学生能够在一堂课中掌握到教学内容的精华和本质，达到承前启后、触类旁通的效果。

另外，程天民还注意在学生已有的知识基础上去突出病理学授课的重点。在他所教的学生中，有的是高中毕业的青年学员，有的是在职培训人员，他们的病理知识基础和学习目标要求也不同。每次开课前，程天民都会专门研究一下教学对象的类型和基本情况，了解他们的学习进度和前期基础，常常从"假如我是个学生"来设身处地地考虑学生的需求，把学生前面已经学过的内容和之后需要掌握的内容结合起来考虑，前后衔接起来构思，然后充分运用他们已经掌握的知识和需求进行教学设计，开拓丰富新的教学内容。这样就可以做到既不让学生停留已经达到的水平上，又能够避免跨越学生已有基础，过于跳跃地去讲他们不熟悉的新内容，真正把重点的时间和精力放在对学生已有基础的"提高"上，有效实现教学目的。

做好这些讲课前的设计和准备之后，程天民会将构思好的整个腹稿一气呵成写成讲稿，尔后再反复修改。在他的讲稿中，不仅包括了整堂课的主体教学内容，还有他亲笔画下来的各种病理简图和示意图，甚至连开场白、板书板画和演示动作，他也会预先根据不同教学内容、对象及场合的要求精心地设计在讲稿中。程天民的讲稿从来不会一劳永逸，他每讲完一次课都会反思讲课的情况和效果，之后再补充内容、修改讲课方式，如果授课对象和教学计划有变化还会重新构思新的讲稿。

在教学手段很简单的年代，老师讲课只能通过嘴巴讲解和在黑板上写写画画，但病理学里有很多内容是很抽象的，学生学起来也感到很枯燥。程天民认为"学生听课是要通过他们的感官来接受知识的。若教师只是讲，学生就只用听的感官，若讲了又写又画又演，则不仅用耳，而且用眼，当然更要用脑。这样就能增加、强化对学生感官的刺激，提高他们理

图 3-11　程天民在课堂上边画边讲（程天民提供）

解吸收的效果[①]。"因此，老师讲课的方法用得好不好、基本功扎不扎实直接影响到教学的效果和学生的吸收。

　　当年程天民教过的很多学生至今还能回想起他课堂上的风采。每次只要有课，程天民总是会提前到教室，安静地坐在一旁，像演员登台出场以前酝酿感情那样作好精神准备。上课铃声一响，他立即精神饱满、面带微笑登上讲台，用洪亮的声音讲出"开场白"，往往是用几句简练的话来联系或复习以前讲的内容，并且对本堂课的内容进行破题或交代，一下子就能吸引住学生们的注意力，之后再开始这堂课的讲授。讲课的语言也进行过很好的构思和设计，准确、简练而且通俗易懂，从来不说半截子话。讲课时也不会一个音调、一种语速讲到底，重要的地方或加重语调、放慢速度，或斩钉截铁，有时还会故意停顿一下、重复一下，讲究用不同的语调

[①] 程天民：刻苦锻炼表达能力，努力提高教学效果. 见：第三军医大学编，《程天民院士科研教学与管理文选》. 北京：人民军医出版社，2006年，第554页.

第三章　投身病理学　49

和语速反映出授课重点来①。

为了帮助学生们理解,程天民除了利用现成的挂图,还特别注意边讲边画,把整个病理变化过程一步一步画出来。凭着对病理知识的深刻理解,程天民能在黑板上用简单的粉笔画出各种各样的器官和病变图,大到人体外部形态、主要器官,小到细胞、线粒体,他都能用最简洁的几根线条准确地勾勒出它们的基本特点来。比如,肺的外形图上加三条肺叶的分界线,就是表面观;画上几条支气管分支,就成为切面图。而且,画动脉时用红色、静脉用蓝色、淋巴管用绿色,这些都让学生们觉得有趣极了。在学生眼里,程老师的板书又快又好,而且他的双手简直起到了显微镜、甚至是电子显微镜的作用②。在给学生讲大叶性肺炎的时候,程天民双手拿着粉笔左右开弓,不一会儿人体的双肺就同时呈现在了黑板上,他从自己老师那里学来的技巧也让自己的学生们惊叹不已。程天民一堂课讲下来,黑板上有图、有文字、有纲要,一堂课的经典内容全都图文并茂地体现在上面,以至于下课之后学生们都舍不得把黑板擦掉。

除了会讲、会写、会画,程天民还会"演"。比如他在讲心肌的代偿作用时,把从废品堆里找到的几根弹簧带到课堂上,用它来比喻心肌纤维。他一边讲,一边用手拉动弹簧,让学生们看到弹簧在一定程度内拉得越长,收缩力越大,但超过限度或长期拉长,就降低以至丧失了收缩力,从而向大家生动形象地说明心脏由紧张性扩张发展到肌原性扩张时代偿作用减弱的原理。这些简单的演示动作激发起学生们听课的浓厚兴趣,加深了他们对教学内容的理解和记忆。

在练就扎实讲课基本功基础上,程天民还很注意"把原理概念讲清,把形态变化讲活"。一方面,程天民强调对基本原理做实事求是的阐述。有定论的要交代清楚原理的来龙去脉、历史与发展过程,尚未定论的酌情介绍发展趋势,对于理解主要内容关系不大、又不很清楚的原理主动告诉学生不必多费时间去深钻,他还有意识地把学生容易混淆的概念和原理有

---

① 程天民访谈,2012 年 3 月 6 日,重庆。资料存于采集工程数据库。
② 余争平访谈,2012 年 6 月 7 日,重庆。存地同上。

计划地加以澄清，务使学生概念清楚、正确，避免留下错误、模糊的概念。程天民还根据自己做研究的实际体会，为单调的理论概念增加鲜活生动的实践案例，把复杂、抽象的问题讲得形象具体，让学生们对于原理概念"知其然又能知其所以然"，形成更加开阔的思维视野；另一方面，病理形态变化本来是一个发展过程，但学生所看到的病理标本只是呈现某一阶段、往往是后期阶段的"静止"的现象。为此，程天民有针对性地指出辩证唯物主义思想方法的重要性，着重按照病变的发生发展过程来阐述其特点，力求将形态表现、发生原理、大体形态和镜下所见形态、功能以及病理、临床结合起来讲，按辩证逻辑进行推理启发，使之环环扣紧，步步深入，不仅把"静止"的形态讲活了，使学生既能掌握病理形态的基本特点，又能了解其发生原理和机能意义，而且在这个过程中也潜移默化地培养了学生们辩证发展的科学思维，提高了他们独立分析、解决问题的能力。

对于"讲深讲透"、"当堂吸收"，程天民认为要有辩证的看法，强调讲课要"留有余地"。他常常讲到一定程度就不展开讲了，让学生们自己思考后讨论。例如讲慢性心瓣膜病一课，程天民重点讲二尖瓣狭窄，注重把病变的发生发展过程、机体的代偿机制以及从代偿到失代偿过程引发的主要病理变化和临床症状阐述清楚，他在讲课时边讲边画边写，一环扣一环地进行分析阐明二尖瓣狭窄时的病理发展变化，同时教给学生分析其他瓣膜病的方法，而对二尖瓣关闭不全、主动脉瓣狭窄和关闭不全等内容全都作为"余地"留给学生自学，在下次课时作为提问和讨论内容。所以，程天民上课，既不会让学生听完一堂课后脑子里还是一盆糨糊，也不会让他们感到吸收得毫不费劲。通过给学生一个回味、思考和理解的过程，促进他们在巩固深化已学知识的基础上自主学习、主动思考、举一反三，让他们能够以自己的艰苦努力来掌握知识的精髓，内化为自身的能力。

因此，使学生在智育和美育的结合中、在享受而不是负担中得到启迪，学得知识。这样的一堂课才是程天民心目中满意的一课。

两次特殊的临时任务

20世纪50年代中期，中央决定我国研制核武器，相应地要开展放射医学、放射生物学和防原医学的研究。1955年国防部颁布新编制，首次将防原子损伤作为学科列入军医大学编制序列，各军医大学也相应组建了包括防原、防化研究在内的医学防护教研室，但由于受人员、设备等条件所限，未能及时开展防原医学研究[①]。

1958年，为迎接全国、全军第一次放射医学学术会议，第七军医大学临时抽调包括程天民在内的部分教师组建研究组，首次开展急性放射病研究[②]。由于防原医学研究在国内尚处于起步阶段，大家对急性放射病几乎一无所知，更没有现成的文献资料可以参考，所有研究都需要从零开始逐步摸索。为创造放射病研究条件，研究组没有放射性致伤源，就运用医院的深部X光机照射实验狗制造出急性放射伤，程天民和同事史景泉、陈意生三人主要负责急性放射病的病理学方面研究。

在进行病理解剖的过程中，程天民他们惊讶地发现：实验动物在极重度放射损伤后，整个骨髓造血系统都衰竭了，极期白细胞和血小板数几乎降到了零，抵抗力基本丧失，细菌侵入体内如入"无人之境"；细菌沿着血管壁滋生蔓延，最后菌团充塞血管腔，几乎形成了"管形"；动物全身很多地方都严重感染，大器官也多处出血，特别是肺部的出血现象十分奇特，居然是围绕着支气管出血。这些病理现象都是程天民以前从没有见过的，让他第一次对急性放射病的病理变化有了感性认识。

经过一段时间的动物实验、数据分析和归纳整理，三人着手撰写研究结果。最后，由程天民执笔，他们完成了两篇关于急性放射病的研究论文——"犬急性放射病并发感染的病理形态学观察"和"犬急性放射病并

[①] 中国人民解放军第三军医大学校史. 内部资料, 2006年, 第47页.
[②] 同①, 第289页.

发出血的病理形态学观察"[1]。不久后，程天民代表学校到石家庄参加全军第一次放射医学学术会议。这次会议由中央卫生部副部长兼总后卫生部副部长钱信忠主持。程天民在会上作了"急性放射病并发感染和出血的病理形态学观察"的学术报告，这是他第一次以自己的研究成果参加全国性学术会议，也是全国第一篇在正式学术会议报告的放射损伤病理学术论文，获得了总部领导和专家的好评。但遗憾的是，由于当时学校抽调的研究组成员都还要承担相应科室的教学工作，所以程天民和同事在会议结束之后也分别回到了各自教研室，刚起步的急性放射病研究工作也随之中止了[2]。

60年代初期，国际形势紧张，军队开始加强"三防"（防原子、防生物、防化学武器损伤）医学研究。1960年3月，解放军总后勤部在杭州召开了全军"三防"医学会议（称为"三三会议"），程天民作为学校防原医学研究代表参加了会议。在这次会议上，总后卫生部饶正锡部长强调了"三防"医学研究的紧迫性，并重点部署了军队的"三防"医学研究任务。会后，第七军医大学党委下决心集中骨干力量研究"三防"医学。

1961年初，学校从基础教研室和附属医院抽调了相关技术骨干，成立了三个专门研究小组，称为科研一、二、三号组，也称作A（atomic）、B（bacteria）、C（chemical）组，分别开展防原子、防生物、防化学武器损伤的医学防护研究。其中一号组主攻急性放射病救治，二号组主攻生物战剂的快速诊断与空气消毒，三号组主攻皮肤糜烂性毒剂救治和神经性毒剂药物筛选[3]。程天民再次从病理学教研室抽调出来，脱产参加一号组的研究工作。

一号组由外科学家黄志强教授担任组长，血液学家张肇和教授与程天民担任副组长，程天民同时还兼任基础组（包括病理、生化和微生物小组）组长，主要研究放射损伤合并烧伤的放烧复合伤。程天民他们通过对实验动物进行4Gy（戈瑞）剂量放射，再加上15%—30%的烧伤面积，制造出放射损伤合并烧伤的严重伤情，带领蒋鲁丽、林远、古德全等病例组

---

[1] 第三军医大学军事预防医学院：清泉流响．内部资料，2006年，第31页。
[2] 程天民访谈，2012年3月9日，重庆．资料存于采集工程数据库。
[3] 第三军医大学军事预防医学院院史．内部资料，2008年，第22页。

成员，集中力量研究放烧复合伤的病理变化。

研究工作开始不久，我国即遭遇严重的自然灾害。山城重庆地处偏远，灾害更为严重、持续时间更长，一个月只有二十几斤粮食定量和半斤猪肉。为了节省粮食，程天民和爱人每天下班后在食堂里只打一份米饭，把饭带回家和着蔬菜煮成"菜饭"，这样一份饭就能两人吃。蔬菜只有空心菜和牛皮菜两种，都是当地比较容易生长的，人们把它们形象地称为"小钢管"和"小钢板"。不过这种没有一点油水的"蔬菜饭"完全没有"钢"的作用，很快就会饿。当年身高173厘米的程天民，体重降至49公斤，而双脚却因为营养不良而发生浮肿。

生活条件虽然非常艰苦，但程天民和同事们对待伤狗就像病人一样，想尽办法悉心照料。重庆的冬天又湿又冷，烧伤后的实验狗需要保暖，但一个人全年只有两三尺的布票，家里的孩子只有过年才有一身新衣服穿，哪来多余的布呢？程天民他们找出了家里的旧床单，细心拆了做成一床床小被子给伤狗盖上；伤狗身体虚弱，他们宁愿自己少吃少喝，也要想办法给伤狗补充营养；为了让伤狗把药完整地吞进去，程天民带着介绍信跑遍了重庆的糖果厂，好不容易购得糯米纸，再用糯米纸把狗食和药包在一起喂伤狗吞下，以免药物散落，让药效能得到充分发挥[1]。

就这样，程天民和小组成员克服了重重困难，在放烧复合伤的研究上取得了显著进展。两年之后，总后勤部卫生部科技处鲁敏之处长到学校检查，认为学校的复合伤研究"治疗结果与国内先进水平大致相当，基础研究处于国内领先地位"[2]。1963年，国家科委在北京召开了"全国放射生物学和放射医学学术会议"。会议由著名的生物物理学家贝时璋研究员（学部委员）主持，程天民代表学校在会上作了"狗急性放射病复合烧伤的病理形态学观察——着重探讨并发感染的几个问题"的报告。这是会议中关于放射复合伤的主要报告，引起了专家们的兴趣和重视。

由于学校没有科研编制，加上临时抽调出大量骨干成员给各个教研室的日常教学工作带来很多困难，所以尽管程天民和同事们在放射复合伤方

---

[1] 程天民访谈，2012年3月9日，重庆。资料存于采集工程数据库。
[2] 中国人民解放军第三军医大学校史。内部资料，2006年，第47页。

面的研究已经初见成效，而这次会议结束之后，研究组的建制还是随之撤销。学校要求研究组撤销后要"名亡实存"，在没有研究组名义情况下继续在各自岗位上坚持研究工作，但大家回到岗位后都忙于各自的教学和科研工作，学校的防原医学研究实际上又再次停顿了下来[①]。

  程天民在参加这两次应对"临时任务"的阶段性研究过程中，第一次接触到了防原医学，并初步开展了急性放射病和放烧复合伤的研究，拓展了他的学术视野。虽然两次研究最终都因为各种原因未能坚持下去，但却使程天民与防原医学结下了不解之缘，为他后来由病理学专业转向防原医学专业扎下了根。

---

① 程天民访谈，2012年3月9日，重庆。资料存于采集工程数据库。

第四章
迈入防原医学领域

孔雀河畔参加核效应试验

程天民正式迈入防原医学[①]领域是从参加我国核试验开始的。核武器杀伤破坏效应试验简称核效应试验，它是研制核武器整个过程中的重要组成部分，主要是指在核试验场区考察所设置的效应物（如动物、植物、粮食、武器、装备和工程项目等）由核爆炸引起的杀伤破坏情况，其主要目的是寻求核爆炸对各种效应物的杀伤破坏规律，找出各种有效

[①] "防原医学"这一学科的名称经历过一些变化。国内外开始就有放射（辐射）生物学，主要研究放射线对生物体的作用，观察不同质的放射线照射后的各种生物效应以及不同内外因素对生物效应的影响。后与卫生学结合又形成了放射医学。军队系统从军事需求出发，设置了"核武器损伤防治学"，并与"化学武器损伤防治学"合称为"医学防护学"。考虑到核武器爆炸不仅导致放射损伤，还会引发烧伤、冲击伤及诸多复合伤，而"放射医学"难以概括，且这类伤害不仅发生于战时核爆炸，还会见于平时核事故、核恐怖，因而概括为"防原医学"，以体现平战结合和军民兼容。防原（核）医学就是研究核爆炸和其他核事件伤害，以及其他来源电离辐射所致的伤害及其医学防护，既具有鲜明的军事医学特点，又含有平时民用的内容。

56

的防护措施[1]。

在我国进行核试验以前，国内对核武器杀伤破坏因素的认识仅能从世界上已经公开的书籍中得到一些常识性的东西，至于核武器的损伤规律及其防护对策等方面就更可以说是一片空白[2]。因此，在1964年我国第一颗原子弹成功爆炸后，周恩来总理专门指示：我们国家的核试验不要多，要少一点，搞一次试验就要取得很多资料，要做到一次试验、全面收效[3]。从此，各军兵种和相关单位把开展核效应试验工作全面提上了重要日程。

1964年10月16日，我国第一颗原子弹爆炸成功，世界惊殊、全国振奋。已经与放射病有过一些接触的程天民心想，如果能亲自参加核试验该有多好啊。随后，他上书总后勤部，请求批准第七军医大学也参加核试验。

1965年，总后勤部司令部批准军医大学参加我国第二次核试验，主要任务是进行核武器爆炸相关的动物效应研究。第七军医大学随即抽调相关专业人员，成立了由卫勤教研室主任高平阶任队长、程天民任副队长的参试小分队。虽然此行的具体目的地和任务安排都不得而知，对家人同事也必须严格保密，只知道核试验基地在大西北，但是能够亲自去神秘的戈壁滩参加核试验让程天民兴奋不已。

虽然做好了吃苦的准备，但是前去参试的路途比程天民想象的艰辛。程天民和参试分队先抵达北京，与其他分队集结后再乘坐专列去基地。到了北京后，程天民才发现他们所乘坐的军用专列其实就是平时用来运货、运动物的闷罐货车。一节车厢里坐十几个人，没有窗户也没有厕所，在车厢里垫上稻草再铺张草席就是床，另外还有一只马灯和一个大尿桶；列车尾部的几节车厢里，笼子摞着笼子装的都是狗、兔子、大小白鼠等实验动物，散发出难闻的气味。

往大西北去的铁路沿线车站很少，站与站之间相隔得很远，专列不会中途停车。每到一个站，大家立即要做的就是两件事：上厕所和灌水壶，

---

[1] 郑文翰主编：《军事大辞典》。上海：上海辞书出版社，1992年，第378页。

[2] 核武器效应试验史编委会编：《大西北，大戈壁，大事业：中国核武器效应试验风云录》。北京：海潮出版社，2002年，第106页。

[3] 同[2]，第25页。

如果错过了这一站就只能熬到下一站了；吃饭只能靠沿线的兵站提供，十几个人围着一盆菜，蹲在站台的地上吃，吃完饭再上车继续前进。经过了四天四夜总算到达了吐鲁番，在兵站稍作休息后，便又改乘敞篷大卡车翻越天山山脉。

戈壁滩上的"公路"坑坑洼洼、高低不平，像"搓衣板"一样。卡车行驶在"搓板路"上颠簸十分剧烈，而且车速越慢，颠得越难受。程天民和大家把行李当垫子坐，在车厢两边各坐一排，中间还有两排背靠着背坐，大家这样紧紧地贴在一起，多少能够减少一点颠簸。坐在敞篷车上，寒风呼呼地吹，前面车卷起的灰尘铺头盖脸地落在大家头上、脸上，当终于抵达营地时，每个人都是灰头土脸，胃里翻江倒海，双脚早就麻木得失去了知觉[①]。

程天民和学校参试分队安排在总后勤部效应试验大队第一中队，主要负责动物效应试验，营地位于孔雀河畔的开屏地区。"开屏"是张爱萍将军在这里考察时为它取的名字，因在孔雀河边，并借"孔雀开屏"寓意这个地方将绚丽、美好[②]。现实中的开屏与它美丽的名字极不相符。常年干旱少雨，昼夜温差特别大，经常是"早穿皮袄午穿纱，围着火炉吃西瓜"；夏天烈日暴晒，热浪滚滚，地表温度可高达六七十摄氏度，灼热沙砾可把鸡蛋烤熟。程天民每次完成防护训练后，全身大汗如水洗；严冬的气温可达到零下二三十摄氏度，大头皮鞋、皮大衣、皮帽这"三皮"必不可少，作业时戴上防毒面具，呼出来的气马上就会结成冰凌，一不小心就能堵住出气孔。最讨厌的还是风沙，大风骤起时的啸声撕心裂肺，甚至能把帐篷掀翻；刮起的飞沙走石扑面而来，漫天的黄沙让人睁不开眼睛，细小的黄沙无孔不入，极大地影响了大家的工作和生活[③]。

最初的营地除了几间低矮的土房和几排帐篷之外，就是无边的沙粒和丛生的骆驼刺。程天民和队员们把土坯房打扫干净，门窗钉上塑料布，然后在地面铺上芦苇就是床了，不过即使这样简陋的"干打垒"房也住不了

[①] 程天民访谈，2012年3月9日，重庆。资料存于采集工程数据库。
[②] 宋炳寰：核试验效应记事。《神剑》，2007年第2期，第10页。
[③] 同①。

图 4-1　参试队员自己动手修建养狗房（程天民提供）

几个人，不少年轻的参试人员还得睡在帐篷里。

在基地是根本吃不到新鲜蔬菜的，由于长途运输和气候关系，蔬菜不是干烂就是冻坏，大家常吃的蔬菜是萝卜和土豆；用水十分困难，孔雀河水又苦又涩难以下咽，就连用河水洗过的头发也是黏糊糊的。生活用水都是从百里外的"甘草泉"运送过来，一车水的运费和油费差不多。每人每天分到的水不仅要刷牙、洗脸，还要留到晚上洗脚，最后倒在地上增加空气湿度。如果运水车没有来，用过的水也舍不得倒掉，沉淀之后用来洗衣服。就研究条件来讲，这里是不可能有严格意义上的实验室的，用泥土打成土坯，再一块块垒成的土房，在屋顶盖上芦苇、敷上泥巴，建成了总后效应大队的一批动物房和实验室[①]。

核试验是大规模、综合性、高科技、接近实战的科学实验，其根本目的是验证核武器的设计、研制是否成功，主要研究核武器的杀伤破坏效应、防护原则和措施。总后效应大队则是进行"动物效应"（医学研究）和后勤物资效应。动物效应试验使这些动物为人类做出了牺牲，让研究人

---

① 程天民访谈，2012年3月9日，重庆。资料存于采集工程数据库。

第四章　迈入防原医学领域

图 4-2　1970 年 10 月程天民与"戈壁战友"在总后效应大队开屏驻地的合影（正中为程天民，左三为王正国。程天民提供）

员得以观察到核武器爆炸的杀伤效应并研究相应的医学防护措施。在核爆炸以前，程天民他们要对试验动物（主要是狗）进行训练，检查各种"正常值"，保证动物的良好健康状况，并使之能够配合各种医学检查。这方面的任务也是非常艰苦的。

在核爆炸前必须完成各种效应物的布放工作。与其他效应物不同，其他效应大队都可以早早地把各种兵器、物资、工事等不慌不忙地提前布放好、修建好，但是试验动物必须要晚布放、早回收。每次核试验，动物效应中队要在得到核爆炸时间号令后才能从开屏出发，颠簸上百公里赶到预定的爆区，马不停蹄地开始动物布放工作。在爆区，大家要以爆心为圆点，按不同距离布放几百条试验狗和其他各种试验动物，有的布放在开阔地，有的布放在建筑工事内和大型兵器内，有的布放在坑道隐蔽处，等等，这些繁琐的工作只能在"零时"①的前一夜完成。如果"零时"因为

---

① "零时"是核试验中的术语，指原子弹或氢弹起爆的具体时间。爆炸之前称"零前"，爆炸以后称"零后"。

天气等原因延后，大家还必须再到现场给动物喂水、喂食，有时还得把动物再带回来，不然这些动物在冬天会被冻死、夏天会被热死，就完全不能起到效应试验的作用了。

核爆炸结束后，动物效应中队必须在核爆炸后第一时间立即进入爆区回收试验动物，就像抢救伤员一样拉回营地迅速治疗，死亡的要立即解剖，如果延迟就会耽误救治和解剖时机。在同这些效应动物"亲密接触"的时候，如果动物身上有放射

图 4-3　参试人员在核试验现场布放动物（程天民提供）

图 4-4　第二军医大学在核试验现场布放的试验狗（程天民提供）

性污染，参试人员受到射线照射也是难以避免的，尤其是在地爆和低空爆炸时，放射性落下灰沾染在狗毛里面很难完全洗消干净，且离爆心较近的效应动物体内原有的铁、钙等金属元素在核爆炸中子的照射作用下会产生感生放射性，这种存在于脏器和血液里的感生放射性是无法洗消的，但等待射线自然衰变需要很长时间，就失去了抢救时机，解剖也不可能观察到呈现原来的状态。所以，回收动物速度越快，抢救越及时，受伤动物存活的几率就越大；解剖进行得越早，得到的病理资料就越珍贵。每次核爆炸的前后几天，程天民和大家基本上都是白天黑夜连着干，争分夺秒地布

第四章　迈入防原医学领域

放、回收、救治和解剖动物，也无暇顾忌辐射是否被超标。在他看来"不进虎穴、焉得虎子"，与获取第一手核试验病理解剖资料相比，吃点射线也是甘于领受的[①]。

不研究防护救治怎么得了

程天民在担任总后效应试验一大队指挥组组长之后，在多次核爆炸试验中，还未等核爆炸的蘑菇云完全消散，他就与效应大队的陈光明大队长一起紧随防化兵的辐射侦察车，直插爆区查看爆炸现场情况，并初步划定杀伤边界。

进入爆区，一路上映入程天民眼帘的是燃烧冒烟的工事、电缆；试验用的坦克、飞机、火车头被强烈的冲击波推翻；火炮变形、汽车燃烧、炮塔拦腰折断；修建的试验房屋，屋顶全被掀掉，墙面倒塌、遍地碎砖玻片……进入动物布放区后，离爆心一定范围的开阔地域里，狗笼子被抛得四处都是，没有任何防护的动物全部死亡（现场死亡区），稍远的动物遍体鳞伤，惨不忍睹；有的被抛出笼子，趴在地上奄奄一息，甚至还有伤狗看见人来，痛苦不堪地从地上爬起来向人哀鸣"求救"……眼前的惨烈景象让程天民的内心受到极大的震撼，

图 4-5 1980 年程天民身着防护服在戈壁滩留影（程天民提供）

---

① 程天民访谈，2012 年 3 月 9 日，重庆。资料存于采集工程数据库。

让他痛苦地联想到：现在是在戈壁滩进行动物试验，如果真正遇到战争，敌人的原子弹、氢弹不会扔到戈壁滩上，而是会扔到大城市、交通枢纽和经济中心，那么受伤的就会是人民群众和战士。大规模屠杀性的核武器带来的破坏如此严重，不研究防护救治怎么得了？而且，在同一个地段，没有任何防护的动物死亡了，但即使在一个猫耳洞、一个浅壕里面，只要没有被光辐射直接照射、没有冲击波直接冲击的动物就能活下来，这也说明在有防护的条件下，核武器爆炸带来的损伤是可以减轻或避免的。此时，程天民更进一步下定决心研究核武器爆炸的医学防护。

为了最大限度地收集动物效应资料，程天民在核试验现场简陋的解剖室里完成了大量病理解剖，获取了一大批十分珍贵的原始标本和数据。每次核爆炸结束后都是程天民最忙碌的时候。他和病理组的同事们需要连续作战、通宵达旦地解剖回收试验动物，逐一判定伤情。

在一次冬季地爆试验后，程天民在动物解剖过程中偶然发现一条狗的两侧肋骨成排地发生不完全骨折，但肋膜没有破裂，局部也没有出血，很容易就被漏诊了。他立即想到：这种病理现象是否只在这一只狗身上出现，前面已解剖过的十几只狗是否都有？会不会被漏诊了呢？一贯严谨细致的作风让他没放过这个疑点。他和同事冒着严寒跑到远处的实验动物尸体坑，把早已冻得硬邦邦的狗尸全部扒出来，按照病理解剖时记录的号码，逐个核对拴在狗尸脖子上的铁牌号，把这批解剖的狗尸一一找了回来。千辛万苦拉回来的狗尸已经像冰块一样坚硬，便先用温热水泡化，而后对每一具狗尸的肋骨都逐根进行了复查，果然又发现了类似的不完全骨折损伤，从而取得了这一核爆炸条件下动物致伤的完整数据[1]。

有时为判定是否复合冲击伤伤情，他们需要细微观察肝脏等实质脏器有无破裂、出血。由于轻度冲击伤常表现为浅表撕裂伤和包膜下血肿，在冬季核试验死亡效应动物早已冻僵了，解剖时如果用力撕开，就可能人为地造成脏器撕裂而影响判断。所以，程天民常常用手轻轻抚摸，用自己的体温融化僵硬的组织，之后再仔细观察内脏的损伤情况。

---

[1] 第三军医大学编：《程天民院士科研教学与管理文选》。北京：人民军医出版社，2006年，第64-65页。

图 4-6 1980 年程天民（后排正中）带领第三军医大学参试小分队在核试验现场合影（程天民提供）

除了在现场收集核爆炸对试验动物的伤害数据外，程天民还把每次核试验后解剖的动物脏器组织用福尔马林药液固定成标本，任务一结束就把这些极其珍贵的脏器标本装在保温瓶里，辗转千里带回学校，用光镜和电镜进行细致的观察和深入研究。他和同事们在核试验场辛苦带回的这些珍贵标本和数据为防原医学研究积累了一份份十分宝贵的财富，也为后来无法亲历现场的科研人员提供了非常难得的研究资源。

从 1965 年到 1980 年的 15 年间，程天民先后 14 次参加核试验，遇到的困难和危险难以计算。在一次核试验中，因为情况变动临时推迟了爆炸时间，程天民非常担心已经布放好的动物会不会在爆炸前死亡。他和同事坐着指挥车进入爆区查看动物情况，准备在预定时间前返回安全区等待爆炸。然而在返回的过程中，他们刚回到参观点（也是爆后进入爆区的出发点），车辆突然抛锚。程天民他们一想到在爆炸后无法再进入爆区观察和回收效应动物就心急如焚，幸有空军效应大队的司机及时帮助换掉了断裂的风扇轴，才让他们得以完成此次任务。不过此事让人回想起来仍有后怕，如果车辆提前坏在了预定爆区内，因为核爆炸前的各项工作已经就绪，所以只要"零时"一到，程天民他们连车带人都会成为这次核爆炸的效应试验物，那将会是一个多大的核试事故啊！

程天民在核试验现场的工作每次短则半月，长则半年。因为核试验严格保密，参试人员在核试验期间不能与外界有任何联系，对执行任务的所见所闻只能"看在眼里、记在心里，烂在肚子里"。在一次参试期间，程

图 4-7　1980 年程天民参加最后一次大气层核试验后返回途中在天山之顶（程天民提供）

天民突然接到了学校从北京转到试验基地的电话，告知爱人胡友梅[①]得了鼻咽癌，要他立即返回。此时临近爆炸，正是任务最紧张的时候，程天民非常着急但无法抽身，只好含着泪发了一封电报回家："任务正紧、暂不能返，坚强乐观、积极治疗"。幸运的是，经过进一步诊断，胡友梅患的不是鼻咽癌，而是因为辛劳过度、抵抗力低下导致的颈淋巴结核。虽然这次只是一场虚惊，但在程天民心里对妻子和家庭充满了愧疚[②]。

戈壁滩上的艰苦历练是程天民学术生涯中极其重要的时期。现场参试使程天民充分认识到核武器爆炸的极强杀伤作用和医学防护的极端重要性，促使他下定决心从病理学转向防原医学；大规模的真实核爆炸和综合性的效应试验，为程天民的专业研究提供了最真实、最珍贵、最重要的条件，为他在此后半个世纪深入钻研核武器损伤的医学防护奠定了坚实的物质和实践基础。

[①]　胡友梅（1928- ），广东广州人。1951 年于广州岭南大学医学院毕业分配至第六军医大学任药理学教研室助教。1956 年 5 月 1 日与程天民结婚。曾任学校药理学教研室主任、教授，重庆市生理学会理事长，1999 年退休。

[②]　程天民访谈，2012 年 3 月 9 日，重庆。资料存于采集工程数据库。

第四章　迈入防原医学领域

戈壁滩上主持防原医学训练

在一次 10 万吨级爆炸试验时，爆炸产生的杀伤破坏作用大大超乎了研究人员的预计，出现了前所未有的严重杀伤破坏景象。效应动物有的肢体离散、有的心脏被砂石穿透、有的全身被烧焦，等等，程天民在解剖时对眼前所见也感到震惊不已。他想，除了病理专业同志可以从解剖看到核武器爆炸所致的内脏损伤外，其他人只能看到伤狗的外观和一些临床表现，如果参试人员都能够亲眼看到核武器对动物造成的这些严重伤害，岂不是更能深化对核武器杀伤作用的认识？为此，他提出搞一个"核试验动物损伤标本陈列"，得到了大队领导的支持。

程天民细心地整理和制作了各种内脏、器官和尸体标本，利用一间低矮的土坯狗房，办起了戈壁滩上第一个、也是我国核试验以来第一个"核爆炸损伤病理标本陈列室"。他把狗笼当展览台，把各种标本分类摆在瓷盆里，挂上用毛笔写的"大字报"，标明病变特征及其意义。这个简陋的标本陈列一开张就引起了参试人员的极大关注，他们不仅看到受伤狗的外貌，而且还目睹了内脏的诸多伤害情况，大大加深了对核爆炸伤害的认识。基地司令员张蕴钰也以极大的兴趣前来参观。在之前的两次空中爆炸试验中，有的效应动物伤情相对较轻，一些参试人员就误认为核武器也不过如此，通过参观受伤动物的临床症状、损伤致死动物的病理解剖标本，大家真正感到核武器的破坏作用确实不能小觑，对核武器的杀伤效应有了全新的认识。

每次核爆炸前程天民就做好各种准备，爆炸一结束，他就带领相关人员日以继夜地搜集数据资料、整理标本、制作展板，往往在爆炸后的 24 小时就为大家展出这次核爆炸中的损伤动物、病理标本，还有大幅的照片图表，有时还会有一些稀奇展品。例如在一次大当量氢弹试验后，回收分队多收了一只老鹰。老鹰的半边羽毛和翅膀烧焦了，同侧眼睛也坏了，但是对侧眼睛还在亮晶晶地转动。原来它在空中飞行时遇到了氢弹爆炸，意外地成了飞行状态的效应物。这只戈壁滩上空飞翔的老鹰成了展览室的罕见展品，给参观人员留下了深刻印象。

核试验基地的张蕴钰司令员参观后很高兴地对大队领导说："展览搞得不错，应该让其他大队的同志都来观看。"① 在试验基地的支持下，大队建起了一个有砖墙、玻璃窗、水泥地的大展览厅。展览规模扩大了，水平也有很大提高。每次展览，程天民既是总编导、总设计师和总指挥，还亲自布置展厅、写字绘图、编写解说词，并且训练解说员，把原来的标本陈列做成了有模有样的展览②。展品中有实物、照片、图表、统计数字，有不同爆炸方式、不同当量、不同距离动物杀伤对比；有暴露于不同防护条件下杀伤情况对比，图文并茂，形象生动，成为一座名副其实的展览馆。

从此以后，开屏的"核爆炸动物效应展览馆"就成为核试验场一个固定的参观点，成为了各单位参试和参观人员必到之处和核试验现场培训的重要场所，陆续接待了总部、国防科工委的首长和大军区司令、各军兵种及野战军的数千名领导、地方党政官员和各种学习班人员参观③。人们在参观过程中无一不被核爆炸的杀伤破坏威力所震撼，对加深核武器杀伤破坏作用的认识、传播核防护知识起到了积极作用。

程天民在参试过程中，不仅担任效应大队指挥组组长，而且还主持了

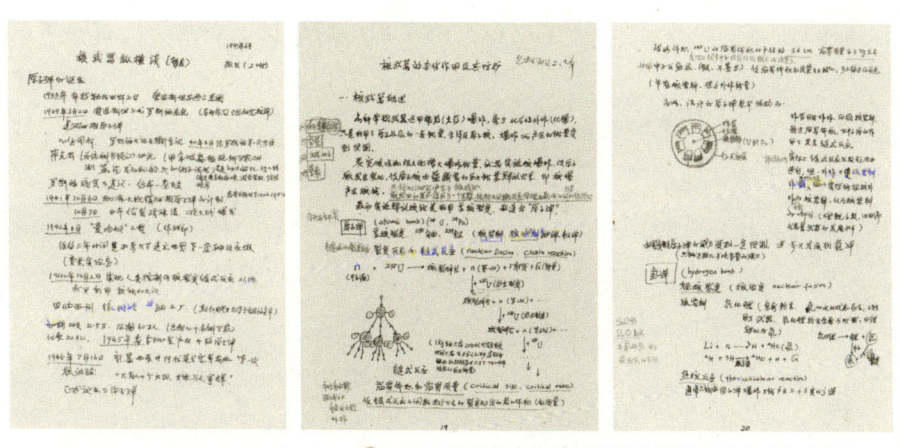

图 4-8　程天民在核试验现场的讲课手稿（采集小组复制）

---

① 核武器效应试验史编委会编：《大西北，大戈壁，大事业：中国核武器效应试验风云录》。北京：海潮出版社，2002 年，第 565 页。

② 王正国访谈，2012 年 7 月 20 日，重庆。资料存于采集工程数据库。

③ 陈光明：《戈壁春秋》。北京：国防工业出版社，2007 年，第 198–199 页。

现场的"防原医学训练班"工作。他设计拟定了讲授纲目，编印了讲课提纲，并组织"老参试"为新参试人员讲课。他们结合核效应实际，系统讲授了基本的知识、伤害特点、防护救治等内容，程天民还亲自讲授了其中几个专题。这些现场培训班收到了非常好的效果，他们还将培训班从总后效应大队扩展到了其他效应大队。因此，基地很多效应大队都知道"一大队有个程教授"。

图4-9　程天民在总后效应大队介绍防原医学研究经验（程天民提供）

程天民根据医学和效应试验的特点，把核试验目的、核武器的几大杀伤因素、过去的经验等结合自己的体会分成专题，精心设计每次讲课。他的讲课让后来的参试人员印象非常深刻，很多同志都深感"现场一堂课，胜读一年书"。不仅因为程天民授课能够用理论联系实际，再辅以生动形象的表达，而且还因为"就讲课来说，有的人只是讲科技信息，但他是带着感情讲的，可以感觉出来他对事业的热爱"[1]。这些培训不仅普及了核武器损伤及其防护知识，有效地宣传了基本的防护措施，还培养了一批防原医学骨干，深受各单位欢迎[2]。

在一次核爆炸结束后，由于来基地参观的军地首长很多，指挥部要求总后效应大队到马兰为参观首长举办展览，并安排程天民和王正国[3]两人向参观首长介绍核武器杀伤破坏情况。为了把这次课讲好，程天民和王正国做了精心准备，设计了包括理论讲课、实物参观和观看纪录片三个层次的讲解方案。程天民考虑到来参观的大多是各个军区和野战军的领导，而

---

[1]　吴乐山访谈，2011年12月6日，北京。资料存于采集工程数据库。
[2]　陈光明：《戈壁春秋》。北京：国防工业出版社，2007年，第203页。
[3]　王正国（1935— ），安徽合肥人，出生于福建漳州。我国冲击伤、创伤弹道学、交通医学研究的主要创始人之一，著名的创伤医学和野战外科专家，第三军医大学野战外科研究所研究员，博士生导师。1994年当选中国工程院院士，中国工程院医药卫生工程学部主任委员。

自己讲话带有一点乡音，可能影响效果，而王正国年轻一些，口齿流利，嗓门也大，所以推荐王正国主讲，自己负责讲课的准备工作。

为了能让王正国讲好课，程天民不仅悉心辅导他讲课的技巧，就连讲课的挂图也亲自帮忙挂好。他还专门设计了一段开场白："我们参试人员能在戈壁滩向各位报告我国核试验的成果，感到无比自豪和亲切。同志们来自全国各地，从事各行各业，但共同关心的问题是一旦发生核袭击，会对我们人员造成哪些杀伤？如何进行防护？今天，围绕'核武器的杀伤作用及其防护'这个主题，讲三个问题……"。开场白一讲完，全场立即鸦雀无声，全神听讲。

王正国在台上讲课时，有的地方讲得快了，程天民就以悄悄走上台给他递茶的方式，轻轻地对他说"讲慢一点、声音大一点"[①]。在两人的默契配合下，他们把核武器杀伤破坏情况阐述得生动清晰，让参观首长们非常满意，认为不仅学到了核武器防护的医学知识，而且对怎样防护核武器，心里也有了底，对战备训练很有帮助。

参加两次核试验资料大总结

至1967年6月，我国已经进行了六次核效应试验，取得了丰富成果，积累了大量效应试验资料。但是，由于每次试验成果都是在特定条件下取得的，不同的成果资料都分散保存在相应的归口单位手上，需要进一步综合汇集和系统整理。当时正值"文化大革命"的非常时期，为了保证这些珍贵的试验资料不受损失，周恩来总理在中央专委会议上多次指示"科学试验要认真进行总结"，于1967年和1974年两次批准由国防科委会同总参谋部，组织效应试验各参试单位对核武器效应试验进行综合总结，并要求"参加整理资料的人员适当固定"，强调"一份资料也不能丢失"。此外，周总理还

[①] 王正国访谈，2012年7月20日，重庆。资料存于采集工程数据库。

明确指示"参加核效应试验总结工作的人员不参加'四大',只进行正面教育"①,保证了"文化大革命"期间总结工作能够顺利进行。

程天民作为"老参试",全程参加了1967年的资料大总结工作。第一次大总结历时两年,主要侧重于对汇集六次核效应试验获得的所有资料数据,在此基础上分门别类进行整理。在这次总结中,程天民主要参与了第三分册《动物效应》的总结工作,并且与李国民、赵乃坤共同撰写完成了《核爆炸所致狗损伤的病理变化》专题总结。

在程天民和所有研究人员的努力下,我国核试验资料第一次大总结最后形成了一部200万字、非常珍贵的《我国核试验技术资料汇编(绝密)》。这部汇编资料不仅是对我国多次核试验的深刻总结和科学检验,其资料的完整和丰富性也是其他国家不能比拟的②。在此之前,美国原子能委员会1962年出版了萨·道格拉斯的专著《核武器效应(修订版)》,书中介绍了日本原子弹爆炸所致人急性放射损伤发生情况,之后又公布了日、美联合研究的原子弹爆炸幸存者随访资料③。这两份资料以珍贵的人体病理尸检为基础,但只限于一两万吨小当量原子弹爆炸的结果,而且由于战乱,部分资料也零散不全。此后,美、苏两国进行大气层核试验时,限于"动物保护主义"等因素,使用的试验动物数量很少,进入地下核试验后就更难进行动物效应试验。因此,我国核试验的次数比美国和苏联少得多,但每次试验的规模大得多,而且爆炸方式多、使用动物数量大,收集的各种原始动物效应数据非常丰富、资料也更为全面,真正实现了当年周总理提出的"一次试验、全面收效"。

由于原始资料属于绝密,并且是在戈壁滩特定条件下得到的结果,为了实战应用,各个单位都在首次总结的基础上开始编写相应学科的第一批科学应用材料,使资料能为部队所用。程天民受总后勤部司令部委托,与

---

① 核武器效应试验史编委会编:《大西北,大戈壁,大事业:中国核武器效应试验风云录》。北京:海潮出版社,2002年,第14页。
② 同①,第30页。
③ 中国人民解放军总后勤部卫生部编:《百年医学科技进展》。北京:人民军医出版社,2005年,第186页。

王正国、叶常青[1]一起，由程天民主持承担动物效应部分的资料梳理和再研究、再总结工作，被安排在军事医学科学院集中编写书稿。

为了保证在规定时间内完成任务，程天民他们基本上都待在办公室足不出户。他们充分运用核试验原始资料，根据部队实战需要对动物效应试验结论进行科学的演算和推理。通过对比实验动物（以狗为主）和人体结构的异同，分析不同致伤因素作用量（照射剂量、光冲量、压力量等）与损伤程度的量效关系，并且参考日本原子弹伤员和平时放射事故病人的特点，把效应试验对动物的伤害情况推演为对人员可能造成的伤害，把在戈壁滩的特定条件下核爆炸情况演算为在城市爆炸可能产生的结果，系统阐明了核武器损伤基本原理。

尤其在防护措施的阐述上，程天民主张从辩证的角度来说明核武器的防护问题，既要说明核武器防与不防完全不一样，说清可防、易防的一面，又要深入分析难防的一面，在阐述"易防"和"难防"的辩证关系中总结一般规律、提炼防护原则，强化部队的防护意识[2]。另外，程天民还从实战出发，结合核试验现场卫勤演练的经验，提出进一步阐述核战争条件下的卫勤保障问题，并承担了"组织核武器伤员救治中的几个问题"一章的撰写工作，显示出他全面长远的军事卫勤观念[3]。此外，删略了有关核试验的代号、核爆炸当量和方式等绝密性内容，从而使资料更具实用性和操作性。

1973年，《核武器对人员的损伤及其防护（机密）》编写完成，总共26万字，由总后勤部卫生部印发全军。这是我国第一部以本国核试验资料为主要依据的核武器损伤及其医学防护专著，也是我国防原医学理论体系发展的主要参考依据。

直至1973年，我国的核效应试验已经开展了近十年。总参谋部再次要求各参试单位对十年来核效应试验所取得的丰富技术资料和极其珍贵的

---

[1] 叶常青（1933-   ），上海人。1956年毕业于沈阳中国医科大学，专业方向为放射毒理与防护研究，曾获国家科技进步奖二等奖。中国毒理学会第三届理事长。

[2] 程天民访谈，2012年3月9日，重庆。资料存于采集工程数据库。

[3] 第三军医大学军事预防医学院：清泉流响．内部资料，2006年，第32页。

图4-10 《核武器对人员的损伤及其防护（机密）》书影（采集小组复制）

图4-11 程天民参加我国核试验两次资料大总结的成果（采集小组复制）

试验成果进行系统深入的总结[1]。1974年4月，程天民再次参与了"我国核效应试验十年技术总结"第三分册《动物效应》部分的技术总结工作。在这次大总结过程中，程天民对之前分散的、不同试验条件下得到的动物效应资料进行了系统整理和综合分析，进一步总结出了核武器爆炸致伤带有普遍性、规律性的病理学结论。

我国"核效应试验十年技术总结"历时两年半，于1976年10月结束，各单位将参试十年的经验和技术成果凝结成了《我国核试验技术总结汇编（绝密）》，全书共计1500万字，凝结了我国数以万计从事核武器研制、核试验效应人员艰苦卓绝的辛勤劳动，是我国十年核效应试验成果的大集成。在这次大总结中，由程天民主持，王德文[2]、林远[3]等同志参加，撰写了"烧冲复合伤的病理变化"专题总结。

---

[1] 核武器效应试验史编委会编：《大西北，大戈壁，大事业：中国核武器效应试验风云录》。北京：海潮出版社，2002年，第86页。

[2] 王德文（1938— ），山西清徐人。1962年毕业于北京医科大学医疗系。著名军事病理学家、我国军事医学病理学研究领域主要开拓者之一。全军新武器效应和军事病理学重点研究室主任，全军病理学专业委员会顾问兼军事病理学专业组组长。

[3] 林远（1936— ），福建福州人。1960年7月毕业于第四军医大学医疗系。曾任第三军医大学病理学教研室讲师、防原医学教研室（复合伤研究室）教授、主任，全军复合伤研究所副所长，为该学科带头人之一。

在参加两次核效应试验资料大总结以及专题总结过程中，程天民与同事一起搜集并选用了历次核试验中资料比较完整的713例效应狗病理材料，观察了一万多张病理切片，较系统地研究和总结了核试验中最重要的三类损伤：

图4-12　1975年程天民在工作中（程天民提供）

急性放射病、放射复合伤、烧冲复合伤的病理变化。由他主笔撰写的《核爆炸所致狗损伤的病理变化》、《烧冲复合伤的病理变化》两篇专题论文是我国自己的、唯一的、由真实核武器爆炸所致真实核武器损伤的病理学研究成果，也是国内外最全面、最具权威性、包括不同当量空爆与地爆时所致真实核武器损伤的病理学文献。

编著《核武器损伤及其防护》和《防原医学》

为了从多个角度科学地阐述核武器的杀伤破坏作用，介绍核武器的典型杀伤破坏威力及其防护对策，"核效应试验十年技术总结"办公室在完成技术资料总结的基础上，再次组织各效应试验单位共同编写《核武器的杀伤破坏作用与防护》。

总后勤部再次责成程天民主持，王正国、叶常青、赵青玉同志参加，共同编著了再版的《核武器损伤及其防护（秘密）》（1980年出版，共62万字）。这部专著较1973年第一版有很大的拓展深化，成为防原医学领域的权威性专著。随后，军内外编著的多部专著、教材都依据和利用了该书

图4-13 1979年8月完稿之后，程天民与同仁同登八达岭长城（右起：程天民、王正国、刘林平、叶常青。程天民提供）

图4-14 《核武器损伤及其防护（秘密）》书影（采集小组复制）

的观点和数据。

然而，程天民并没有止步于此。他认为，核武器是大规模杀伤武器，可在极短时间内造成大量伤员。伤类多、伤情重，给卫勤保障带来很大困难。一旦遭受核袭击，军用、民用设施与人员同时可被破坏伤害，只有军队和地方通力协作，才能有效地组织防护和救治。另一方面，随着我国经济发展和技术进步，核能的开发和综合利用已日益广泛，并将深入地渗透到工农业生产、科学技术和人民生活的多个领域，预防和救治核武器损伤和核事故伤害，做好利用核能的医学防护，具有重大意义。因此，防原医学不仅是一门军事医学，而且也应当是一门平战结合、军民两用的科学。

为此，程天民在两次编著为部队所用的《核武器损伤及其防护》基础上，进一步考虑编写一部适应平战结合和军民兼用的防原医学专著。1986年，由程天民主编，罗成基、阎永堂副主编的我国第一部防原医学专著《防原医学》由上海科学技术出版社出版，在全国公开发行。

在这部《防原医学》中，程天民他们主要依据我国防原医学的研究成果及自己的研究工作，并有选择地吸取了国外资料，特别是日本原子弹伤害的医学资料，并引用了一定数量的动物实验资料，作为理论探讨和实验防治研究的参考。整部专著重视理论联系实际，注意提高核物理和损伤原理、病理基础、防治原则的理论深度，以急性放射病和复合伤为重点，详细介绍了核武器防护救治的原则和措施，并且强调技术以勤务为指导，勤务以技术为基础，注重技术与勤务的结合，注意对不同损伤的发生情况、诊断依据和预后判定等进行群体分析，阐述诊治时，注意分级救治不同阶段的要求[1]。

图 4-15　我国第一部《防原医学》书影（程天民提供）

程天民的这些研究成果充分发挥了核效应试验资料的实用价值，极大地促进了防原知识的宣传和普及，在防原医学研究领域产生了深远影响，为建立我国防原医学学科体系做出了突出贡献。

发现并命名骨髓巨核细胞被噬现象

程天民在 1963 年研究狗急性放射病恢复晚期的病变时，偶然发现骨髓巨核细胞体内有为数不少的成熟中性粒细胞，研究初步提出中性粒细胞进入巨核细胞体内并将其噬食，他将其称为"骨髓巨核细胞被噬现象"，并在第二次全国放射生物学和放射医学学术会议上做了相关报告。而后，程天民又在核爆炸所致狗烧伤、冲击伤和烧冲复合伤，激波管所致狗冲击伤以及烧伤病人的骨髓组织中相继发现了这种现象[2]。

---

[1]　程天民、罗成基、阎永堂：《防原医学》。上海：上海科学技术出版社，1986 年，第 1 页。
[2]　程天民、林远：几类损伤时的骨髓巨核细胞被噬现象。《解放军医学杂志》，1980 年第 5 卷第 6 期，第 325-326 页。

这一现象引起了程天民的强烈兴趣，他翻查了各种相关文献，发现当时业内对巨核细胞体内有中性粒细胞这种现象已经有所报道，主要的解释是：骨髓涂片太厚，使其他血细胞与巨核细胞重叠，并非进入其体内；巨核细胞的分界膜系统开放，中性粒细胞既可以进入也可以出来；两种细胞“共生”，互不相干；贴近骨髓血窦的巨核细胞是粒细胞进入血液循环的“通道”；巨核细胞可吞噬其他血细胞等。

程天民没有为这些文献见解所束缚。他反复深入观察和论证，通过将巨核细胞切成多个连续切面，发现每一切面均有中性粒细胞，简明而确切地证明了中性粒细胞是进入巨核细胞体内，而不是黏附在其表面；通过活体观察，巨核细胞只能局部伸出突起，细胞整体不能移动，不可能专门就近或到远处吞噬成熟的中性粒细胞，而中性粒细胞却能自由地移动。

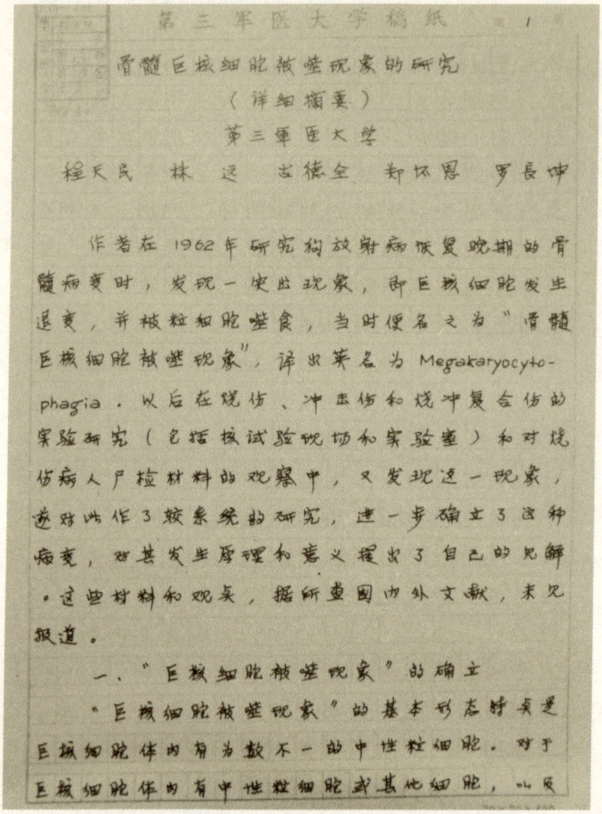
第三军医大学稿纸 第 1 页

骨髓巨核细胞被噬现象的研究

（详细摘要）

第三军医大学

程天民 林远 古德全 郑怀恩 罗长坤

作者在1962年研究狗放射病恢复晚期的骨髓病变时，发现一突出现象，即巨核细胞发生退变，并被粒细胞噬食，当时便名之为“骨髓巨核细胞被噬现象”，译出英名为Megakaryocytophagia．以后在烧伤、冲击伤和烧冲复合伤的实验研究（包括核试验现场和实验室）和对烧伤病人尸检材料的观察中，又发现这一现象，遂对此作了较系统的研究，进一步确立了这种病变，对其发生原理和意义提出了自己的见解。这些材料和观点，据所查国内外文献，未见报道。

一、“巨核细胞被噬现象”的确立

“巨核细胞被噬现象”的基本形态特点是巨核细胞体内有为数不一的中性粒细胞。对于巨核细胞体内有中性粒细胞或其他细胞，以及

图 4–16 程天民撰写的《骨髓巨核细胞被噬现象的研究》论文手稿（采集小组复制）

他还借助电子显微镜反复观察，进一步阐明了中性粒细胞由贴近、伸出突起插入、部分进入至整体进入巨核细胞，之后中性粒细胞由少到多，由表及里，最后可直至巨核细胞深部，并通过释出溶酶体颗粒等方式噬食巨核细胞成分的全过程，而且发现体内有粒细胞的巨核细胞会随着粒细胞数量增多，巨核细胞的胞浆以致胞核逐渐出现残缺，直至最后整个巨核细胞完全

消失。这就以充分的实验证据确切地证明了：作为"小噬细胞"的中性粒细胞，虽然平时只能吞噬细菌等很小的颗粒，但在特殊情况下，如受到烧伤、放射、冲击伤等作用，也能发挥出"巨噬细胞"的作用，噬食体积比它大得多的巨核细胞，参与机体的"吞噬自身细胞反应"，即"小吃大"，而不是一般文献认为的"大吃小"。程天民将研究结论正式命名为"骨髓巨核细胞被噬现象（Megakaryocytophagia）"。这一病理发现经过七次实验得到证实，并于1980年发表在《解放军医学杂志》上。

程天民的这一发现丰富拓展了"机体吞噬自身细胞反应"和"中性粒细胞吞噬作用"的理论内容，更为重要的是论证了这一变化是导致几类损伤时血小板数量减少、功能降低的重要原因之一，深刻地揭示了特殊情况下血小板变化的缘由。学校烧伤专业的留美博士研究生在一次学术报告中介绍了"骨髓巨核细胞被噬现象"，这一结论让美国同行感到十分惊讶，国际烧伤学会在《烧伤》杂志上全文刊载了程天民的论文［Burns（1984，10（41）：282］，以它在国际烧伤界的权威地位将程天民的"骨髓巨核细胞被噬现象"研究成果推向世界[1]。程天民所在的复合伤研究所进而研制了保护骨髓巨核细胞、提升血小板数质量的创新药物，目前动物实验取得了良好效果，已经获得国家发明专利，有望成为具有完全知识产权的一类创新药物。

矢志不渝选择"硬骨头"

1977年，学校将"医学防护教研室"内的防原和防化两个专业分开，分别成立了"核武器损伤医学防护学教研室"和"化学武器损伤医学防护学教研室"。1978年，第三军医大学成立了全军第一个卫生防疫系，两个教研室分别更名为"防原医学教研室"和"防化医学教研室"[2]。1979年，

---

[1] 第三军医大学军事预防医学院：清泉流响．内部资料，2006年，第68-69页．
[2] 中国人民解放军第三军医大学校史．内部资料，2006年，第92页．

程天民由病理学教研室主任调任防原医学教研室主任，并兼任卫生防疫系副主任。上任后，程天民首先考虑的就是如何确定防原医学教研室的研究方向。

防原医学的主要研究领域与核爆炸的杀伤因素直接相关。核爆炸时瞬间产生的巨大能量，主要形成光辐射、冲击波、早期核辐射和放射性沾染四种杀伤破坏因素。前三种因素的作用时间均在爆炸后的几秒至几十秒之内，称为瞬时杀伤因素；放射性沾染的作用时间长，可持续几天、几周或更长时间，以其放射性危害人员健康，故称为剩余核辐射。

光辐射是核爆炸瞬间产生的几千万度高温的火球向四周辐射的光和热，引起体表皮肤、黏膜等烧伤；也可因建筑物、工事和服装等着火引起人体烧伤；冲击波是核爆炸形成的高温高压火球，猛烈向外膨胀，压缩周围的空气层，形成一个球形的空气密度极高的压缩区，利用其冲击波的超压、动压和负压，直接或间接作用于人体造成各种冲击伤；早期核辐射作为核爆炸特有的一种杀伤因素，是核爆炸后最初十几秒钟内所产生的丙种（γ）射线和中子流，当人体受到一定的剂量照射后，会造成人体不同程度的放射性疾病；放射性沾染是核爆炸后的碎片或分裂后的产物，可形成放射性落下灰，造成空气、地面、水源、各种物体和人体的沾染，对人员的损伤可有外照射损伤、内照射损伤和乙种（β）射线皮肤损伤。因此，这四种杀伤因素及其造成的不同伤类、伤情是防原医学的主要研究对象。

当时防原医学领域的主流观点认为：在核武器损伤中的光辐射、冲击波损伤等与常规战争中经常发生的战斗创伤类似，因而其治疗原则基本相同；为核武器所特有的损伤是核辐射损伤，特别是早期核辐射损伤可以导致急性伤亡，影响部队的战斗力。因此，国内的主要防原医学研究机构尤其重视核爆炸所致的放射病研究。就军内而言，早在我国开展核效应试验筹备工作时，军队就专门安排了军队最高的医学科研机构——军事医学科学院负责组织核武器损伤防护的相关研究。他们的研究工作开展得早，研究范围也相对较广，成立了专门的研究所，科研队伍实力也比较强，尤其是军事医学科学院放射医学研究所，其实力和水平在当时国内有很大的影响力。此外，军医大学中的第二、第四军医大学也专注于搞放射病研究，其中第四军医大学侧重研究核爆炸后的落下灰效应及内照射研究，第二军医大学侧重急性放射病治疗研究。地方的科研单位，如中国医学科学院放射医学研究所、中国辐射防护研究院和中央卫生部工业卫生实验所等知名研究机构，基本上也都把核爆炸导致的单纯放射性损伤作为主要研究目标。

程天民考虑，学校虽然已经成立了防原医学教研室，"防原医学"也成为国家恢复学位制度后首批招收硕士研究生的学科，但整个教研室的编制只有13人，而国内几家研究放射病的机构都是当年参加核试验的主要单位，科研资源和研究队伍实力都十分强大。如果随大流也搞放射病研究，那教研室的"十几个人、七八条枪"最多只能算是"小本经营"，实力悬殊太大，"跟着走尚有困难，何谈跟上、赶上，出路在何方"[①]？

根据对多次核试验资料的分析，程天民认为放射病虽然是核武器爆炸时的特殊伤情，但是核武器的四种杀伤因素往往不会单一致伤，更多的是同时致伤，受伤人员发生复合伤的比例相当高。比如，1945年日本广岛、长崎遭受原子弹袭击后，伤亡人员中有60%—80%遭受的为复合伤[②]。在我国多次核试验过程中，核爆炸造成复合伤的地域面积在整个杀伤区面积中所占比例高达50%—80%，其中地爆时占60%—80%，空爆时<50%[③]。这充分说明了复合伤是核爆炸引起的主要伤类，因此也是实战中实施医学防护和救治的重点。

然而，复合伤研究在当时国内学术界存在着不小的争议。复合伤是防原医学的一个研究分支。所谓"复合伤"（Combined injury），是指机体同时或先后受到两种或两种以上不同性质致伤因素作用而发生的复合性损伤。一些国家从20世纪50年代起就开始对核爆炸复合伤，主要是放射性复合伤进行大量的实验研究；60年代初，我国有关单位在放射生物学与放射医学研究取得一定成果的基础上，也开始进行放射损伤复合烧伤、复合骨折和复合创伤性休克等类型复合伤的基本规律与实验治疗研究。

---

① 程天民访谈，2012年3月9日，重庆。资料存于采集工程数据库。
② 郑怀恩、程天民：复合伤的特点与发病机制。《科学》，1993年第3期，第21页。
③ 程天民、罗成基、粟永萍等：中国军队复合伤研究进展。见：第31届国际军事医学大会论文选编，《军事医学荟萃》。北京：军事医学科学出版社，1996年，第57-61页。

复合伤的救治和研究难度都非常大。在战时，这种损伤主要发生于使用具有多种杀伤因素的武器，如核武器、贫铀武器等；还发生于同时或先后使用具有不同杀伤性能的武器，如弹物、爆炸、燃烧等。在平时，复合伤常见于矿难、交通等多类事故和灾害中。在临床救治上，原本单独遭受如放射病、烧伤、冲击伤、火器伤的其中一种就能造成十分严重的后果，如遭遇几种损伤复合、叠加，就会导致更加复杂的伤情，救治也更加困难，死亡率很高。研究复合伤也非常复杂，不仅需要病理、生化、血液、免疫等学科作为基础，而且需要专门的致伤设备。相对单一伤，复合伤研究的工作量也成倍增加。比如研究单一损伤，一般只需设置两个组进行对比和参照，如果研究两伤复合，至少需要设置四个对照组——两个单一伤组、一个复合伤组、一个对照组，工作量至少增加一倍。因此，国内外的复合伤研究虽然开始得早，也在实验研究的基础上提出了复合伤的一般治疗原则，但对复合伤发病理论没有深入的认识，治疗上缺乏确实有效的措施，复合伤也就成为防原医学领域公认的一块"硬骨头"[1]。

然而，也有人对复合伤是否具有研究价值提出了疑问。有的认为，核爆炸情况下最特殊的伤情是放射病，只要搞好放射病的研究，复合伤的问题自然会迎刃而解，不用单独研究；还有人认为，核爆炸所致的每一类损伤都有其特殊的发生发展机制、临床病理特点、诊断和防治的原则及措施，进行复合伤研究的条件要求太高，难度太大，单一损伤都没解决，不可能解决复合伤问题。因此，当时国内和军内研究过复合伤的机构包括全国一些知名的研究机构，都由于种种原因半途而止，相继放弃了复合伤研究。

在这种情况下选择研究复合伤，确实有点"明知山有虎，偏向虎山行"的味道。如果它真的是研究死角，最后的结果就是浪费精力白干一场。不过，程天民却认为"科学研究的结果谁都不能打保票"，既然复合伤是核爆炸中的主要伤类，"我们这么大的国家和军队，如果不搞防原医学，或在防原医学中不搞复合伤研究，就会在战略上留下重要缺口，一旦

---

[1] 程天民访谈，2012年3月9日，重庆。资料存于采集工程数据库。

发生战争或严重事故，将付出巨大代价"。应当把复合伤作为防原医学的重要研究领域，不能等待单一伤，特别是放射损伤的问题解决以后再研究复合伤。整体的损伤不清楚，将来的预防和治疗就没有一个完整的考虑，应配套进行、相辅相成[①]。

从教研室（研究室）的实际情况来看，研究复合伤带来的不一定是"弊"，也有"利"。程天民认为，研究别人不搞或者少搞的复合伤，既能满足国家和军队的重大需求，又体现了自己的研究特色；复合伤的"难"正说明很多问题还没解决，存在着发展创新的空间；复合伤"复杂"，说明它与其他学科联系紧密，是连接防原医学、放射医学、创伤医学和烧伤医学等学科的一条学术纽带，也是促进学科交叉融合的桥梁。因此，程天民在众多同行不看好的情况下，顶着"不用搞"、"不能搞"的舆论压力和"难度大"、"工作量大"的科研压力，坚定地把复合伤确定为第三军医大学防原医学研究的重要突破口和教研室（研究室）的主攻方向。

在程天民带领下，防原医学教研室（复合伤研究室）多次参加核武器现场效应动物试验。参试过程中，程天民根据复合伤研究的需要，有针对性地设计并收集了大量珍贵的研究数据。这些原始资料为学校的防原医学及复合伤研究创造了得天独厚的实践机会和研究条件。但是，核武器试验毕竟是真实的核武器爆炸，它的致伤条件以及造成的伤害不易受人为控制，不可能在现场获得严格对照的伤类，或者在多种特定伤情之间进行相互比较；在现场恶劣的自然环境和简陋的实验条件下，难以使用高精仪器设备实施细胞、分子层次的研究，很难展开有效的技术指标观测；现场核爆炸是即时性、不可重复的，一旦核武器试验完成，研究环境也随之终结，无法再长期、深入地进行。此外，程天民还敏锐地观察到，大气层核试验不可能长期进行，最终必将停止。由此，程天民认为必须要建立自己的复合伤实验室。

1979年7月，第三军医大学正式组建复合伤研究室，并列入军队编

---

① 程天民、邹仲敏：放射复合伤的研究进展，《中华放射医学与防护杂志》，1998年第18卷第5期，第299页。

制[1]，成为当时国内唯一以复合伤为主要研究方向的科研机构，程天民兼任研究室主任。从此，程天民带领防原医学教研室和复合伤研究实验室两个机构、一套人员，走上了教学与科研相互结合、相互促进、共同发展的道路。

复合伤实验室初建时，条件十分艰苦，研究人员只能在曾用于堆放建材的席棚里做实验。程天民用戈壁滩核试验基地的艰苦奋斗精神激励大家：不能消极等待，要在实干中逐步创造条件。他带领大家把现场实践和实验室研究结合起来，边干边建，以干促建。

为了模拟核爆炸现场条件，程天民和研究人员一起自力更生，自己动手研制了各类致伤设备。其中，阎永堂等用一根类似鸦片战争时土炮一样的粗钢管，一端装上TNT炸药，点燃后模拟激波管内爆炸带出的强烈冲击压力，成功制造出了冲击损伤；何庆嘉等用5千瓦的溴钨灯照射，模拟制造出了强光、高热的光辐射烧伤；他们还利用钴源进行照射，制造出了急性放射病等。这些实验设备虽然简陋，但是基本上已经能够在实验室里模拟出各种单一伤、放射病、烧伤、冲击伤，并可在此基础上制造各种复合伤，为开展系列复合伤实验研究创造了条件[2]。1981年，程天民致函总后勤部，呼吁支持复合伤实验室建设，1982年总后勤部下拨二十多万元，修建起了一幢500平方米的复合伤实验楼[3]。1989年，程天民领衔的第三军医大学防原医学学科被评为国家首批重点学科后，总后勤部下拨了100万元用于学科建设，初步改善了研究环境，促进了防原医学及复合伤研究的发展。此后，经历二十多年的努力，复合伤研究队伍逐渐壮大，教学、科研成果不断产生，逐步成为了全国知名、有一定国际影响的全军复合伤研究所。

---

[1] 第三军医大学军事预防医学院院史. 内部资料，2008年，第25页。
[2] 程天民访谈，2012年3月9日，重庆。资料存于采集工程数据库。
[3] 第三军医大学军事预防医学院院史. 内部资料，2008年，第26页。

第五章
从教授到校长

提出业务建设的设想

1983年12月，中央军委主席邓小平签署命令，任命程天民为第三军医大学副校长。从科技干部一下子提升为学校领导让程天民有点不适应，也割舍不下自己的专业研究。当时一位领导对程天民说：你的时间如果用在专业工作上应该会出成果，对自己的专业成长很有利；但如果你用这个时间把管理工作做好，把更多人的积极性调动起来，把他们组织好，那样他们所出的成果比你个人的成果要更多、对国家的贡献也更大，所以要为大局着想。这一席话让程天民心有所悟，欣然接受了组织安排[①]。

当年学校只有两名副校长，程天民为业务副校长，分管学校的教学、医疗、科研等业务。上任第一天，面对桌上一大堆需要批示的文件和密集的会议安排时，还让他紧张了一把。不过，由于长期工作在教学、科研一线，程

---

① 程天民访谈，2012年3月13日，重庆。资料存于采集工程数据库。

天民非常熟悉各项业务情况，也有一定的管理经验，是当时军医大学中少有的专家副校长。经过一段时间的适应，他已经对学校的日常业务管理得心应手，这时他开始思考的是学校各项业务工作如何才能进一步发展[1]。

1984年4月20日，学校召开第七次党代表大会。程天民在会上做了《对我校业务工作的设想》的报告。他从学校发展面临的机遇和挑战出发，认为"学校要进一步提高、发展，有较好的基础、较高的起点，但也有较多的限制、较大的困难"，在严峻形势下"使我校进入并保持全国医学院校的先进行列是可能的，但也是艰巨的"。程天民强调"重点医学院校应该成为教学中心、医疗中心和科研中心"，在此基础上进一步提出了全校业务建设的基本设想——着力提高教学、医疗、科研质量，提高学术地位，在"提高"和"升位"上狠下工夫。

程天民认为，学科发展是学校业务建设的基础。一个好的学科应能贯彻党的路线、方针、政策，团结协作；有坚强的学术带头人；有结构合理、素质优良的学术梯队；有教、医、研方面的实际先进成就和有前途的发展方向；有配套的先进的仪器设备和基本适应的工作场所；还有科学的管理制度和方法。但是要建设好一个学科，既要重视物质建设，更要抓紧人才建设，其中学术带头人尤为重要。

1984年，学校业务科室有84位主任，其中60岁以上24人（28.6%），50—59岁57人（67.8%），49岁以下仅3人（3.6%），平均年龄57.8岁。97位副主任中，60岁以上6人（6.2%），50—59岁74人（76.4%），49岁以下17人（17.4%），平均53岁。正副主任年龄偏大。学校当年出国学习的专业技术干部，基本上都在50岁上下，年轻一点的尚缺乏竞争能力。这一形势让程天民感到了人才危机，他认为一定要像对待领导班子建设那样，把学术带头人的二梯队、三梯队选拔好、培养好[2]。

程天民把学校五六十年代毕业的科技干部作为重点培养对象，提出要"在老教授的培养和支持下，立志在中青年中出若干名国内一流专家"。为

---

[1] 程天民访谈，2012年3月13日，重庆。资料存于采集工程数据库。
[2] 程天民：对我校业务工作的设想——在学校第七次党代会上的讲话。1984年4月20日，未刊稿。资料存于第三军医大学名人档案馆。

实现这一目标，程天民积极为他们争取出国留学和进修深造的机会，对受到政策限制的优秀人才，程天民主动为他们做出国担保；对确实优秀，但还没有解决副教授职称的干部，程天民提出让他们先承担研究生导师的实际指导工作，并且推荐他们担任校内外的学术职务，增加学术交流机会，提高在军内外的知名度，使这批中青年人才逐渐成为了反映学校学术水平的主要力量，并依靠他们承上带下，在科研工作中充分发挥起挑大梁的作用。

在研究生培养方面，第三军医大学在1978年已经开始招收硕士研究生，1981年获准成为首批博士学位授予单位[1]。但由于校内有些同志认为"时机不成熟"、"经验不足"等原因，学校的硕士生培养数量很少，也迟迟没有开始招收博士生。程天民一直非常重视研究生教育，他后来说过"研究生培养和学位工作是国家高层次人才工程的关键环节和战略举措，在国家、军队、地方的人才战略中具有战略地位，是在战略事业中居于战略地位的工作，具有极其重大、无可替代的作用"[2]，"对一所院校、一个学科来说，对研究生教育重视，招生、培养、选留、从业做得好的，这个单位就发展得快，出人才、出成果、出效益，有后劲、有前途"[3]。重点大学、重点学科能不能站得住脚，与是否重视研究生培养有很大关系，如果没有这个远见，学校或者学科就会掉下去，丧失重点的资格。

程天民提出"必须实行医学生和研究生两条培养轨道"，加强对研究生教育重要性的认识。他认为，学校在培养硕士生的基础上，已经具备和积累了培养高层次人才的经验，应当积极稳步提高硕士生招收数量，"在博士生培养上迈出步子、开拓局面，有授予权的学科要千方百计招生培养，尚无授予权而条件较好的科室也要选好对象，按博士生要求培养"[4]。1984年，三军医大首次从全国、全军选拔招收了六名博士研究生，标志着

---

[1] 中国人民解放军第三军医大学校史．内部资料，2006年，第111页。
[2] 程天民：在重庆市学位与研究生教育学会2004年年会上的讲话．2004年12月17日，未刊稿．资料存于第三军医大学。
[3] 同[2]。
[4] 程天民：对我校业务工作的设想——在学校第七次党代会上的讲话．1984年4月20日，未刊稿．资料存于第三军医大学名人档案馆。

学校高层次医学人才培养迈上了一个新的台阶①。

经过"文化大革命"后的整顿恢复，学校的医疗工作特别是医院建设有了长足的发展。1984年，学校附属医院的床位在全国医学院校中排第六位。程天民认为，把附属医院建成国内一流的教学医院是学校进入全国医学院校先进行列的重要条件和标志，但是要成为一流的教学医院，应当是"山不在高，有仙则名"，要从实际出发，不能面面俱到，最重要的是要提高人员素质、加强专科建设。通过具备自己的重点学科、重点科室，能够治其他医院不能治的病，治病也有独到之处，形成自己不可取代的特色。如果都是一般的水平，轻的不是非要你治、重的又治不了，这样的医院干吗要存在呢？②

因此，程天民根据各附属医院的特点，提出"附属一院以烧伤、肝胆、消化内科、泌尿外科、骨科、放射科、心血管内科等为重点，二院以呼吸内科、心脏内外科、肾脏内外科和普外科等为重点，三院以突出创伤外科为中心及其相应专科为重点，努力将外研所办成全军（争取成为全国）创伤外科的中心"的建设规划，并下决心调整原有医院布局。

当时国内器官移植风头正盛，几所附属医院都想开展器官移植，程天民认为"新桥医院在这方面已经形成了优势、积累了经验，其他医院何必贪大求全再铺摊子、再起步"，从而集中力量支持新桥医院发展器官移植技术。西南医院和新桥医院都有传染科，但各自优势都不明显，他主张把两所医院的传染科集中到西南医院。合并之后的传染科力量明显增强，并在1995年成为全军传染病中心。调整后的三所附属医院各具特色，逐步形成了各自的重点学科群，医院的科研和治疗水平明显提高，并取得了一系列创新成果。

程天民在长期从事科学研究的过程中，对军医大学的科研工作有切身体会和深刻认识。他认为，军医大学的科学研究要为战备服务，为部队服务，为教学服务，为防病治病服务；要以军事医学研究为重点，重视基础理论研究；努力使基础理论研究和军事医学研究结合起来，使基础学科的

---

① 中国人民解放军第三军医大学校史．内部资料，2006年，第138页。
② 程天民访谈，2012年3月13日，重庆。资料存于采集工程数据库。

研究和临床学科的研究结合起来，使科学研究和发展学科、培养人才结合起来，使军用和民用结合起来。因此，必须加强重点学科和重点课题的开发，形成学校和学科的特色。

科研工作的"重点"，一方面是在长期工作基础上自然形成的，另一面是由上级下达任务与军内外分工所决定的。程天民进一步从学校实际出发，结合自己的科研经验，提出了一系列研究的重点方向。例如，在战伤、创伤方面重点研究创伤急救、呼吸道烧伤、创伤休克、创伤感染、创伤弹道学、冲击伤、肝胆及多脏器损伤和多脏器功能衰竭以及创伤的基础理论；"三防"方面重点研究放射复合伤、氰氢酸中毒和 Q 热；军队卫生和流行病方面重点研究高原医学、供水与营养保障和微波等特殊因子对机体的影响；常见病多发病方面重点研究肺、心、肝、胃、肾、骨等疾患以及重要的传染病；基础理论方面重点研究创伤反应、神经生理、超微结构和超微病理、免疫复合物、神经血管巨微解剖等。更为可贵的是，程天民提出要围绕重点项目和重点问题，找出学术上的结合点，充分发扬各学科专长协同攻关，减少和避免同一水平上的重复，并且努力把各学科的"协作"、"结合"发展到更高层次，提高科研起点，争取高水平成果[①]。

1985 年，学校第一附属医院黎鳌教授领衔的烧伤研究获得国家科技进步奖一等奖，这是学校历史上获得的第一个国家科技进步奖一等奖。1985 年 10 月 27—31 日，

图 5-1　1986 年程天民（左）与黎鳌教授在中美首届国际烧伤会议上（程天民提供）

[①]　程天民：对我校业务工作的设想——在学校第七次党代会上的讲话。1984 年 4 月 20 日，未刊稿。资料存于第三军医大学名人档案馆。

程天民协助黎鳌教授在重庆举办了中美首届国际烧伤会议，标志着学校的科研实力和研究水平达到了新的高度。

新任校长面临的严峻挑战

1986年11月1日，中央军委主席邓小平任命程天民为第三军医大学第五任校长。当时军医大学的校长多数是从战争年代走过来的老红军，而程天民是在科教岗位上逐步成长起来的比较少有的专家型校长。对程天民而言，当校长"实非所能、亦非所愿"，但是既然下了命令，还要努力干好，潜心当好校长，努力办好学校。在接任后的第一次全体干部大会上，程天民郑重地强调：我们这个班子"不是为了当官，而是为了干一番事业"。

第三军医大学在以往几届领导班子的努力下具备了较好的发展基础。

图5-2　1987年程天民（中）与学校新一届领导班子成员在一起（程天民提供）

但是，当程天民上任校长后的内外形势让他感到了前所未有的巨大压力。当年，学校整党活动刚刚结束，经过大幅度调整后，上届班子的八名常委只留下了程天民一人，各部院系的主官也调整了约70%；而且他这一届领导班子没有配备政委，只有一名副政委，程天民既担任校长又兼任党委书记；同时，军队从1985年起精简整编，决策裁军百万，程天民上任时正是裁军高峰期，军医大学更是此次编制裁减的重点单位。1986年学校一次性减少了四百多名干部，按照编制比例，学员定额、病床编制、办学经费都相应减少了，招收的各类生源加起来只有971人，三所附属医院的床位总数压缩到了1450张。

与其他三所军医大学相比，二军医大、四军医大都是实力强大的老校，有位于直辖市和省会城市的优势，且第四军医大学在西安，还得益于"秦始皇"；第一军医大学虽历史不长，但地处改革开放的前沿城市广州，在各项政策支持下，它的发展势头也不可小觑；而第三军医大学的办学实力属于居中水平，地理位置更没有优势，不仅在西部偏远的山城重庆，交通不方便，而且经济发展也相对滞后，当年学校医院的住院收费甚至比本地最普通的旅馆收费还要低[①]。所以，程天民接任时的三军医大，不占天时、地利，成绩不冒尖也没有特殊的优势，学校面临的发展形势比其他几所军医大学更加严峻残酷。

就全国形势而言，很多地方院校都在增加招生数量，扩大办学规模。而作为军队院校，不仅不能扩大规模，还必须不断压缩编制，以服从军队大裁军的全局需要。

新校长上任后学校将会何去何从？这是全校上下最关注的问题。此时，更让程天民忧心的是校内人心浮动、基础薄弱。"文化大革命"的一些遗留问题还没有完全解决，校内还存在一些影响团结的隔阂；学校换防从上海迁回重庆后，不仅损失了很多基础设施和实验设备，而且很多干部的孩子都留在了上海，生活和工作等现实问题都牵动着身居重庆的父母的心，这些干部都希望能够调到上海工作；在"文化大革命"期间，学校招

---

① 程天民访谈，2012年3月13日，重庆。资料存于采集工程数据库。

收了大量短学制学员，他们毕业后在学校的教学、医疗、科研队伍中占了较大比例，而60年代的本科毕业生太少，导致了学校教医研力量的基础和素质相对较弱，缺乏40岁上下的技术骨干，业务梯队青黄不接、科研人员结构比例失调。除此之外，总后勤部号召支援第一军医大学建设，广州优势资源的吸引力更加剧了学校优秀人才纷纷"孔雀东南飞"的明显趋势。

在这种情况下，学校所处的外部环境困难、内部矛盾重重，如果不能转变这种局面，三军医大何以生存？何以发展？如果在自己接任后不能带领学校生存发展，怎么对得起三军医大的历史呢？程天民身上担子之重可想而知。

为了稳住人心，程天民在全校提出"正确认识三医大、热爱三医大、振兴三医大、建设三医大"的号召，利用各种机会在不同场合反复强调：尽管我们面临许多困难，但学校经过几十年的建设是有基础、有优势、有潜力的，只要全校同志团结一心、奋发图强、励精图治、艰苦奋斗，虽无力改变天时地利，但经过努力是可以办到政通人和的；只要我们发挥有利因素，在困难中求进取，在竞争中求发展，一样可以创一流学科、出一流成果[1]。以此来引导大家正确认识形势，增强发展的信心。

由于信息闭塞，学校的科研工作长期依赖军队拨款和指定项目。缺钱、缺项目使科研队伍的积极性不高、科研成果少。程天民认为"根据中央科技体制改革的精神和形势的发展，单纯依赖上级拨款，等、靠、要，这样的日子会越来越过不下去，整个学校是这样，每个学科也是这样"[2]，他强调科研必须要注重提高自我发展能力和技术竞争能力，多渠道申请科研经费。在一次参与重庆市高校的课题合作过程中，程天民开始对自然科学基金有所了解，他立即决定邀请自然科学基金负责人来校做课题申报讲座，并从机关派专人到北京学习基金申报和评审的流程，使学校在1987年第一次申报到了三万元科研经费。

在学校条件很困难的情况下，程天民提出"领导和机关干部在生活上

---

[1] 第三军医大学军事预防医学院：清泉流响。内部资料，2006年，第198-199页。

[2] 程天民：在教学年会结束时的讲话。1987年12月26日，未刊稿。资料存于第三军医大学名人档案馆。

要慢半拍",要为教学医疗服务,为教职员工服务。当年全校最好的车是一辆黑色的"皇冠",而且就只有一辆,学校领导都没有专车,都是从车队派。后来,总部给学校配发了五辆皇冠轿车作为校常委工作用车,程天民把其中三辆直接分给干休所,保障离退休干部日常生活,把另外两辆留在车队给校党委公用,并把特别需要关照的教授名单交给车队,强调优先保障他们的用车需求。为了保障好教职员工的生活,除了过年过节亲自叮嘱教务处给全校教师发放糖果和小礼品外,他还为教研室的每个人都配发了一把有靠背的藤椅[①]。虽然10块钱一把的藤椅不算什么,却真正体现了程天民对教职员的尊重和爱护。

学校的内部环境和氛围在程天民的努力下开始逐步好转,大家逐渐建立起了对新校长的信任。但是程天民深知,学校的生存危机并没有解除,必须要有一个适应当前形势的办学指导思想,才能尽快打开新局面,必须要让大家知道到底走什么样的路,才能真正凝聚起人心士气。

提出"两个取胜"办学思想

早在第六、第七军医大学合校初期,因为没有开办正规化军医大学的经验,学校的教育训练工作基本上采取了全面模仿苏联的方式进行,重点学习苏联基洛夫军医学院的经验[②]。苏联模式在学校发展初期起到了很明显的作用,推动各项建设较快地走上了正规化轨道,但也逐渐暴露了一些不符合学校实际的问题,尤其是在军医大学的发展定位上,没有形成一个很清晰的认识,特别反映在缺乏具有自身特色的办学指导思想和整体发展规划。

为了探索军医大学的办学发展道路,总后勤部于1986年、1987年两次在广州第一军医大学召开医学院校改革会议。当年,第一军医大学充分

---

① 程凤翔访谈,2011年12月9日,北京。资料存于采集工程数据库。
② 中国人民解放军第三军医大学校史。内部资料,2006年,第21、第34页。

利用位于改革开放前沿的有利条件，把科研与市场结合起来，形成了"一体两环"的办学模式。通过把学校的基本职能与生产经营有机结合，把科技成果有效转化成为生产力，尤其是面向市场搞起了三九胃泰、洁银牙膏等当时全国知名的产品，获得了很好的市场效益，改善了学校的物质条件，在"军队要忍耐"、军队过紧日子、经费短缺的形势下闯出了一条自我输血的道路，提高了教学、医疗和科研水平，使原本基础差、底子薄的学校大大缩小了与先进院校的差距。总后勤部洪学智部长亲自参加会议，要求各军医大学根据一军医大的经验，结合实际找到自己的发展路子[①]。

然而，程天民心里非常清楚，一军医大的办学模式对三军医大是缺乏现实基础的。三军医大在地理位置、经济基础和政策环境方面与一军医大是没有可比性的，不可能移植套用。应对挑战的关键问题是要从变化了的实际出发，从学校的实际出发，在此基础上确立新时期学校建设发展的指导思想，才能走出一条适合自己、有特色的、快速发展的道路。

经过冷静分析，程天民发现，学校当前面临的根本问题与当年的防原医学教研室有异曲同工之处：如何在实力差距明显的情况下寻求发展出路。当年程天民领导下的防原医学教研室，从国家和军队的需求出发，最终选择了以复合伤为研究方向，在别人少搞或不搞的研究中体现自身特色，在突破科研难题的过程中体现质量水平，使只有13个人的教研室不仅在防原医学领域取得了一席之地，而且形成了独有的复合伤研究特色，研究成果在国内首屈一指。从事复合伤研究的经历带给程天民极大的启发：既然科学研究可以通过切实提高质量、充分体现特色来实现创新突破，他萌发出办学也应当是同样的道理——同样需要以质量和特色来取胜。学校的办学发展思路在程天民脑中越来越清晰。

1986年11月21日，在学校的论文报告会暨校友联谊会上，程天民首次提出了"以质量取胜、以特色取胜"的办学战略思想。他指出，根据全军精简整编的形势，学校的规模不可能像地方一些医科大学那样不断扩大，要确立以质量取胜、以特色取胜的战略思想，在提高教学、医疗、科研质

[①] 刘明璞访谈，2011年12月7日，北京。资料存于采集工程数据库。

图 5-3　1986 年程天民首次提出"以质量取胜、以特色取胜"办学战略思想（程天民提供）

量上，提高学术地位上多下工夫；要把学校建设成为具有我军特色的第一流医科大学，不仅应有一流的科技师资队伍，一流的管理水平，一流的设备条件，要出一流的学生，出一流的医疗质量，出一流的科技成果，而且这些都应具有"我们中国人民解放军的特色，具有军医大学的特色"[1]。

为了进一步提高对学校发展定位的认识，程天民考虑，全国有一千多所高校，医学高校就有一百多所，不能只把自己放在军队院校这个层面来思考如何办学，还应该把自己放在全国的高校中去衡量。为此，1987 年春天，他带领学校训练部、政治部、校务部和三所附属医院的主官领导顺江而下，实地访问了武汉同济医科大学、上海医科大学和第二军医大学三所国内知名的重点医科院校。这三所院校中，同济医科大学早年由德国人创办，至今仍以德语作为学校主修课程，与德国医学界的交往较多，受德国医学院校办学经验的影响比较大；上海医科大学侧重英语教育，与英国和美国有经常性的业务往来，办学上吸收英美医学院校的经验比较多；第二

---

[1]　程天民：在第三军医大学学术论文报告会上的讲话。1986 年 11 月 21 日，未刊稿。资料存于第三军医大学名人档案馆。

第五章　从教授到校长

军医大学是军队系统的重点院校，具有较强的实力，在医学研究某些方面也走在军队院校前列。所以，从某种程度上说，程天民选择的这三所重点院校代表了当时国内医学教育界的特色和水平，具有比较典型的学习参考价值。

半个月的调研让程天民感触良多。如果将三军医大与地方重点医学院校作比较，同济医科大学和上海医科大学都有很长的发展历史和丰富的办学经验，获取经费支持的渠道和途径多，从事科研工作的人员也很多，当年两所学校专门从事医学研究的人员编制分别都有600和900多人。而三军医大合校不到30年，绝大部分经费来自总部拨款，科研编制受限于军队编制，专职科研系列总共只编配了35人[①]。所以无论是办校规模、招生数量，还是经费来源、编制人数等方面，学校和地方重点医学院校是完全不可比的，要全面赶上全国的知名大学、重点院校是不太可能的，这是必须承认的客观事实。

然而，衡量一所学校办得好不好的根本标志不在于学校的规模有多大，关键取决于培养的人才水平怎么样，出了多少成果。就学校几十年发展积淀的基础来看，三军医大在培养研究生、本科生的质量上，在获取国家级和部级科研重大成果上是可以比得上的。而且，军队有大力协同的群体优势，如果能够发挥1+1>2的效应，提高人才培养和科研的劳动生产率，就能用有限的教育资源出更多人才、更多成果。所以，学校在出人才、出成果方面是有竞争实力的。

那军医大学办学与地方医科大学相比有什么不同呢？程天民认为，军队之所以要办军医大学最根本的还是要解决军事医学的问题。如果军医大学不突出军事医学，不研究军事医学，都和地方大学一样了，又何必要单独来办军医大学呢？不能因为当前处于和平时期就不做军事医学，如果真正打起仗来该怎么办？军医大学不做军事医学还有什么存在意义呢？因此，军医大学应该以军事医学为特色，突出特色就是应该突出军事医学，这是完全可能的，并且是必须做到的。

---

① 程天民访谈，2012年3月13日，重庆。资料存于采集工程数据库。

1987年12月26日,程天民在全校大会上明确了"两个取胜"对学校建设发展的战略指导地位。1988年8月,程天民在亲自主持制定的《1988—1990年建设发展规划》中鲜明指出:"创办第一流医科大学,就是要把我校放在全国高等医学院校中去比较。根据全军精简整编的形势,我们不可能同地方重点医学院比规模的大小和编制人数的多少,而应当在对国家、对军队的贡献上,在发挥教学中心和科研中心的作用,即出人才、出成果上,以及在社会的学术地位上去竞争",明确"在学校建设的指导思想上应当确立'以质量取胜、以特色取胜'的战略思想"。从此,"两个取胜"正式成为了第三军医大学的办学战略思想。

"两个取胜"办学战略思想具有十分丰富的内涵。程天民强调,质量与特色是紧密结合、相互依存的,质量是特色的基础,特色是质量的体现。没有质量的特色,形不成真正的特色,也不可能具有生命力;没有特色的质量,不易体现质量的内涵和价值,也缺乏创造性和竞争力[1]。因此,军医大学办学的质量和特色是不可分的,只有具备高质量的特色,"才能更好地为军队建设服务,才能为发展医学科学做出创造性的贡献,才能提高学术地位"[2],两者共同决定军医大学的办学实力强弱以及竞争能否取胜。

具体来说,"以质量取胜"就是学校的建设发展不依赖扩大规模、增加编制,而是要实现教学、医疗质量和科研水平,以及管理、服务和政治思想工作水平的高质量,实施高质量的科学管理,培养高质量的人才,创造出高质量的科技成果和效益;"以特色取胜"就是不搞平铺直叙、面面俱到,而是根据国家与军队的需要和学校的实际有舍有取,发挥原有优势,集中力量、突出重点,逐步在若干领域中形成特色。

作为学校的整体发展战略,程天民认为"两个取胜"还应当体现在不同层次上。首先,应当具有军队专业技术院校的特色,从军队现代化建设的实际需要出发,突出"军"字,全面提高办学水平;其次,应当具

---

[1] 程天民、李士友等:"以质量取胜,以特色取胜"的新型办学思想与十年实践。见:第三军医大学编,《程天民院士科研教学与管理文选》。北京:人民军医出版社,2006年,第569页。

[2] 中国人民解放军第三军医大学校史。内部资料,2006年,第134页。

有军医大学的特色，全校要以"军事医学"为特色；第三，质量和特色又主要依赖并体现在学科和人才上，即具有特色专长的、高质量的学科和人才①，要把三所附属医院办成各具特色的综合性教学医院，各个学科要在全面提高的基础上具有自己的专业特色、专科特色，科技干部要在打好基础的前提下具有自己的专长②。

"两个取胜"办学战略思想提出后，极大地激发和调动了全校上下的积极性和创造性，教学、医疗、科研工作焕发出了新的活力，学校面貌为之一新，实现了办学发展的全新突破。"两个取胜"是第三军医大学办学理念的一次大飞跃，它既是对过去办学思想的肯定和反思，更为今后的发展指出了清晰的方向③。在它提出后的十年里，第三军医大学本着发挥优势、形成特色、提高质量的精神，在军事医学领域产生了"三个三效应"，即：建立了三个国家重点学科（烧伤医学、野战外科学和防原医学），形成了一支以三位中国工程院院士领衔的高层次人才队伍，取得了一批以三

图5-4　1996年第三军医大学的三名院士在第三十一届国际军事医学大会上（左起：程天民、黎鳌、王正国，程天民提供）

---

①　中国人民解放军第三军医大学校史．内部资料，2006年，第134页。
②　同①。
③　同①。

图5-5 第三军医大学校训碑。上面镌刻着由程天民亲自题写的"以质量取胜,以特色取胜"

(采集小组拍摄)

个国家科技进步一等奖为代表的高水平科研成果,这在全国同类院校中是非常罕见的。

直至今日,程天民提出的"两个取胜"办学思想,得到了学校连续七届党委的一贯坚持和发展,历经26年的实践检验和丰富拓展,已经成为深入人心的发展共识和传家宝,并在2009年正式确立为第三军医大学校训。

在"两个取胜"思想指导下,学校整体办学实力和影响力明显增强,其突出的军事医学特色和优势得到了国家教委和总部机关的肯定。总后勤部两次在学校召开现场会推广经验,认为"两个取胜"恰如其分地回答了院校办学的深刻问题,是解决军医大学发展问题的正确路子,为军医大学办学发展提供了宝贵的经验,总结出了一条正确的办学道路[1]。国家教委高教司、国务院学位办和中国高等医学教育学会多次组织专家来校考察,并连续两年在学校召开高等医学教育研究及管理会议,认为"三军医大在

---

[1] 陆增祺访谈,2011年12月5日,北京。资料存于采集工程数据库。

第五章 从教授到校长

高等医学院校激烈竞争中，依托自身优势，形成并发展军事医学，培养出高质量军医人才，从而带动了学校整体办学水平的提高，创造出一种新形势下发展高等教育的新型办学思路"，"三医大的军事医学特色在全军乃至全国有着举足轻重的作用"[①]。

因此，程天民提出的"两个取胜"办学思想使第三军医大学在不占优势的地域环境中，走出了一条符合党的特色理论、军队建军方针和中国高校发展战略的、符合三军医大实际的、经过二十多年的实践证明完全正确的、为中央军委、总部和军内外专家、院士、大学校长广为认同赞扬的办学治校之路。2011年，中国工程院院长周济（原教育部部长）来校考察后说：我国的教育，几十年搞来搞去，还不就是要"质量、特色"这四个字。总参谋长陈炳德上将来校视察后说：全军院校就是要办出质量、办出特色。2012年7月，学校召开党委扩大会集中讨论如何继续加强"两个取胜"，并得出三军医大"因'两个取胜'而生存、而发展、而著名"的结论。

1996年，程天民主持研究的《"以质量取胜，以特色取胜"的新型办学思想与十年实践》获得国家教学成果奖二等奖；在此基础上，2009年由程天民为第一完成人的"创建现代军事医学学科体系，培养新型军事医学人才"获得国家教学成果奖一等奖。

为历史正名

第三军医大学的前身之一是1937年成立的国立中正医学院。南昌解放后，中正医学院由江西省人民政府领导，改名为"南昌医学院"，之后与第四野战军医科学校合并，定名为"华中医学院"。此后四度更改校名。1954年迁往重庆，与第七军医大学合并成为现在的第三军医大学。

---

① 向焱彬、陈俊国等：坚持"两个取胜"，注重"两个建设"，培养各类人才的探讨。《西南教育管理研究》，1996年第2期，第73—75页。

然而，由于中正医学院是国民政府开办的学校，当局为了讨好蒋介石将其命名为"中正"。这引起了学校里部分同志的反感和偏见，部分同志不承认中正医学院是学校的前身之一，也不承认中正医学院毕业的学生是三军医大的校友。程天民是学校发展历史的亲历者，亲身经历了中正医学院向第三军医大学过渡的历史过程，因此非常清楚中正医学院作为第三军医大学前身是无可非议的客观事实，否认这一事实，本身就是对学校发展历史的不尊重。

担任校长之后，程天民感到这种否定历史的思想还带来了非常严重的影响。在当时特殊的时代背景下，很多毕业生都不敢承认自己是从中正医学院毕业的，他们在填写"大学情况"时，往往选择填写比较折中的"南昌医学院"、"华中医学院"，新中国成立前的毕业生在被问及毕业学校时更是忌讳莫深[1]。此外，原中正医学院的很多毕业生在新中国成立后都继续留在学校工作，但是校内存在的歧视和排斥导致了他们对学校没有归属感，甚至还引起了部分教职员之间的矛盾和隔阂，极大地影响了学校的安定团结和科研队伍的稳定。为此，程天民决定从尊重历史事实出发，必须还历史以本来面目，理顺学校历史发展沿革。

事实上，国立中正医学院虽然为国民政府所创建，但无论在教学训练还是人才培养上都与一般医学院校无异，并且在不算长的办学历史中显示出了非常高的办学水平。中正医学院从筹备到成立都得到了当时国民政府的高度重视，不仅大力投入经费搞建设，而且聘请了林可胜、陈志潜、王子玕、颜福庆、朱章赓、金定善、黄建中等国内医学专业领域的精英和教育专家担任设计委员，以培养"公医"为目标对学院的学制和课程等进行精心设计[2]。此外，学院自创建起延聘的教师都是国内知名的专家，师资队伍之强大，教学水平和教育质量之高在当时国内颇具影响。

从1937年创办到1949年南昌解放，中正医学院12年里历经七次辗转迁移，坚持高淘汰、高质量。先后有七届六年制学生毕业，总共只有204人。

---

[1] 程天民访谈，2012年3月13日，重庆。资料存于采集工程数据库。
[2] 中正医学院学则。《中正医学院院刊》，1942年。

在这 204 名毕业学生中，后来产生了五名中国工程院院士——黄志强[①]、葛宝丰[②]、陈灏珠[③]、黎介寿[④]和黎磊石[⑤]。1949 年，国立中正医学院成为军队院校后，很多优秀教师和学生都选择留下来继续执教。新中国成立初，尤其是在军队尚缺乏开办正规化医学院校经验的时期，这些优秀的教师和毕业生成了支持军医大学发展的重要师资和科研力量。合并改名第七军医大学后，学校 70% 以上的技术骨干都来自原六军医大[⑥]，而原中正医学院的教师和毕业生们在骨干队伍中占了相当大的比例，为学校的教学科研和人才培养做出了不可忽略的贡献。

为此，程天民专程到北京向总后勤部首长汇报，并且讲了一个关于中正医学院毕业生的故事：中正医学院有一个毕业生叫谭铭勋[⑦]，后任北京协和医院神经内科主任，经常负责中央首长的医疗保健。他为周恩来总理看病时，总理亲切地问："你是哪个学校毕业的啊？"谭铭勋老是支支吾吾地不愿说。1967 年，周恩来总理指派谭铭勋会同其他专家组成医疗组，到广州为越南的胡志明主席进行检查会诊。工作间隙，周总理又问起谭铭勋是从哪里毕业的，这时他才很不好意思地说："我是中正医学院毕业的。"周总理听了之后哈哈大笑："我还不是在黄埔军校工作的，校长还不是蒋中正。"[⑧]

[①] 黄志强（1922- ），广东新会人。中国人民解放军总医院普外、肝胆外科教授，主任医师，博士生导师。他倡导建立了中国最早的肝胆外科专业，在国际上第一个为患者成功实施肝动脉结扎术。1944 年毕业于中正医学院。1997 年当选为中国工程院院士。

[②] 葛宝丰（1922- ），河北乐亭人。兰州军区总医院骨科研究所所长，中国西北地区骨科专业创始人，全军骨科专业组奠基人之一。1945 年毕业于中正医学院。1999 年当选为中国工程院院士。

[③] 陈灏珠（1924- ），广东新会人。我国心血管病介入性诊断和治疗的奠基人之一。1949 年毕业于中正医学院。1997 年当选为中国工程院院士。

[④] 黎介寿（1924- ），湖南浏阳人。南京军区南京总医院副院长、解放军普通外科研究所所长。著名普外科学专家，肠外瘘治疗的创始人、临床营养支持的奠基人、亚洲人同种异体小肠移植的开拓者。1948 年毕业于中正医学院。1996 年当选为中国工程院院士。

[⑤] 黎磊石（1926-2010），湖南浏阳人。国际著名肾脏病专家，中国肾脏治疗创始人。1948 年毕业于中正医学院。1994 年当选为中国工程院院士。

[⑥] 李官禄：《红军博士涂通今》。北京：军事医学科学出版社，1998 年，第 164 页。

[⑦] 谭铭勋（1925- ），山东掖县人。1942—1948 年就读于中正医学院。北京协和医院神经内科学教授。曾多次受国家指派参加外国元首及领导人的医疗抢救工作。

[⑧] 程天民访谈，2012 年 3 月 13 日，重庆。资料存于采集工程数据库。

图 5-6　1986 年第三军医大学学术论文报告会全体代表合影（第一排左起第 31 人为程天民，程天民提供）

就这样，程天民凭借可靠的历史依据和多方面努力沟通，在总后勤部的支持下，正式明确了第三军医大学的历史沿革——中国人民解放军第三军医大学是 1975 年 7 月 24 日由第七军医大学改称的，而第七军医大学则是根据 1954 年 4 月 7 日中央军委的命令，由原第六军医大学和原第七军医大学合并而成的……第六军医大学由南昌医学院与第四野战军医科学校合并而成，南昌医学院的前身是 1937 年成立的国立中正医学院[①]。从而明确国立中正医学院是学校的前身之一，历届毕业生是第三军医大学的校友。

1986 年 11 月 21 日，学校召开了首届"学术报告会暨新老校友联谊会"，程天民以学术论文交流的形式，邀请了 107 名原中正医学院的毕业生回到学校。当时学校还没有招待所，程天民把学校各个单位有空余的地方都腾了出来，连烧伤楼的多间病房也用来安排校友住宿。虽然条件很差，但这次校友联谊会让中正医学院的老毕业生非常感动，好多老校友热泪盈眶地说："终于回到了母亲的怀抱。"[②]

此外，程天民着手解决了军队接管原中正医学院后遗留下来的学生参加革命时间问题。1949 年中正医学院由军队接管时，这批学生尚未毕业，之后中正医学院更名为南昌医学院，并于 9 月与第四野战军医科学校正式合并成为华中医学院，这批学生也正式成为军事院校的学员，后来成为学校高一期到高五期的在校生和毕业生。

但是，在这批学生的档案中，他们根据当时学校机关要求，填写的参

---

① 中国人民解放军第三军医大学校史．内部资料，2006 年，第 1、第 4 页。
② 程天民访谈，2012 年 3 月 13 日，重庆。资料存于采集工程数据库。

第五章　从教授到校长

加革命的时间都是"1949年11月"。其缘由是虽然这批学生从1949年8月起开始按军队供给制生活，但当时战争形势发展很快，没有足够的军衣发给学生，直到1949年11月才第一次发放冬装。对这些学生而言，认为穿上军装的时间就是参加革命的时间[①]，就这样形成了涉及五个年级数百名学生的"历史悬案"。

程天民认为，按照军队规定和实际执行情况，军队院校录取的学生从入学的同时就算作入伍参军，并开始起算军龄。这批学生在1949年8月中正医学院被接管成为军队院校时都继续在校学习，所以已经算是被军队接纳承认的学生；之后他们都自愿入伍，并按照军队规定接受了正规的政治教育和军事训练，按供给制生活，享受军人待遇。另外，在1949年新中国成立前，这批学生为反抗国民党压迫主动参加了爱国学生运动，在南昌解放前夕十分动荡的时候，他们自觉组织了护校运动，从而有效保证了中正医学院被军队完整顺利地接管。所以，否认他们在新中国成立前参加革命以及休息时享受离休待遇，于情于理都不合适[②]。

可是，校内一些人对这件事并不积极，他们坚持认为"他们都没有打过仗，凭什么算离休"。程天民坚持认为，一要尊重历史，二要贯彻政策。为此，程天民向总后勤部打报告希望能够解决。这个问题让总后勤部也感到很难定，所以把报告转到了负责全军干部工作的总政治部。之后，总政治部回复"军人的入伍时间都必须以原始档案为准"，这条规定彻底把整个问题框在了死角。

然而程天民并没有因此放弃，他四处奔走，联系了当时华中医学院的老校长——老红军涂通今，还有当年的卫生部领导和相关的老同志，请他们一起写证明材料，说明这批学生当年参加革命和参军入伍的情况。这些老领导从公正客观的角度出发，都认为应该把这批学生参加革命的时间定在新中国成立前。更幸运的是，程天民让学校干部部门在查证学校历史档案的过程中，发现了一份原南昌医学院的会议记录，上面记载了1949年9月7日军队接收小组在南昌医学院召开第一次校务委员会的情况，证明了

---

① 程天民访谈，2012年3月13日，重庆。资料存于采集工程数据库。
② 同①。

在 1949 年 10 月 1 日以前军队已经正式接纳了这批学生入伍。经过程天民的不懈努力和呼吁，最后，总后勤部党委和赵南起部长作出决定，支持把这批学生参加革命的时间确定在 1949 年 9 月。

根据干部政策，干部参加革命时间的变更要由具有同等任命权限的党委决定。原第六军医大学高一期到高五期学生中只有程天民一人是军职干部，任命权限在总政治部，而其余人员参加革命时间的变更都可以由总后勤部党委决定。为此，程天民专门给总后勤部领导写信，希望总后党委不要因为自己而影响对大家作出决定，根据客观历史尽快确定这批学生的参加革命时间，保证他们的离休待遇，至于自己的问题可以以后再说。最后，总后勤部党委发文批准"原第六军医大学高一期到高五期学生参加革命的时间从 1949 年的 9 月算起"，从而落实了党的政策，恢复了历史的本来面目，并使这批学生在数年至数十年以后能够按政策享受应有的离休待遇[①]。

由此，程天民出于对历史的尊重和对事实的坚持，理顺了学校的发展

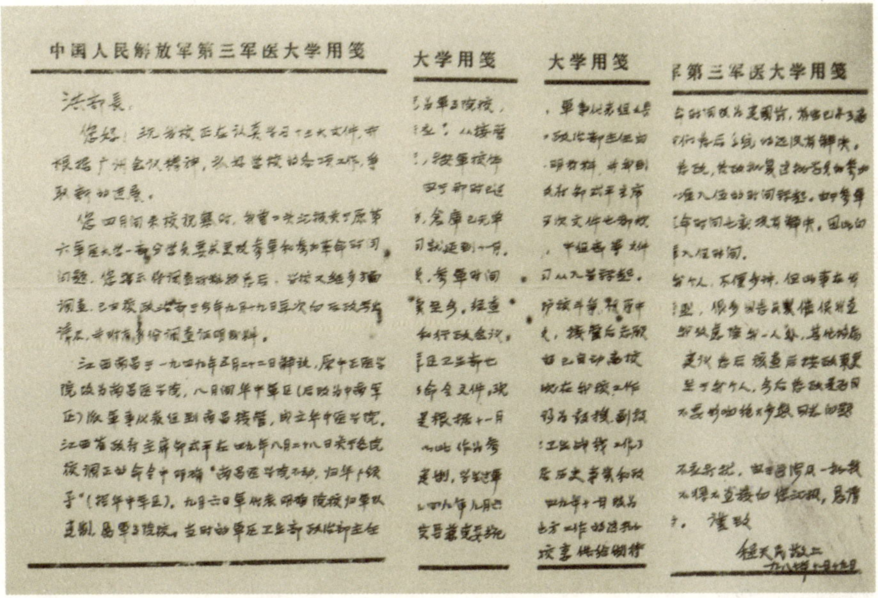

图 5-7　1987 年程天民写给总后勤部领导的信，提请尽快确定这批学生参加革命的时间
（程天民提供）

---

① 程天民访谈，2012 年 3 月 13 日，重庆。资料存于采集工程数据库。

第五章　从教授到校长

沿革，还历史以公正和真实。他出于公心的不懈努力，鼓舞和调动了一大批教职员的归属感和积极性，更有效地营造起校内团结和谐的良好氛围，极大增强了学校的凝聚力和向心力。

征地拓展发展空间

第三军医大学的所在地叫做"高滩岩"。新中国成立初期，西南军区司令员贺龙派出了一个工程团将高岩高地铲平，开出了一块相对平坦的地方建设军医大学校园。但是这片地的面积不够大，限制了学校和毗邻的第一附属医院（西南医院）的发展。另外，校园内还"包裹"着一个农民生产队，叫做"荒沟生产队"，生产队七十多家农户就生活在校园里面，他们平时上街、上学都是从学校里进进出出，给学校管理和安全带来极大困难。对此，程天民萌发了征地的想法：不如把农户的土地征过来，扩大学校现有的面积[①]。

1985年11月全军医学科学技术大会期间，还是副校长的程天民向总后洪学智部长汇报了学校举办国际烧伤会议的情况，并提出拟向农民征地的想法。洪部长原则上表示同意，但要进一步调研后决定。1987年4月，总后勤部洪学智部长带领工作组到学校考察，程天民再次向洪部长提出学校拟征地扩展发展空间的想法，并绘制了大幅的学校地形和发展规划挂图，向首长汇报学校发展面临的限制和未来的发展前景。洪学智部长经过考虑，同意了程天民的想法，并强调一定不要留下"后遗症"。总部领导的应允给了程天民很大的信心和鼓励，他马上开始着手做重庆市政府方面的工作。程天民没有直接找重庆市领导谈困难、提要求，他考虑到当时重庆经济不发达，很多老百姓看病都没办法支付医药费，几年下来拖欠了学校好几百万医疗费，所以集中宣传三军医大对重庆市的贡献，言辞中肯、

[①] 程天民访谈，2012年3月13日，重庆。资料存于采集工程数据库。

事事都在理上，并且强调三军医大的发展也是增强重庆市的医疗力量。

洪部长非常关心三军医大，在答应给学校下拨征地经费之后，专门委派了总后勤部纪委书记到重庆进一步了解情况，争取重庆市方面对三军医大征地的支持。有一天，程天民正在主持召开校党委常委会，突然接到洪学智部长亲自打来的电话，他对程天民说："军委杨尚昆副主席要到重庆来，你去找他，请他同重庆市委说说，对你们学校征地给予支持。"就这样，在总部领导的亲自关心和大力支持下，经过学校多方努力，重庆市市长肖秧同意三军医大以350万元征取337亩土地，并在1987年当年就办理完成了征地手续。

不过，在具体处理农户安置问题时就不那么顺利了，程天民遇到了不小阻碍。当时学校和农民反复谈判，但是仍旧有农民带着老人、小孩坐在学校办公楼门口，从天亮坐到天黑，还把浇上粪便的大石条放在学校大路中间，干扰学生上课和干部上班，不断给学校施加压力；西南医院传染病楼开工的时候，有的农民不仅阻止开工，还把施工的工具都抢走。面对这些具体的问题，程天民感到必须要在安置处理上更为慎重。虽然给了农民征地费，但农民一辈子主要依靠土地，没有土地也就没有生活来源，被征地农民主要关注的一个是居住问题、一个是工作问题，所以，必须妥善解决这两个问题。为此，程天民他们请重庆市在350万元的征地费中专门修建两幢农民公寓，并在后任校长李士友的继续努力下，决定对每一家农户给一个"农转非"名额到学校当工人。就这样，程天民的征地之举没有留下任何"后遗症"，圆满地完成了以350万元征得337亩土地的任务[①]。

当新征的土地被依山就势地拉起围墙时，全校的教职员工们都兴奋不已。学校自合校以来第一次有了如此大的面积，这意味着学校有了进一步发展的空间，全校上下对学校未来的发展充满信心。现在，学校第一附属医院感染科大楼、门诊大楼、复合伤实验楼、辐照中心、学校综合楼等，都是在这块土地上逐步修建起来的，程天民当年的远见卓识和艰苦努力给学校奠定了一个美好的未来。

---

① 程天民访谈，2012年3月13日，重庆。资料存于采集工程数据库。

主动请辞、平静回归

1988年7月,军队历史上具有划时代意义的干部制度改革拉开了序幕。中央军委先是相继颁布实施了《中国人民解放军军官军衔条例》和《文职干部暂行条例》,不久后又颁布了《中国人民解放军军官服役条例》,这意味着一大批从事专业技术的军官将脱下军装,成为中国军队历史上的第一批文职干部;一批超过年龄的军官将不能授予军衔,要改为文职干部并退下领导岗位。此时,程天民已经61岁,之前他作为正军级军医大学校长,已经做了拟授少将军衔的鉴定,但由于条例的限制,他不仅与将军军衔擦肩而过,而且还要脱下军装改为文职。

程天民从1986年11月起担任校长,在任不到两年。总后勤部领导专门与程天民谈话,让他转为文职干部后继续当校长。当时很多人好心地劝程天民继续再干两年,这是学校工作的需要;有人还劝说他"这台上和台下是不一样的","人一走茶就凉"。此时程天民面临着艰难的抉择:到底是继续当校长好呢,还是退下来让其他同志当校长?

程天民当校长的时间确实太短了,仅有短短的一年零八个月,连他自己也感到"责任未尽、壮志未酬"。"两个取胜"刚刚确立,学校各方面建设正有起色,发展势头也很好,自己有好多想法还没有实现,就这样退下来,无论对三军医大还是他个人都是一种遗憾。关于"台上、台下"的问题,程天民心里很坦荡,他说:如果台上台下都一个样还不都得乱了套?假如在台上的时候作威作福、以权谋私,下来的时候群众是会放鞭炮的。下台之后人家怎么看待你,很大程度上取决你在台上的时候干了些什么事。在这一点上,程天民是问心无愧的。他想,如果自己继续再干两年并不是完全不可以,但自己总有退下来的一天,到时候学校又该怎么办呢[①]?

---

① 程天民访谈,2012年3月16日,重庆。资料存于采集工程数据库。

程天民认真分析了学校管理干部的情况，近几年内可能接班校长的人选主要是从学校副职、部院系的领导中选择，而这些干部绝大多数已经54、55岁了。如果自己改为文职校长再干两三年，那么下一届能够接任校长的同志差不多又到退休的年龄界限了，在这一点上他是有切身体会的。如果自己现在退下来，虽然暂时看起来校长换得勤了点，任职时间短了点，但55岁左右的同志接上来之后至少可以连续工作五年或更多一些时间，而且"不在其位，难谋其政"，副职和正职的岗位角色和责任是不一样的，必须要及早把有能力的同志放在一把手的岗位上，让他们有充裕的时间来适应熟悉领导岗位，并在实践中创新提高，才能持续推进学校发展[①]。

经过反复考虑后，程天民下定决心要退下来。他认为，虽然个人的作用、特别是主要领导人的作用是重要的，但做工作、干事业不是也不能靠哪一个人，要靠群体、靠合力；要真正办好经得起长期检验、能显示出效果的事业，是需要经过几届领导、几代人的不断努力才能实现的。而且，作为一个单位的领导，在任期内履行好职责、为以后的发展打好基础、创造条件都是分内的工作，更重要的是一定要考虑好、处理好以后的接班问题，这件事本身就是重要的领导工作。任期内的工作再忙、再累、成绩再好，如果没有处理好接班问题，就不能说是一个尽职尽责的领导，只有在卸任前就选好、培养好接班人，才是真正对学校工作负责、对历史负责[②]。

为此，程天民精心梳理学校里能够接任校长的人选。最后，训练部部长李士友成为他的首选对象。李士友比程天民小五岁，原来是第四军医大学的训练部部长。当年程天民到四军医大参观学习时，李士友负责接待他，两人还沟通了很多军医大学办学方面的看法。程天民对李士友的印象非常好，感到他思路清晰，善于在宏观方面动脑子，对办学也有自己的想法。后来，李士友机缘巧合地调来三军医大担任训练部部长，成为程天民

---

① 程天民：在宣布免任校长职务干部会议上的讲话。1988年9月9日，未刊稿。资料存于第三军医大学名人档案馆。

② 同①。

的得力助手。

李士友长期管理全校业务工作，教学管理实践经验丰富，而且担任过两所军医大学的训练部长，因此"可取诸家之所长用于学校建设"。作为训练部长，他来校时间虽不太长，但成绩显著，而且积极参与了酝酿、调查和制订学校奋斗目标、办学指导思想和建设规划的全过程，对程天民提出的"两个取胜"办学思想有深刻的体会和深入的理解，并且还是各项办学措施的具体执行者。所以，程天民通过综合分析认为，虽然李士友来校时间不长，但不管从年龄还是能力素质来看，他都是接任校长的最佳人选[1]。

就这样，程天民给总后勤部领导写了一封恳切的请辞信，主动要求免去校长职务，并推荐李士友担任校长。当时正值总后勤部召开院校会议的筹备会，刘明璞副部长在开会前把程天民的信念给大家听，这封请辞信让在场的所有人都很受震动。在军官制度改革的形势下，部队很多人为了授衔想方设法要留下，程天民主动请辞让贤的选择确实让人觉得不可思议也非常感动，一时在医学界和军医大学里传为佳话[2]。总后勤部参谋长杨澄宇专门为程天民写了一首诗："弃官从教上讲台，暑去寒来两鬓白；烛炬长流终不悔，喜看沃土育英才"[3]。

1988年8月5日，中央军委主席邓小平签署命令：免去程天民第三军医大学校长职务，同时任命李士友为新任校长。9月9日，在宣布任命校长职务的全校干部大会上，程天民做了一次满怀深情的讲话。对于自己任内的业绩只字未提，而是热情推荐新校长李士友，希望大家给新党委、新校长以支持，把三军医大办得更好。他说："我曾在不同场合讲过不少话，起草并签发了不少文件，决定和主持承办了不少事，当然重要问题都是经党委讨论决定的。一贯正确、全部正确是不可能的，从来没有的，对以往出现什么失误、差错，我作为校长、党委书记，主要由我承担。我虽离开校长岗位，仍然衷心欢迎同志们对我批评帮助。在我任期内大家对我的理

---

[1] 程天民访谈，2012年3月16日，重庆。资料存于采集工程数据库。
[2] 程凤翔访谈，2011年12月9日，北京。存地同上。
[3] 王谦访谈，2011年12月8日，北京。存地同上。

解、支持、帮助，我再次表示深切诚挚的感谢！"[1] 这也是程天民作为校长的最后一次公开讲话，全场无不为之动容。

1988年9月30日，总后勤部部长赵南起、政委刘安元签署命令批准程天民由现役军官改为文职干部。程天民结束了自己的校长生涯，从此平静地脱下穿了近40年的军装，选择以教授的身份重新回归到科研教学岗位，继续从事防原医学研究。

原总后勤部王谦副部长指出：一位校长在任期间能为学校做一、两件好事就不简单了。程天民在三军医大面临生存危机时受命上任，不仅明确了办学方向和指导思想，带领学校走出了困境，而且为学校长远发展奠定了基础、拓展了空间，"确实富有建树、成果累累"[2]。从1986年到1988年，程天民在短暂的校长任期里，提出了"两个取胜"办学思想，不仅切合了学校实际，做出了自己的特色，而且牢牢把握住了"姓军为兵"方向，坚定地举起了发展军事医学的旗帜[3]，对全军其他军医大学都有启发作用[4]，得到了同行的肯定和认可，为军事医学教育做出了自己的贡献。此外，在程天民的不懈努力下，明确了国立中正医学院为学校前身之一，为五个年级学生确认了新中国成立前参加革命的历史事实，使一些历史冤假错案得以平反，解决了多项历史遗留问题，进一步消除了"文化大革命"遗留的派性，促进了全校的团结奋进，并且征得了337亩土地，为第三军医大学的发展做出了突出贡献，产生了深远的影响。

---

[1] 程天民：在宣布免任校长职务干部会议上的讲话。1988年9月9日，未刊稿。资料存于第三军医大学名人档案馆。
[2] 王谦访谈，2011年12月8日，北京。资料存于采集工程数据库。
[3] 吴乐山访谈，2011年12月6日，北京。存地同上。
[4] 陆增祺访谈，2011年12月5日，北京。存地同上。

第六章
开拓引领复合伤研究

和平年代的复合伤研究仍旧必要

1988年，程天民从校长岗位卸任后再次回到了复合伤实验室，继续从事自己深爱的防原医学研究工作。此时，程天民离开专业岗位已经五年。在此期间，军队经历了百万大裁军，核大战的可能性也随着和平与发展成为主流而减小。防原医学曾因"准备大打、打核战争"的战略思想而备受重视，核试验又大大促进了防原医学的发展。随着和平年代战略思想的转变，有些人认为核战争打不起来，防原医学已不再那么重要和迫切了，对防原医学专业队伍的稳定和发展产生了很大影响。此时，防原复合伤研究又将何去何从呢？

为了"补课"，程天民回到教研室的第一件事就是调研国内放射医学和放射生物学等研究进展。他和教研室的陈宗荣[①]、粟永

[①] 陈宗荣（1924— ），研究员，第三军医大学军事预防医学院防原医学教研室原副主任。

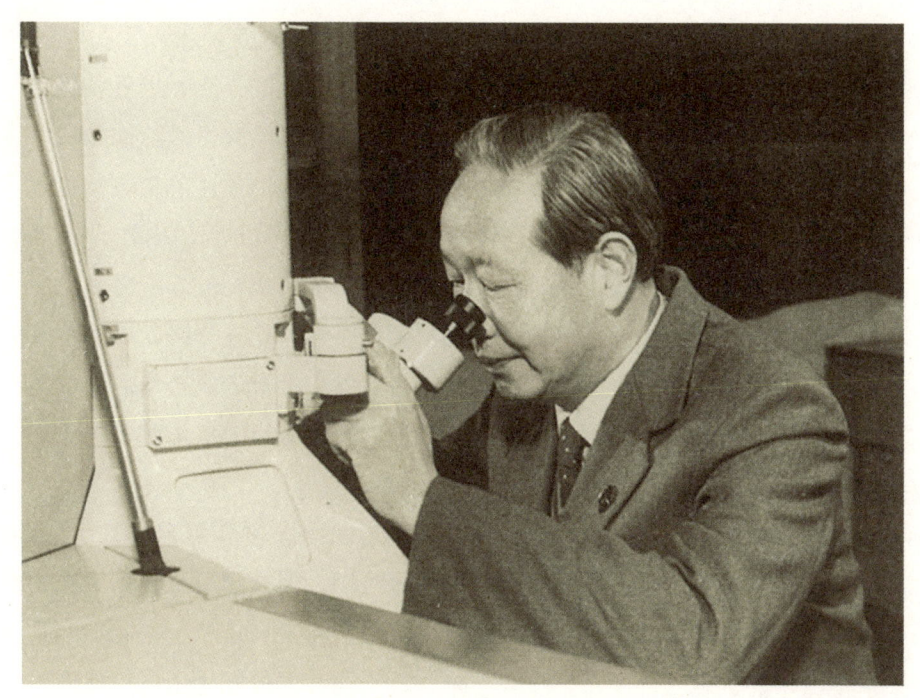

图 6-1　1990 年程天民脱下军装后，继续在教研室从事科研工作（程天民提供）

萍[①]三人先后到北京军事医学科学院放射医学研究所、卫生部工业卫生实验所，天津中国医学科学院放射医学研究所和太原中国辐射防护研究院四个单位调研。这四个单位是当时国内防原医学、放射医学领域公认的最有权威性、最有水平的研究机构，号称"四大家族"。每到一处，程天民都会抓住机会与同行深入交流，多方面了解各单位的情况，并且做好详细记录；晚上回到住所后，无论时间有多晚，他都要把记录仔细整理出来，理清思路为第二天的调研做好准备。通过调研，程天民对几年来防原医学专业的发展水平、成果，以及各单位的研究特点有了充分的认识和把握，而且各单位研究的进展表明，和平年代的防原医学仍然是受到党和国家重

[①]　粟永萍（1954— ），研究员，第三军医大学军事预防医学院防原医学教研室主任、全军复合伤研究所所长，创伤、烧伤与复合伤国家重点实验室副主任。我国第一位防原医学博士研究生。主要进行放射损伤与修复、创伤早期应激紊乱分子机制调控和救治、成体干细胞的基础与应用、新药开发等领域的研究。

第六章　开拓引领复合伤研究

视、需要继续发展的学科①。

经过进一步分析后,程天民认为,随着和平力量的壮大和世界多极化趋势的发展,核战争、特别是核大战打不起来,但不能完全排除未来战争中使用核武器的可能性。1986年苏联切尔诺贝利核电站发生的重大核事故充分证明,平时保障核安全,防止核事故越来越显得重要。因此,"不论从国防建设还是经济建设上看,核能的利用都是极其重要的,所以复合伤不仅是核战争、更将成为常规战争中的主要伤类;即使在平时,由于难以避免的自然灾害和时有发生的严重事故,也会发生大批的复合伤。复合伤发病机制复杂、救治措施困难,而且不断呈现新的特点,仅依赖单一伤的救治经验难以奏效。"②

"要是因为核大战一时打不起来就放松对防原医学和复合伤的研究,那就太鼠目寸光了。我们要力争较长的和平时期,但按照历史唯物主义的观点,战争常是难以避免的,从一定意义上说,和平只是战争的间隙。我们搞军事医学也是养兵千日、用兵一时,总不能等火灾发生了再组建消防队。"③ 而且,集中力量发展复合伤研究与总部提出的"既要保持精干力量从事研究,又要适应战略转变,体现平战结合、军民两用"精神是相符合的。一句话,平战结合、军民兼容的防原医学不能削弱,只能加强。和平年代继续进行复合伤研究仍旧是必要的,防原医学、复合伤研究一定要坚持下去,并要开拓新的领域④。

程天民按照重点学科的要求,牵头制订了防原医学的重点学科建设规划,并邀请校、系领导亲自参加教研室的学科建设动员会。他实事求是地分析了学科发展的有利和不利因素,强调"从事军事医学,特别需要奉献精神,一定要把个人前途与国家、军队建设的需要紧密结合",并且从学科自身的优势、特色和差距、问题出发,提出"防原医学学科要珍惜以往的工作基础,发展已形成的特色"。程天民还在分析教研室人员情况的基

---

① 程天民访谈,2012年3月13日,重庆。资料存于采集工程数据库。
② 第三军医大学军事预防医学院:清泉流响。内部资料,2006年,第138-139页。
③ 同②。
④ 同②。

础上，为中青年研究人员逐一制订了培养计划，从而让大家看到防原医学学科有希望，对个人在学科成长、成才充满信心。

1989年，第三军医大学的防原医学在全国首次"国家重点学科"评审中，成为预防医学领域入选的四个国家重点学科之一。此时，程天民感到学校的防原医学和复合伤研究虽然已经有了一定基础，但是相对其他国家重点学科来说，防原医学起步晚、学科基础薄弱，而且复合伤研究难度大、要求高，学科要进一步发展成为名副其实的国家级重点学科需要多方面的支持。为此，他亲自致函总后勤部卫生部，恳切地谈到学校防原医学发展情况，并且表达了自己"在有生之年把这一重要学科、全国全军唯一的研究复合伤的机构建设好，把新一代的学术接班人培养好"的深切心愿，呼吁总部对学校的防原医学学科和复合伤研究下拨专款，给予特殊的"扶贫"支持。之后，实验室获得了总后勤部下拨的100万元建设专项经费，使科研条件有了一定的改善，也为复合伤研究注入了新的动力。

1993年，复合伤研究室被批准为"全军重点实验室"，1995年再次被解放军三总部批准为"全军重点建设实验室"。1997年，历经近20年的发展壮大，复合伤研究室正式被批准成为"全军复合伤研究所"。程天民亲自设计绘制了研究所的建筑草图。他将整幢楼的设计构思定为"现代民族形式"，选择象征青春与和平的绿色琉璃瓦；门前广场不搞花园喷泉，而是种上了两颗重庆市市树"黄桷树"。大树成荫，交相辉映。楼侧种植桃树、李树，寓意"桃李芬芳"。大厅内一侧是程天民亲自书写的毛泽东长征诗，寓意要以万水千山的精神刻苦攻关；一侧是

图6-2　1989年程天民请总后勤部支持复合伤实验室建设的信件手稿（采集小组复制）

第六章　开拓引领复合伤研究　*113*

图 6-3　新建成的全军复合伤研究所外景（第三军医大学摄）

国画家刘和璧绘赠的荷花，以出污不染寓品德、滴水成珠寓才华，表示要坚持德才兼备。整幢实验楼古朴典雅、琉瓦飞檐、错落有致、回廊相连，在会议室内还悬挂着松、竹、梅国画，他亲笔题写"具有如同松之骨气、竹之节气、梅之香气，乃为人之道也"。并按照科研需求和工作流程建设现代化复合伤实验室。这样，他把科技与人文交相辉映的氛围融入渗透到了建筑及环境之中，对学科建设和人才培养起着潜移默化、耳濡目染的影响。

在程天民的不懈努力下，虽然我国先后停止了大气层核试验和地下核试验，第三军医大学的防原医学及复合伤研究却从未间断。程天民当年的敏锐眼光和准确判断使学校在具备多次参加核试验的基础上，以复合伤研究室为依托，培养了一支高水平的防原复合伤科研团队，使防原医学、特别是复合伤研究不仅长期地坚持了下来，而且得到系统深入的拓展。他亲手建立起来的全军复合伤研究所，已经成为全国和军队主要的复合伤科研基地和人才培养摇篮[①]。2005 年，全军复合伤研究所与同在第三军医大学的全军烧伤研究所、全军野战外科研究所联合成立了全军第一个国家重点

---

① 第三军医大学军事预防医学院：清泉流响。内部资料，2006 年，第 4 页。

实验室——创伤烧伤与复合伤国家重点实验室,这不仅标志着第三军医大学已经成为国家和军队的战创伤医学中心,同时也为学校战创伤医学的发展创造了新的机遇和条件[①]。而且他提出的要努力实现"四重"目标:主持国家和军队重大项目研究,取得重大科技成果,成为国家重点学科和国家重点实验室,也逐一实现。

"复合效应"的深入思考

明确复合伤研究方向是程天民在防原医学研究领域迈出的关键一步,但复合伤的伤类复杂、伤情严重,不同伤类复合后的研究和治疗手段也不相同。复合伤研究的工作量大,不可能对所有伤类逐一研究。面对千头万绪的研究对象,程天民决定从复合伤的"难"入手,先把复合伤为什么比单一伤"难"搞清楚。

按照人们的惯常思维,复合伤难在多伤"复合",认为"复合"必然加重。自20世纪60年代开始,人们在爆炸事故和核试验现场对受损伤人员和动物的复合伤进行了比较细致的观察,逐渐发现复合伤伤员的伤情比相同程度的单一伤明显加重、死亡率增加,研究者在研究复合伤的伤情特点时也着重于观察死亡率,主要侧重研究复合伤的相互加重规律。因此,很多文献将"相互加重"作为复合伤的最基本特征,将复合伤称为"相互加重综合征",认为复合伤的伤情和致死率大于单一伤之和,形象地表达为 $1+1>2$ [②]。诚然,"相互加重"确实是复合伤整体效应的重要特征,尤其是中度以上的单一伤复合后,某些重要病变的严重程度大于各单一伤之和,病程恶化加快,死亡率升高,并可高于单一伤的死亡率之和。例如早期研究就发现,狗单纯经受100伦X线照射后并不会死亡,在25%的体表遭受深二度烧伤后的死亡率为12%,如果两伤复合后,狗的死亡率将达到

[①] 中国人民解放军第三军医大学校史. 内部资料,2006年,第214页.
[②] 郑怀恩、程天民:复合伤的特点与发病机制.《科学》,1993年第3期,第21页.

75%[1]。尔后，一些新的问题随之提出，复合伤伤情是怎样加重的，除加重外是否还有其他情况，对治疗有哪些影响？

为深入研究复合伤的发病特点，程天民反复观察复合伤的临床病理表现。他发现在器官、组织和细胞这一层面上，多伤复合后的伤情并不是简单的两两叠加。比如，中度以下的较轻烧伤常对造血有刺激作用，对合并的放射损伤造血抑制效应有一定程度的补偿。因此，程天民大胆假设：机体遭受两种或两种以上致伤因素作用后，单一伤之间存在着某种相互影响的关系，这种相互影响能够使复合后的单一伤表现与单独发生损伤时的表现不完全相同，从而使复合后的整体伤情不一定都比单一伤情更严重。

之后，程天民的第一个博士研究生粟永萍在研究放烧复合伤的肠道病变时发现，渡过休克期后，复合伤情况下的肠上皮修复比同剂量单纯放射病的修复更快更好。这种"反常"现象一开始让师生俩都不敢相信，进而开始设计一系列量效研究，比如先固定射线照射剂量、变动烧伤伤情，再固定烧伤伤情、变动照射剂量，等等，最终再次发现并确认了这一事实：放烧复合伤与同剂量照射下的单纯放射病比较，伤后早期休克发生多、程度重，表现为加重效应，但如能有效防治休克，进入肠上皮再生期时，复合伤比单纯放射病的肠上皮再生好，修复快[2]。这也再次证明了程天民之前对复合伤必然"相互加重"的怀疑，进一步确认了两伤复合后可能"反常地"产生"减轻效应"，并初步发现了烧伤后产生的促进肠上皮再生修复的物质因素。

此外，程天民在研究烧冲复合伤时，发现先冲后烧的大鼠早期肺出血、超微结构病变、肺血管通透性增加、肺出血水肿等情况均较单纯冲击伤时加重；而先烧后冲的大鼠主要表现为伤后速发死亡减少，存活动物的肺出血程度减轻，肺脏超微结构变化程度减轻。这说明烧冲复合伤

---

[1] 程天民：我国放射复合伤的研究概况。《中华放射医学与防护杂志》，1989年第9卷第5期，第325页。

[2] 程天民、罗成基等：中国军队复合伤研究进展。见：第31届国际军事医学大会论文选编，《军事医学荟萃》。北京：军事医学科学出版社，1996年，第57-61页。

在肺脏病变方面产生的复合效应，会因致伤顺序不同而产生差异十分显著的结果。

程天民通过一系列研究，证明复合伤并不是单一伤的简单叠加，可能会因单一伤伤情的轻重程度、致伤的前后次序与时间间隔等因素，在不同病程、不同阶段和不同部位出现不同的临床反应。这种反应是机体与不同致伤因素之间、不同损伤相互之间的复杂作用过程，既可以产生 1+1>2 的加重效应，也可以产生 1+1=2 的不加重效应，甚至还会产生 1+1＜2、直至 1+1＜1 的减轻效应[1]。

程天民将复合伤的这一非线性变化特点概括为"复合效应"（combined effects）。认为"复合效应是复合伤不同于单一伤的最基本特征，是机体遭受两种及两种以上不同致伤因素后所发生的综合反应，包括不同致伤因素之间、不同种类损伤之间以及不同部位损伤之间相互影响的复杂效应"。"复合效应"表现在不同的层次和不同的方面，包括了整体效应、重要的病理过程、重要脏器组织的病理变化、细胞效应及分子水平上的效应等[2]。不同类型复合伤产生的复合效应各不相同，其中存在着损伤与抗损伤、协同叠加与拮抗消减等病理反应的重要理论问题，存在着比单一伤更为复杂的病理过程与发病机制，因此，研究不同类型复合伤的发病机制，其核心是研究其复合效应的发生规律和机制[3]。

程天民提出的"复合效应"为我国的复合伤理论研究提供了一个有力的切入口，为复合伤的临床救治开辟了全新而广阔的空间。程天民及其团队在研究不同类型、不同层次、不同阶段"复合效应"发生、发展规律的过程中，不断深化对复合伤本质及不同类型复合伤发病机制的理论认识，并充分利用多种创伤复合过程中的相互制衡机制，将单一伤的防治手段与复合效应的新特点紧密结合，能动地阻抑、拮抗加重因素，扶持、利用减轻因素，不断探索复合伤救治的新思路和新方法，引领并推动着我国复合

---

[1] 程天民、罗成基等：中国军队复合伤研究进展。见：第 31 届国际军事医学大会论文选编，《军事医学荟萃》。北京：军事医学科学出版社，1996 年，第 57–61 页。

[2] 郑怀恩、程天民：复合伤的特点与发病机制。《科学》，1993 年第 3 期，第 21 页。

[3] 程天民、邹仲敏：放射复合伤的研究进展。《中华放射医学与防护杂志》，1998 年第 18 卷第 5 期，第 299 页。

伤理论和临床研究持续深入、创新发展。

聚焦两大类代表性复合伤

在核爆炸四种杀伤因素的复合作用下，能够发生不同类型的复合伤，而且不同当量核武器和不同爆炸方式所产生的复合伤类型也有很大不同。比如，小当量核武器爆炸发生的主要伤类是以单纯放射病、放射复合伤为主；大当量核武器、特别是氢弹爆炸时发生的主要伤类就以单纯烧伤和烧冲复合伤为主。程天民认为，要把复合伤研究长期坚持下去，就不能眉毛胡子一把抓，必须对复合伤有整体的驾驭能力，既要有总体思想又要分步进行。

按照是否复合了放射损伤，复合伤可大致分为放射复合伤和非放射复合伤。根据在核试验现场的研究情况分析，放射复合伤在万吨级以下当量核爆炸时发生率最高，而且地爆时明显大于空爆。例如，在一次千吨级原子弹地面爆炸时，放射损伤半径达 1500 米，冲击伤半径约 400 米，放射性沾染严重，而且在冲击损伤范围内的动物，绝大多数都发生了放射复合伤，重度以上的还合并有烧伤。在非放射复合伤中最常见的是烧冲复合伤，尤其在 10 万吨级以上，特别是百万吨级核爆炸时造成的主要伤类就是烧冲复合伤。例如，在一次大当量的空中核爆炸中，6.5 公里内开阔地面的实验狗几乎全部发生了不同程度的烧冲复合伤[①]。在平时，放射复合伤也是核事故情况下发生率和致死率最高的伤类，而烧冲复合伤在瓦斯、锅炉、火药等爆炸事故中十分普遍。所以，程天民认为，放射复合伤和烧冲复合伤不仅是核爆炸中最常见、最有代表性的两类复合伤，对平时的医学防护和临床诊治也有十分重要的意义。

参加国防科委组织的两次核效应试验资料大总结为程天民进一步凝练

---

① 郑怀恩、程天民：复合伤的特点与发病机制.《科学》，1993 年第 3 期，第 21 页。

两大类复合伤提供了有利条件。在第一次大总结时，程天民重点归纳了放射病、放烧复合伤的病理变化；在第二次大总结之前，因为我国已经进行了氢弹等大当量的核武器爆炸试验，程天民收集整理了大量烧冲复合伤的数据资料，所以在这次大总结中，他着重总结了烧冲复合伤的病理变化[①]。通过对放射复合伤和烧冲复合伤的病理变化进行系统梳理和总结，程天民不仅获取了这两类最常见复合伤的原始资料，并且得以将两类复合伤的病理研究集中起来，进一步把放射复合伤和烧冲复合伤确定为第三军医大学复合伤研究的主要任务。

放射复合伤和烧冲复合伤的发病机理不一样，治疗原则和重点也不一样。例如，放射复合伤以放射损伤为主，关键损害在于造血系统、肠道和难愈创面等方面，而烧冲复合伤主要是烧伤和冲击伤的心肺肾损害等问题，它们的致伤因素、研究方向和重点各不相同。程天民在两类复合伤病理变化研究的基础上，指导博士生分别对两类复合伤进行深入研究。其中，粟永萍主要进行放射复合伤研究，研究的重点放在了放烧复合伤上。这主要是因为放烧复合伤在核爆炸的放射性损伤中最为常见，而且放射伤和烧伤具有明显的全身反应，研究涉及面广，易于系统深入。而且放射病和烧伤这两种伤类都相对容易量化，例如造成放射病的辐射剂量、烧伤伤情的面积和深度等都可以用可控的方式进行综合量化比较[②]。另外一名博士生郑怀恩主要从事烧冲复合伤的研究。

在研究过程中，程天民很注重现场研究与实验室研究相结合。除了珍惜每一次参加核试验的机会，在核试验现场尽可能地多方面收集原始资料之外，他和研究人员还研制了致伤设备，在实验室中模拟放射伤、烧伤、冲击伤和各种复合伤，反复进行研究。在实验室里模拟放射伤主要采用钴-60直接照射而成。为了制造烧伤，他们先是尝试用凝固汽油涂在皮肤上点燃后造成烧伤，也试过用烧红的烙铁造成烧伤，但伤情与光辐射烧伤仍存在差异。于是，他们研制了5千瓦溴钨灯进行照射，也能以强光和

---

① 程天民访谈，2012年4月27日，重庆。资料存于采集工程数据库。
② 程天民、邹仲敏：放射复合伤的研究进展。《中华放射医学与防护杂志》，1998年第18卷第5期，第299页。

高热导致光辐射烧伤,而且和核爆炸造成的光辐射烧伤情况大致相同。另外,在模拟冲击伤上,实验室最开始用的致伤设备就是土炮一样的钢筒,通过引爆钢筒尾部 200 吨的 TNT 炸药后产生强冲击力,对钢筒内的实验动物造成冲击伤。之后又进一步改进设计了模拟冲击波管,使冲击波能够比较均匀地作用在实验动物体上。通过最大可能地模拟核试验现场致伤条件,制造各种单一伤情,并在此基础上进行不同单一伤的复合,创造出各种不同的复合伤类型[①],为程天民他们深入开展复合伤的系统研究奠定了基础。

图 6-4　用于模拟致伤的 5 千瓦溴钨灯及钴源室（程天民提供）

　　1982 年,程天民牵头的"烧冲复合伤的病理变化"研究获得了军队科技成果奖一等奖,这是他首次获得高等级科技奖励,也是当年学校唯一的军队科技成果奖一等奖。1992 年,"放烧复合伤的病理学研究"再次获得了军队科技进步奖一等奖。在两大主要复合伤的病理学研究都获得军队科技成果一等奖的基础上,程天民组织研究人员系统梳理深化放烧和烧冲复合伤在伤后不同时间、不同部位的病理变化,深入研究病变发生机制。1993 年,以程天民作为第一完成人的"放烧和烧冲复合伤的病理学研究"获得了国家科技进步奖一等奖,这也是第三军医大学获得的第三个国家科

---

① 程天民访谈,2012 年 4 月 27 日,重庆。资料存于采集工程数据库。

技进步奖一等奖。

"放烧和烧冲复合伤的病理学研究"包括了十几次核试验的现场研究和大量实验室研究工作，研究全程跨越了 20 余年，使用了上千只实验狗和 8000 多只小实验动物，研究观察的病理切片有近六万张。这项研究总结了两类最重要、最有代表性的核爆炸复合伤的基本病理特点，阐明了致伤后全身的基本病理变化和各主要伤害器官的病理特点和发病规律；首次发现并阐明了几种重要的病理变化和病理现象，包括"骨髓巨核细胞被噬现象"、"一定程度烧伤促进放射损伤肠上皮修复"、"以单核样细胞为主的特殊炎细胞反应"、"延长对放烧复合伤所植异体皮的活存时间"等，进一步证明了"复合效应"并提出了几种重要变化和致伤因素之间的系列量效关系，为临床诊断和治疗提出了系统的病理学依据。这项研究凝聚了程天民和三军医大防原人近 30 年矢志不渝坚持复合伤研究的心血和汗水，这些成果丰富了防原医学和病理学的理论内容，促进了我国的复合伤研究，在很多方面填补了国内外空白，成为了国家制定有关卫生标准的主要依据之一，产生了重大的社会效益和军事效益[1]。

图 6-5　1993 年程天民主持的"放烧和烧冲复合伤的病理学研究"获得国家科技进步奖一等奖（采集小组复制）

在两大代表性复合伤的病理研究取得重大成果的基础上，程天民冷静地提出，复合伤研究最终要以解决治疗问题为目的，要最大限度提高生存率，最大限度降低伤死、伤残率，不能只研究病理变化，更重要的是研究如何治疗。但是，复合伤是多种因素相互作用下的复杂的全身性伤病，如果只是"就事论事"地进行治疗研究，最多能达到"头痛医头、脚痛医

---

[1]　中国人民解放军第三军医大学校史．内部资料，2006 年，第 167 页。

第六章　开拓引领复合伤研究

脚"的低水平治疗效果。科学研究很重要的方面是要不断提炼、凝聚关键科学问题，只有抓住关键科学问题锲而不舍、总体设计、分步进行，有针对性地一步步深入下去，才能在更深层次上、更高水平上来阐明和解决这些问题[①]。

为此，程天民和研究团队一起，首先从复合伤的发病机制入手，逐一梳理其致伤致死的关键环节。他们发现，由于大多数复合伤的伤情严重，具有严重创伤的基本规律。从纵向看，复合伤致伤发病过程中的关键环节主要表现在早期全身性损害（包括应激反应、缺血缺氧、过度炎症反应综合征等）、重要内脏并发症和多器官功能障碍或衰竭、创伤的组织修复等方面；从横向看，因为致伤因素的性质差异，不同类别复合伤发病致伤乃至致死的关键环节各不相同。其中，放射复合伤主要是造血损害与重建、免疫紊乱与调控、肠上皮损伤与修复、创伤难愈与促愈等问题；烧冲复合伤除了烧伤、创伤造成的外部伤害外，更严重的是会发生心肺病变与全身循环障碍、肾脏病变与急性肾功能不全、免疫紊乱与抗感染功能降低等问题。确定两大复合伤的致伤、致死关键环节后，他们开始组织力量对各个关键环节的发生机制和救治措施逐一进行深入的研究。程天民带领团队着重研究放烧复合伤的救治。

1992—2000 年，程天民和研究团队针对放烧复合伤不同环节进行深入的实验治疗研究，先后获得了六项省部级科技进步奖二等奖。2001 年 1 月，由程天民、冉新泽、陈宗荣、阎永堂等共同完成的"放烧复合伤几个关键环节的治疗及其理论基础的实验研究"获得了国家科技进步奖二等奖。这项研究在国内外首次提出复合伤创面细菌侵入性感染与免疫功能障碍是其病情恶化的主要环节，认为在创面细菌侵入性感染前，即伤后早期（24 小时）切痂植皮是阻止病情恶化的重要措施；首次阐明了异体皮移植存活的机理和措施，认为照射剂量、植皮时间、输血类型是影响异体皮移植存活的重要因素；并通过系列研究，首次提出了急性放射病与放射性复合伤异体骨髓移植时输血的基本原则，提出了合并全身放射损伤时深度烧伤创面

[①] 程天民访谈，2012 年 3 月 13 日，重庆。资料存于采集工程数据库。

的处理原则[1]，为复合伤的临床救治奠定了基础。

解决复合伤救治的关键问题

程天民常说，坚持复合伤研究很难，就像跳高运动员一样，跳到一定程度了提高一厘米都很困难，一直用老思路、老办法是做不下去的，必须要不断吸取新的思路、新的理论知识和技术来拓展复合伤的研究，不断深化拓展研究内容[2]。

为了实现最大限度提高生存率、降低致残率的目标，程天民以复合伤致伤的关键环节为基础，进一步探讨到底哪一个环节产生的损伤危害最严重、对生存和救治产生的影响最大、最直接，在更高层次上思考凝练新的关键科学问题。他将放射医学与创伤医学、烧伤医学、急救医学等结合起来，总结出多类严重创伤救治过程中存在的两大共性难题：早期全身性损害和后期创伤愈合困难，前者是引起早期死亡和最终致死的主要原因，后者是导致伤残的关键要素。所以降低伤死的关键是要抓住早期全身性救治，减少伤残则需要促进后期的创伤愈合。

程天民和研究团队在大量研究中发现，复合伤早期的全身性损伤反应更严重。例如，单纯放射伤除非受到的辐射剂量极大，一般很少会有早期休克症状，但放射损伤合并烧伤或创伤后的早期全身反应首先就是休克，早期严重休克也是放烧复合伤或放创复合伤早期直接致死的主因[3]。烧伤合并冲击伤后的早期全身反应主要是由于有害气体吸入、严重呼吸道烧伤和冲击波直接效应等原因引发的心、脑、肺等大器官损害，尤其以肺脏病变最为突出。肺脏由于含气并有丰富的血管系统，极易受到空气冲击波的

---

[1] 辛哲：我国放烧复合伤综合救治水平居国际先进。《中华放射医学与防护杂志》，2001年第6卷第3期，第204页。

[2] 程天民访谈，2012年4月27日，重庆。资料存于采集工程数据库。

[3] 程天民、邹仲敏：放射复合伤的研究进展。《中华放射医学与防护杂志》，1998年第18卷第5期，第299页。

损伤,因而被称为冲击波的"靶器官",最明显的病理早期病变是严重急性肺水肿和肺出血,常常成为迅速致死的主因[1]。

此外,复合伤的全身性损害对局部创面的愈合也会造成很大的影响。本来单一创伤的创面愈合就是一个复杂漫长的过程,在多种创伤复合,特别是合并放射损伤的情况下就会发展成为难愈性创伤。例如烧冲复合伤条件下,除了发生体表和呼吸道等特殊部位的烧伤外,烧伤创面常常会在冲击波直接和间接的作用下合并发生"飞石伤"、"挤压伤",使创面伤情变得更为复杂,并带来更严重的全身影响[2]。尤其在致伤因素特别剧烈、机体组织毁损特别严重的情况下,创面与伤口叠加常会累及血管和神经损害,直接影响修复过程启动,显著减缓愈合速度,明显降低愈合质量[3]。

所以,早期全身性损害和创伤难愈是复合伤救治的两大关键问题。理顺这一基本思路后,程天民和粟永萍所长分别组织深入研究。粟永萍负责主持早期全身性损害问题研究,通过深入研究由应激紊乱、早期休克、脓毒症、SIRS、MODS 以至 MOF 的级联反应,创用颈交感神经阻滞技术,取得了良好的早期救治效果。程天民负责主持难愈性创伤研究,着重把放射损伤与各类创伤结合起来,重点研究放创复合伤的创伤难愈机制和促愈措施。

创伤愈合是一个复杂的过程,是在多种细胞、基质和生长因子等因素相互作用下产生的结果。如果说细胞是一粒种子,基质就是土壤,生长因子相当于肥料,通过这三个基本要素的相互协调和共同作用,才能长出新皮肤,促进伤口愈合。在明确这一基本原理之后,程天民划分了三个研究层次,从临床救治逐步深入到促愈机制研究,之后在更高层次上解决复合伤的难愈问题,寻找更有效的促愈措施。

第一层次属于嫁接运用层次,主要是将临床上有效的促愈技术直接用于放创复合伤。比如临床上治疗骨折采用了加压外固定方法,程天民指导

---

[1] 郑怀恩、程天民:复合伤的特点与发病机制。《科学》,1993 年第 3 期,第 21 页。

[2] 程天民、罗成基等:中国军队复合伤研究进展。见:第 31 届国际军事医学大会论文选编,《军事医学荟萃》。北京:军事医学科学出版社,1996 年,第 57—61 页。

[3] 程天民、胡友梅:创伤难愈的主要原因与发生机制。《中华创伤杂志》,2004 年第 20 卷第 10 期,第 577 页。

博士研究生李建福将这一技术运用到治疗合并局部放射损伤的长骨骨折上，使骨折愈合时间比不采用加压固定的对照组缩短了12周，抗扭力增加一倍，有效地提高了愈合质量。

第二层次主要是根据复合伤的特点研究新的治疗措施。比如单纯烧伤的创面处理在临床上已经有很成熟的经验，但在合并放射性损伤下的烧伤创面就很难愈合。如果用自体植皮的方式虽然能够有效果，但取用伤者自身皮肤会造成新的伤害，使复合伤的伤情雪上加霜；若采用异体植皮，在一般烧伤情况下由于严重的排异反应，异体植皮是很难成活的。程天民辩证思考，合并放射损伤情况下除了烧伤造成的创面，还有放射损伤会抑制免疫能力，对机体非常不利，但免疫功能被抑制，机体对异体的排异反应也会降低，能不能化不利为有利，利用放射损伤抑制排异反应的特点来进行异体植皮，促进烧伤创面愈合呢？因此，他们在放烧复合伤后早期（24小时）将三度烧伤的痂皮一次性全切掉，然后覆盖上整张异体皮。结果发现异体皮生长得非常好，及早地消除了烧伤创面，使复合伤治疗变为单一伤治疗，为后期的治疗和恢复创造了条件，显著提高了生存率。

第三层次是进行系统的难愈机制研究，并用以指导促愈研究。程天民组织研究生分别研究愈合各种因素的变化和相互关系，最后把这些研究结论综合在一起，提出了创伤难愈的理论机制——"以炎性细胞和修复细胞损害为关键环节的愈合诸因素失调"，这正是引发创伤难愈的关键所在，而其中引起失调的关键就是炎细胞和修复细胞。进而创用了苯妥英钠和W11-a12（从美洲大蠊提取的一种多元醇类化合物）两种药物促进创面愈合，取得了良好的效果。

为弄清这些措施为什么能促进愈合，他还继续深入研究促愈的机理，并且发现这些药物使用之后，能够在造血功能受到抑制、外周白细胞减少的情况下，把血液里有限的白细胞调动起来，吸引并促使它们集中到机体受伤部位，从而使局部受伤部位的细胞数量增加、功能增强，从而启动修复程序、促进创面愈合[1]。

---

[1] 程天民访谈，2012年3月13日，重庆。资料存于采集工程数据库。

考虑到在遭受严重创伤的情况下，机体组织严重毁损，此时很难完全依靠自身细胞进行再生恢复，必须要用外源性的细胞参与修复。为此，程天民把干细胞引入到复合伤救治研究中。"干细胞"具有增殖和分化为其他细胞的潜能，可以在组织再生修复中发挥作用。一般情况下，利用干细胞的基本前提是首先摧毁机体自身的干细胞，之后才能利用自体或异体配对的干细胞进行移植。放射损伤情况下，机体的免疫力受抑，此时利用干细胞，不仅巧妙而且事半功倍[①]。

程天民分别指导几名博士生深入研究干细胞在促进难愈创伤修复方面的机制及作用。如将骨髓间充质干细胞（MSC）应用于局部照射合并创伤的小香猪身上，显著地促进创面愈合[②]；进而又考虑到，合并全身放射损伤时骨髓受损将会殃及骨髓间充质干细胞，使其无法发挥促愈作用，因此他又开始指导研究生史春梦主攻皮肤真皮干细胞的促愈研究。他们在国内率先从皮肤中分离出了"真皮多能干细胞（DSC）"，通过静脉输注"真皮多能干细胞"，既加速创面愈合，又促进了骨髓造血功能重建，达到了"一种干细胞、多种促愈"的良好效果。

程天民及其团队在干细胞方面的研究和成果，开辟了干细胞在复合伤救治研究中的新领域，让同行的专家感到十分惊讶和振奋，我国肿瘤医学研究领域专家顾健人院士认为：程天民等在复合伤救治中利用干细胞的做法非常巧妙，通过干细胞移植可望为治疗不同的复合伤提供新的策略与措施[③]。

因此，程天民在创伤难愈与促愈研究的过程中发现了一系列有效的促愈措施，并且在此基础上阐明了创伤难愈的关键和促愈的机理，从而在实践和理论两个方面系统地回答了"为何难愈、如何促愈、何以促愈"等复合伤创伤救治的基本问题[④]。2004年，由程天民领衔，舒崇湘、冉新泽、陈晓红等共同完成的《放创复合伤时创伤难愈与促愈的实验研究》获得军

---

① 顾健人访谈，2012年2月15日，上海。资料存于采集工程数据库。
② 程天民访谈，2012年4月27日，重庆。存地同上。
③ 同①。
④ 同②。

队科技进步奖一等奖。这一项目集中研究了复合伤的创伤难愈机制、促愈的策略及措施，阐明了合并放射损伤后创伤愈合延缓的量效时效关系，系统阐述了创伤难愈的关键环节及其机制、促愈措施及其促愈机制，更深入研究了骨髓间充质干细胞和皮肤真皮多能干细胞的促愈作用及其机制，首次发现这些多能干细胞在放创复合伤的创伤愈合方面，可以对机体的不同部位、不同性质的难愈创伤同时发挥促愈作用，对机械力导致的皮肤创伤和射线引起的造血损伤具有肯定的双重促愈作用，而且这种促愈机制的形成是源于干细胞与损伤局部微环境的相互作用。程天民的博士研究生史春梦进一步发现哺乳动物的皮肤真皮组织中存在多能干细胞群，提出并初步验证了"皮肤是多种成体干细胞库"的理论假说，开辟了复合伤新的研究领域，丰富了我国复合伤理论研究，为提高复合伤的临床救治水平做出了的贡献。2006年，史春梦的博士论文被评为"全国优秀博士论文"。史春梦开拓了皮肤真皮多能干细胞的研究，并在之后领衔获得了中华医学科技奖一等奖，被聘为"长江学者"特聘教授等。

开创贫铀弹伤害医学防护研究

贫铀（Depleted Uranium，DU）是铀经浓缩提取了铀-235以后所产生的副产品，因其铀-235含量低于天然铀，故名贫铀[1]。贫铀的密度很大，大概是铅密度的1.7倍、钢密度的2.4倍，硬度高，如果含钛合金还会进一步增大硬度。贫铀在民用和军用领域都有使用，其中民用领域主要常见于船舶、航空航天、辐射屏蔽、机械制造等，在军用领域主要用于加固装甲、制成不同口径的炮弹或大口径的枪弹，通过火炮或飞机发射以攻击装甲车辆和舰艇等坚固武器装备。在1991年的海湾战争中美军首次大量使用贫铀弹，使用的贫铀总量达300多吨。此后，美国在多场战争中都

---

[1] 程天民、李蓉等：贫铀弹伤害及其医学防护。《解放军医学杂志》，2005年第30卷第7期，第549页。

使用了贫铀弹武器,例如,在1995年巴尔干战争中使用贫铀量2750公斤,1999年科索沃战争中使用贫铀量8500公斤,2003年伊拉克战中又再次使用贫铀弹。目前,世界上已有20多个国家和地区公开宣布拥有贫铀武器。

由于长期从事防原医学研究的专业敏感,程天民十分关注美军使用贫铀武器的情况,他感到贫铀武器的伤害作用绝非一般杀伤性武器能够比拟。贫铀本身属于放射性重金属,而且贫铀弹具有极强的穿甲性能,击中装甲时会产生强烈的爆炸冲击力,弹头的贫铀粉末燃烧还会引燃其他易燃物,能够造成多种严重的复合伤,因而有必要对贫铀弹的伤害防护进行专门的研究。

然而,当时国内尚无针对贫铀弹这种新型武器的研究,而且也有人认为如果装甲车被贫铀弹击中,车内人员必然无一生还,根本没有医疗救治的问题了,所以没有必要专门研究贫铀弹的损伤救护。但程天民认为,贫铀弹的强穿透性虽然能够造成装备的严重破坏和人员死伤,但并非"无一生还"。1991年海湾战争中,美军误被自己的贫铀弹击中了21辆坦克,但是有113名受到不同程度伤害的人员最后生还;另外,造成车内人员当场死亡的主要原因是弹片伤,而弹片飞射有一定范围,处于死角的可能不受或少受弹片伤,也有可能幸存生还。因此,研究车内乘员的防护,包括医学救护仍然是十分必要的。

程天民还注意到贫铀的放射性可能会带来严重后果。贫铀是一种特殊的放射性物质,主要成分是铀-238。虽然它发射出的 α 射线穿透力很弱,用一层纸就能挡住,但是这种射线属于高传能线密度的电离辐射,自然半衰期长达45亿年。由此可以推断,即使贫铀武器产生的急性损伤能够救治并恢复,它很可能还会遗留一些远后效应。为此,程天民提出,一定要将贫铀弹的伤害及其医学防护的研究提上日程,提前研究才能有备无患。

事实证明,程天民开展贫铀弹伤害的医学防护研究是富有远见并具有现实价值的。从1991年海湾战争爆发至今,受贫铀武器袭击地区的癌症发生率明显上升,如海湾战争后的伊拉克南部地区与战前比较,癌症发生病例增加四倍,死于癌症病例增加九倍,儿童患癌症增加四倍,生殖畸形率增加三倍。这说明贫铀武器不仅能产生急性损伤,经救治或代偿恢复后仍会遗留一些致癌、致畸变和致突变等远后效应。更为严重的是，贫铀大量沉积在空气和土壤中，对当地环境和居民健康的久远影响不可估量。在前南联盟和阿富汗等地区已发现了广泛的贫铀污染，受轰炸地区人群的尿铀浓度均高于未受轰炸的对照人群200倍；贫铀爆炸地点的土壤铀水平比世界平均浓度高二至三倍，显著高于WHO规定的最大允许水平；在对战区平民进行的流行病学调查中，波塞尼亚卫生部报告近几年白血病的发病率上升了二倍，萨拉热窝市自2000年后癌症的发生率逐年增高[①]。贫铀弹伤害及其医学防护问题日益引起人们的强烈关注。

　　经过程天民和研究组的共同努力，他们发现并明确了贫铀弹爆炸产生的四种杀伤因素及其致伤作用：一是贫铀弹击中目标后碎裂的铀片和破甲后的碎钢片形成弹片，再击中人体后会造成弹片伤；二是贫铀弹击中目标时，通常会有10%—34%、有时高达70%的贫铀在高温燃烧下转化为铀微粒，形成放射性气溶胶，可通过呼吸进入人体内造成内照射伤害，还能随

图6-6　2001年，74岁的程天民（右）和粟永萍在贫铀弹效应试验现场解剖试验动物

（程天民提供）

---

　　① 程天民、李蓉等：贫铀弹伤害及其医学防护．《解放军医学杂志》，2005年第30卷第7期，第549页。

风飘散污染环境;三是贫铀弹爆炸燃烧或引燃周边易燃物,将导致烧伤;四是贫铀属于重金属,会造成化学毒性伤害。正如顾健人院士所说:"程天民的贡献不仅是在核武器爆炸现场,我认为他是与时俱进的……我曾在他的实验室看到了实验动物标本,动物是贫铀弹弹片贯穿,损伤是非常触目惊心的。所以我们一定要研究防护,才能做到有备无患。他在这方面的研究是与时俱进的,对我来说也很震撼。不仅如此,他的研究是贯穿的……他的成就还在于考虑全身机体整体暴露在放射条件下造成的损伤。所以他的研究不光包括一般的皮肤、内脏方面的损伤,他注重免疫还有其他全身性的一些变化,从这一点来讲我非常非常钦佩他。"[1] 在此基础上,程天民等还在贫铀生物效应、医学防护和制定"处置原则与措施"等方面均取得了显著成绩,为发展军事医学作出了自己新的贡献。

科研方向难在坚持、贵在坚持、成在坚持。历经近 40 年矢志不渝的复合伤研究,程天民为防原医学学科定下的"四重"目标——成为国家重点学科、成为国家重点实验室、承担重大科研任务、取得重大成果,逐渐实现并得以持续深入发展。复合伤成为了第三军医大学军事医学领域的主要研究内容之一,凝聚了程天民全部心血的全军复合伤研究所也成为迄今为止,全国以至国际上唯一的、主要研究复合伤的研究所。从 2002 年到 2010 年间发表的放射复合伤方面论文数占国际上该领域论文总数的比例来看,全军复合伤研究的论文在 MEDLINE 检索中占 41%,在 AMBASE 检索中占 38%,更占据了国内相关领域论文数量的 85% 以上。现在,程天民所在研究所进行的复合伤研究水平在国内遥遥领先,在国际上也有重大影响力,处于国际先进、部分领先水平,对我国及军队的复合伤研究起到了十分重要的引领作用。

程天民在核武器医学防护、尤其是复合伤研究方面的突出成就得到了人们的充分认可。1996 年,程天民高票当选为中国工程院医药卫生学部院士。2000 年,程天民成为中国工程院工程管理学部的首批跨学部院士。随着各种纷至沓来的荣誉,一些媒体将他称作"核盾将军",但是程天民认

---

[1] 顾健人访谈,2012 年 2 月 15 日,上海。资料存于采集工程数据库。

为：研究核防护是解决"盾"的问题，但核武器的防护包括了战略层面的军事威慑、战术层面的军事对抗和战役层面的物理防护和医学防护等等多方面内容，应该说在整个防护体系里面军事防护和物理防护最重要，医学防护并不占主要地位。"研究如何进行医学防护是医学界及医务人员理所应当的首要任务，我自己只做了其中一小部分工作，所以我不能被称为'核盾将军'，这太高了、太大了，我不敢当也不同意"[①]。

尽管如此，程天民作为复合伤领域名副其实的开拓者和领军人，他为军事医学研究所做出的贡献是不容置疑的。顾健人院士恳切地表示：程天民不仅在科学研究上为军事医学做出了突出贡献，成绩卓越，而且可以说，程天民是我国核武器损伤防护、复合损伤及治疗方面研究的功臣，当之无愧的功臣[②]。

[①] 程天民访谈，2012年3月13日，重庆。资料存于采集工程数据库。

[②] 顾健人访谈，2012年2月15日，上海。存地同上。

第七章
创建军事预防医学新学科

倡议创建新学科

1996年1月,国务院学位委员会召开第六次学科评议组委员会议。在这次会议上,根据国务院学科委员会的要求,除了审定学位授予权外,还把提高研究生、特别是博士研究生的培养质量,克服研究创新意识不强等弊端作为重要的讨论议题。

程天民在培养研究生的实践中,深切体会到研究生通过三年攻读,对某一领域研究较深,但知识面不够宽广,限制了他们毕业后的工作适应性和长远的发展成长。因此,程天民和与会专家在讨论后认为:导致研究生培养现状一个很重要的原因就是原来的部分二级学科划分过细,学科专业面太窄,从而使研究生的知识结构、能力结构不够合理,一方面限制了研究生的知识学习和能力培养,另一方面也影响了他们毕业后的工作适应能力和长远发展。在那次会上,国务院学位委员会提出:按照科学、规范、拓宽的原则调整修订学科专业目录,逐步理顺规范一级学科，归并拓宽二级学科[①]。通过适当扩大学科覆盖面，调整优化学科专业结构，帮助研究生形成广博的知识结构和开拓的研究视野，提高研究生培养质量。

程天民感到此次学科专业目录调整将是整合预防医学专业十分难得的契机。作为公共卫生与预防医学评议组成员和召集人之一，他一直十分关注预防医学的学科建设问题。早在1983年程天民担任学校卫生防疫系主任时，他就在全军编制未下达情况下，把军队卫生学分设为环境卫生、营养卫生和劳动卫生三个专业组，并分别"改组为室"，在军医大学中率先成立起独立的环境卫生学、营养卫生学和劳动卫生学教研室，促进了三个学科的发展。在此期间，程天民还积极向总部申请培养预防医学专业本科生，1984年，第三军医大学成为全军首个招收培养预防医学专业本科生的单位[②]。

然而，从培养研究生的角度和学科的融合发展出发，程天民着重分析了"公共卫生与预防医学"一级学科下的13个二级学科情况。他发现"环境卫生学、劳动卫生与职业病学、营养与食品卫生学、防原医学、防化医学、防生物危害医学"六个学科，虽然在专业目录上是独立的二级学科，但在军队的实际运行过程中，这六个学科之间存在着相互涵盖的情况和不可割裂的联系。

首先，劳动卫生、环境卫生、营养与食品卫生三个学科，虽然各有其专业内容，但三者密切相关，例如，劳动总是在一定环境中进行的，营养对劳动会产生直接或间接的影响。三者所实施的卫生保障对象也是统一的，即从不同方面，一致地、集中地对军队成员实施卫生保障。其次，防原医学、防化医学、防生物危害医学所防护的武器伤害具有不同性质，各有相应的专业内容。但核、化、生武器又统称为"特种武器"，现代战争的主要模式是核、化、生威慑下的高技术局部战争，在未来变幻莫测的复杂战争形势下，特种武器的使用可能不限其一。因此，在规

---

① 周远清：在国务院学位委员会第十四次会议上的工作报告（摘要）．《学位与研究生教育》，1996年第4期，第1页。

② 罗成基访谈，2012年5月15日，重庆。资料存于采集工程数据库。

划总体医学防护战略和具体应用上，常常统一考虑对付三者的威慑，专业技术人员只有在综合掌握核、化、生的医学防护情况下才能更全面、更主动地完成卫勤保障任务[①]。最后，从学科发展和人才培养的最终目标来看，这几个学科虽然相对独立，但它们的根本目标都直指军事战争条件下的卫勤保障和卫生预防。如果能在一个大学科统领下把各个学科有机联系起来，既能在各个学科继续独立发展的基础上促进多学科之间的渗透和多层次研究的结合，又能通过相互联结交融，拓宽人才培养的专业口径，这将会更有利于学科发展和人才成长，更好地满足卫勤保障的多样化需要。

经过认真思考，程天民认为，随着科技社会的发展，学科的综合、多学科的相互渗透将是必然趋势，也是实现研究生"博与深"统一的必由之路。预防医学的各个学科独立发展到一定程度之后，必然要围绕新时期的任务目标进行重新整合，才能在科研和人才培养上发挥出更大的集成效应。为此，程天民与评议组召集人商定，提出将原来的"军队卫生学"（劳动卫生、环境卫生、营养与食品卫生）和"三防医学"（防原医学、防化医学、防生物危害医学）等六个学科内容进行有机整合和拓展，组建成"军事预防医学"，并以此作为新的二级学科[②]。

组建新学科的创议提出后，得到了公共卫生与预防医学评议组专家的一致赞同。程天民亲自撰写了建议书，阐明了新学科创建的目的和具体的建设方向。建议书以"公共卫生与预防医学"学科评议组的名义正式上报国务院学位委员会和国家教委[③]。1997年6月，国务院学位委员会正式批准设立"军事预防医学"新学科，纳入国家学科专业目录，使之成为了"公共卫生与预防医学"一级学科下的新二级学科，学科编号为100406。从1998年起，全军各相关研究生培养单位即开始按"军事预防医学"新学科招收培养研究生。这样，"军事预防医学"这门新学科正式确立了。

---

① 程天民：军事预防医学新学科的设立与实践.《解放军预防医学杂志》，2001年，第19卷第4期，第310-312页。
② 程天民访谈，2012年3月16日，重庆。资料存于采集工程数据库。
③ 中国人民解放军复合伤研究所编印：岁月留痕.内部资料，2006年，第248页。

奠基性专著的诞生与发展

新学科批准之后,程天民接着考虑的是这门学科该怎么建。毕竟在专业目录中设立学科只是明确了新学科的合法地位,要真正确立起来的一门学科,还必须要进一步确定学科概念,以及对学科的内容体系进行科学实际的规划设计。此时,军事预防医学下属的各个学科都有各自的学科架构,但它本身作为一门新组建的学科,"军事预防医学"的基本学科概念、主要任务和内容体系等等都还没有明确。因此,在程天民的倡议下,1997年9月第三军医大学筹办了首次军事预防医学新学科研讨会,邀请总后勤部有关部门领导、军事医学科学院和四所军医大学的29位专家教授,共同研讨军事预防新学科的建设问题[①]。

在研讨会上,程天民作为新学科的创议者首先提出了自己对"军事预

图7-1 1997年9月在第三军医大学召开的军事预防医学新学科研讨会(程天民提供)

---

① 程天民访谈,2012年3月16日,重庆。资料存于采集工程数据库。

第七章 创建军事预防医学新学科

防医学"学科的认识。他认为，军事预防医学不同于一般预防医学，它是通过预防医学的理论和手段来研究军事活动条件下军队特殊人群的特殊预防医学问题，因此在学科定义上要突出军事性质及其军事目的，体现出学科自身的特殊性、针对性、实践性；其次，军事预防医学虽然是二级学科，但它涵盖了多个学科的内容，因此它又是一个学科群。军事预防医学新学科的设立并不取消或完全替代原来的"三防"医学和军队卫生学等学科，而是将这些学科的内容在更高层次上综合提升，形成涵盖面更广、应用性更强的新学科体系，因此将更利于学科的综合发展，利于人才的培养和成长。第三，在军事预防医学专业研究生培养上，程天民提出在以军事预防医学作为学科专业课程，使研究生学习掌握更宽广知识的基础上，同时要注重指导研究生的课题研究向某一学科、某一领域或某一问题集中或聚焦，以利于广博与精深的结合和统一[1]。

此外，程天民进一步提出，没有专门教材的学科是不完善的，"军事预防医学"应当要有本学科的专业教材和参考书，因此建议组织全军力量编写一部军事预防医学的专门教材或参考书，并提出了编写纲目的初步设想。

程天民对军事预防医学新学科的设计得到了与会领导和专家的认可和支持，大家一致认为，设立这一学科是有依据的、必要的、重要的，并在此基础上深入讨论了这一学科的任务、性质、概念和业务范畴。会后，教材编写工作在程天民的主持下紧锣密鼓地展开了[2]。

新教材的编写工作十分严谨，毕竟军事预防医学下属的各个学科都已经有比较完整的学科体系，如果不能突出"军事预防医学"的这个核心主题和特点，各个章节的撰写就容易陷入"各自为政"，整部教材也容易成为下属各学科内容的资料汇编。为此，程天民特别强调，军事预防医学不同于一般的预防医学，在非军事活动条件下，军队成员发生的伤病与人民群众发生的并无多大差异，而在军事活动条件下发生的伤病却具有"军事"的性质和意义，具有军事医学和预防医学相结合的内涵和特色。因此，"军事预防医学"既源自各分支学科，又在这些学科的基础

---

[1] 第三军医大学军事预防医学院院史．内部资料，2008年，第89页。
[2] 程天民访谈，2012年3月16日，重庆．资料存于采集工程数据库。

上更具宏观性、综合性、指导性，更突出军事性质和军事目的的特殊性、针对性和实践性；要同时以军事医学和预防医学作为这门学科共同的、综合的基础，在更高层次上还要以军事科学、生物科学、环境科学和社会科学作为自己的基础，努力实现军事医学与预防医学的结合，使预防医学更有军事的性质，使军事医学更含预防的内容，实现源自专科、高于专科的目标[①]。

程天民亲自担任教材主编，他还邀请了军内相关领域的40多位权威专家编写相应章节内容，并且请各章节的编著者先列出详细的章节编写提纲，全部汇总之后，经过系统规划和反复讨论，最后形成一个主题和特点比较突出的编写纲目之后才分别开始动笔。程天民坚持每章每节的重点内容都要亲自审定，整个编写过程非常辛苦。而且由于患有双眼晚期青光眼，程天民用眼受到极大限制，但他一直借助放大镜，坚持完成了作为主编的重任。

1999年初夏，由程天民牵头的编写组各位专家对新教材文稿进行了最后的会审。程天民考虑到军事预防医学作为一门新学科，学科所有的建设工作都是刚刚起步，因此决定把学科的第一部专门教材定名为"概论"。1999年11月，我国军事预防医学的奠基性教材和参考书——《军事预防医学概论》由人民军医出版社出版，全书95.9万字。它的诞生意味着"军事预防医学"正式有了本学科的奠基性教材和教学内容的依据，并被评为"全国研究生推荐用书"。各培养单位在"军事预防医学"专业课程设置上，除了保留原有各个学科的相关课程外，还以此为教材专门开设了一门"军事预防医学"课。自此，在程天民和有关专家的努力下，完成了在军事预防医学专业领域"创建新学科、编著新教材、开设新课程"的系统工程，军事预防医学学科体系全面建立起来了。

2006年，"军事预防医学"学科创建10周年。程天民在《军事预防医学概论》的基础上，结合近十年的军事预防医学教学实践，又主编出版了《军事预防医学》。这部共10篇78章246万字的大部头专著，不仅在内容

---

① 程天民：军事预防医学新学科的设立与实践。《解放军预防医学杂志》，2001年，第19卷第4期，第310-312页。

上较之前有了很大的深化拓展，而且突出了现代科技社会发展和新军事变革对军事预防医学的影响，进一步结合军队现代化建设和军事斗争卫勤准备需求，丰富完善了军事预防医学的学科体系。2007年12月，《军事预防医学》获得了第六届"中国人民解放军图书奖"。2008年12月，在全国近千部图书参评的情况下，被评为"第二届中华优秀出版物（图书）奖"，该奖是与"五个一工程"奖、"中国出版政府奖"并列的出版界三大奖项之一。它是当年入选的50部图书中仅有的五部医学类书籍之一[1]，充分证明了军事预防医学学术研究的水平质量，也标志着程天民亲自创建的"军事预防医学"学科真正地走向成熟。

图7-2 程天民主编的《军事预防医学》书影（采集小组复制）

新学科带来勃勃生机

在"军事预防医学"学科创建之前，与军事预防医学相关的学科中，全军能够招收培养博士生的专业只有四个，分别是军事医学科学院的流行病学、第二军医大学的军队卫生学和第三、第四军医大学的防原医学，招生数量也十分受限。自"军事预防医学"成为二级学科并拥有博士学位授予权，这意味着其下属的六个分支学科的所有专业都能够招收博士研究生。全军的"军事预防医学"学科博士点由原来四个一下子增加到了14个，学科专业覆盖面明显增加，招收博士生的数量也得到显著提高，军队预防医学专业高层次人才培养实现了质的飞跃[2]。

---

[1] 程天民访谈，2012年3月16日，重庆。资料存于采集工程数据库。
[2] 曹佳访谈，2012年6月6日，重庆。存地同上。

从 1998 年到 2004 年的七年里,全军共招收培养军事预防专业硕士生 231 名、博士生 129 名、博士后 25 名,比设立新学科以前的 1991 年至 1997 年分别增加 103%、148% 和 730%;军队专业师资和科研队伍的学历知识结构得到明显改善,预防医学研究水平和卫生防疫质量显著提高,并为军队各级高水平的疾病预防控制中心(CDC)建设、满足国家及军队的疾控需求、应对突发事件等方面提供了重要的高级专业人才资源[1]。

在"军事预防医学"二级学科的统领下,学科专业口径拓宽,扩展了研究生的知识面和专业视野,增强了毕业生从事科研工作的适应能力,显著提高了研究生的培养质量。从 1998 年到 2004 年,有 40 余名军事预防医学专业的硕士、博士研究生留在第三军医大学工作;学校预防医学领域从 2000 年到 2004 年获得的三项重大成果奖——国家科技进步奖一等、二等奖和军队科技进步奖一等奖,主要完成人共有 23 名,其中军事预防专业的在读和毕业研究生 16 人,占完成人总数的 69.5%,担当了科研攻关的主力。毕业后分配到军内各卫生单位的研究生也受到各大军区、军兵种等用人单位的普遍欢迎[2]。据不完全统计,目前全军及各军区、军兵种的疾控中心、防疫大队的中高级专业技术干部中 60%—70% 都是第三军医大学军事预防专业的毕业生[3]。

新学科的建立还极大地促进了学校预防医学系的学科建设。第三军医大学在 1978 年就成立了卫生防疫系,1993 年成立预防医学系,是全军最早的卫生防疫系和预防医学系。当时的预防医学系还没有"公共卫生与预防医学"一级学科的学位授予权,在"军事预防医学"二级学科建立后,其覆盖下的学科专业都能招收博士生,预防医学系的博士点数量一下子增加了五个,但仍有两个平行的二级学科——军事流行病学和卫生统计学不是博士授权学科。

程天民考虑,如果要为两个二级学科单独申报博士点是很困难的,既

---

[1] 程天民:"军事预防医学"新学科的创建与八年教学实践。《中国高等医学教育》,2006 年第 8 期,第 47-49 页。

[2] 同[1]。

[3] 曹佳访谈,2012 年 6 月 6 日,重庆。资料存于采集工程数据库。

然预防医学系的博士点数量已经不少,何不在此基础上直接申请"公共卫生与预防医学一级学科"的学位授予资格?根据国务院学位委员会"按一级学科行使博士学位授予权审核"的政策[①],只要能争取到一级学科,其覆盖下的所有学科都能够具有博士授予权,整个预防医学系的学科就能一下子全带起来。2000年,已逾古稀的程天民再次参与到一级学科的申报筹备工作中,与自己的学生、预防医学系毒理教研室主任曹佳一起准备申报材料[②]。

程天民在以往的学科评审中发现,有些地方专家对部队院校不太了解,他们主观上认为军医大学的任务主要是服务基层部队,做的研究会比较表浅,科研条件也不会好到哪里去。为化解这些评审专家的偏见和误解,程天民利用博士毕业答辩的机会邀请了部分专家到学校参观,并且向他们介绍了学校,尤其是预防医学系的教学科研和整体建设情况[③]。一位教授在参观后感慨道:原先没到你们军医大学来看过,不知道是个什么情况,这次看了之后感受很深。一个是你们的仪器设备条件是我们地方公共卫生学院比不了的,你们条件确实好;第二是你们有这么一批优秀的中青年学科带头人在岗位上工作,这也是我们比不了的,而且这批带头人很多都有出国经历,手上课题多,还有二十几个博士在一线工作[④]。所以,这次参观在很大程度上改变了地方专家们对军医大学的固有观念和看法,也让程天民对申报一级学科更有信心。

经过充分的准备,程天民和曹佳一起到北京参加答辩。当时还有很多地方同类院校申报这个一级学科,竞争相当激烈。三军医大跟其中一些地方医科院校、特别是老名牌院校相比而言,发展历史相对短,"公共卫生与预防医学"主干学科的某些方面实力相对弱些,但是几年来学校预防医学的发展势头和后劲得到了评审专家的认可,而且军事预防医学鲜明的军事特色也是其他院校不可比拟的。最终,三军医大以三分之二的票数战胜

---

① 张孝文:深化改革、调整结构、提高质量、进一步推进我国的学位工作。《学位与研究生教育》,1995年第3期,第8-13页。
② 程天民访谈,2012年3月16日,重庆。资料存于采集工程数据库。
③ 曹佳访谈,2012年6月6日,重庆。存地同上。
④ 第三军医大学军事预防医学院:清泉流响。内部资料,2006年,第96页。

了六个地方对手，获得了一级学科授予权。2001年1月，三军医大正式获批"公共卫生与预防医学"博士学位授权一级学科，成为了全军首个取得该一级学科博士授予权的单位。此时，学校预防医学系的所有学科专业都具备了博士学位授予权，给整个预防医学学科建设注入了新的强心剂[①]。

在此基础上，预防医学系准备以新的"军事预防医学"名义申请国家重点学科。由于竞争太大，名额有限，一些地方院校的公共卫生学院私下串联，准备以军事院校应该单独评审为由，联手排挤第三军医大学。程天民得知这一情况后非常着急，立即与曹佳商量，必须做工作扭转这种情况。程天民不顾自己严重的青光眼疾，连夜给所有15位评委每人写了一封长达两页半的亲笔信。程天民在信中从军事预防医学对国家安全的重要性，到学校军事预防医学对国家和军队卫生防疫工作所做出的贡献，一一道来，动之以情，晓之以理。他的这15封信坚持不打印，全部自己亲自手写，深深地打动了评委，也让他们从不大了解军事预防医学，到承认和尊重学校军事预防医学的学术地位和贡献，从存有私心到出于公心地客观评价，最后，学校的"军事预防医学"以平均91.3的最高分顺利通过评审。继防原医学于1989年被评审通过为首批国家重点学科以后，新组建的"军事预防医学"学科于2002年4月2日被国家教育部批准为全国重点学科，并在不久之后成为了军队"2110工程"重点建设学科。

不断发展壮大的学科实力，带来了军事预防医学发展新的生命力。2004年，学校军事预防医学学科主系列中的博士、硕士比例由1997年的35.2%，增至88.4%[②]；程天民主持建设的"核、化学武器伤害防治学"在国家教育部首次评选军队院校精品课程过程中脱颖而出，被评为全军院校首批"国家级精品课程"（首批只批准了15门课程，其中总后勤部院校两门，程天民主持的这门课程就是其中之一），预防医学系成为总后勤部优秀人才科研工作站。2003年7月，经学校批准，预防医学系正式更名为"军事预防医学院"，有力地促进了军事预防医学整体水平新的跃升。2005年，

---

① 第三军医大学军事预防医学院：清泉流响．内部资料，2006年，第96-98页。
② 程天民："军事预防医学"新学科的创建与八年教学实践．《中国高等医学教育》，2006年第8期，第49页。

程天民主持研究的"军事预防医学新学科的创建与教学实践"获得了国家级教学成果奖二等奖。

正如巴德年院士所言：程天民院士是我国军事预防医学学科的开创者，他对这个学科的建设、教材的建设、人才的培养做出了很大贡献，是我们国家这个学科特别好的带头人[①]。"军事预防医学"这个年轻的新学科在程天民手上诞生，在他的精心呵护下茁壮成长，并将继续为军队预防医学和卫生防疫事业发挥更加积极的作用和影响。

---

① 巴德年访谈，2012年2月20日，北京。资料存于采集工程数据库。

第八章
身后留下一片林

我国第一位防原医学女博士

程天民招收培养的第一位博士生是来自川东农村的工农兵大学生粟永萍。粟永萍1977年大学毕业后分配到重庆边远的忠县山区"上山下乡",被安排在当地的一个卫生院里当护士。粟永萍从踏实干好护士工作开始,一步步当上了县医院的医生,一年后已经在当地小有名气。当年,忠县县医院准备建立病理科,因为粟永萍曾经在重庆医科大学的病理专业进修过,医院就将组建病理科的任务交给了她。27岁的粟永萍既当医生,又做技术员,凭着"川妹子"特有的泼辣和大胆,她从买试管、切片机开始,硬是在偏远的县医院里建起了一个完整的病理科。

国家恢复研究生招生之后,粟永萍考虑报考研究生,但是县医院的领导不支持她报考。粟永萍坚持白天干好工作,晚上悄悄复习,在报名截止前一天再次提出要考研究生。在报考政策下,领导不得已同意她试试,他们也不相信粟永萍能考得上,毕竟医院之前有三名"文化大革命"前的老大学生连考三年,最终无一人中榜。最后,粟永萍上了第三军医大学病理专业研究生分数线。但是由于病理专业的录取名额有限,粟永萍的分数正在边缘上,为此她考虑调剂到防原医学专业。此时有人对她说:搞防原、核辐射是会瞎眼睛的。她回答说,人家搞了几十年的教授都不怕,我怕什么?面试时,程天民了解到粟永萍的经历,对非亲非故的粟永萍青睐有加。在他看来,粟永萍的实践经验、工作能力和学习精神远比分数更重要,要培养就得培养这样的人。最后,程天民坚持把粟永萍收入门下[1]。

粟永萍硕士毕业以后继续攻读博士,并成为了我国防原医学专业招收的第一名女博士研究生。粟永萍的博士学业十分艰苦。当时她的爱人正在国外留学,孩子也小,同住的父母亲身患多种疾病,几次病危。粟永萍只能每天把孩子带在身边,晚上经常让孩子盖着军大衣睡在实验台上,自己继续在一旁做实验。最要命的是,作为防原医学的首篇博士论文,她的博士选题难度很大,课题推进困难重重,多方面的压力让她不堪重负,甚至想退学,但一到程天民面前又觉得难以启齿。

那时程天民已经当了校长,他让人带了两次信要找粟永萍,但是粟永萍都找各种理由没去。程天民干脆直接找到粟永萍家去。第一次人不在,第二天他又去。看到面前的导师,粟永萍忍不住大哭。程天民听她说完,也把自己的经历讲给她听,告诉她:一个人的一生要经历好多好多事情,要挺得住,不能有一点事情就想不开,要善于处理各种问题和矛盾。之后,程天民让自己的女婿给粟永萍的母亲看病,还常常找粟永萍谈心[2]。在程天民无微不至的关心下,粟永萍的博士论文在经过导师八次修改后,顺利通过了答辩。特别是她在研究中发现放射合并烧伤度过休克期以后,肠上皮的恢复比单纯放射病的恢复反而更快更好,为程天民提出"复合效应"给出了可靠的实验证据。

---

[1] 程天民访谈,2012 年 3 月 16 日,重庆。资料存于采集工程数据库。
[2] 粟永萍访谈,2012 年 12 月 26 日,重庆。存地同上。

图 8-1　1988 年程天民与粟永萍在答辩通过后的合影（程天民提供）

后来，粟永萍获得赴美深造的机会，程天民特意写了一副对联送给她："粟入沃土而得苗壮，萍浮浊水也持高洁"。粟永萍深深理解导师的用意，学成之后如期返校，并很快成长为复合伤研究所的顶梁柱。她先后被评为全国卫生系统首届百名"科技之星"、总后勤部"科技金星"、全国优秀科技工作者，进入国家百千万人才工程第一、第二层次人选，并当选为党的十五大代表、第十一届全国人大代表。2003 年粟永萍被正式任命为国家重点学科、全军重点实验室的复合伤研究所所长，成为继程天民之后，我国复合伤研究领域新时期的领军人。

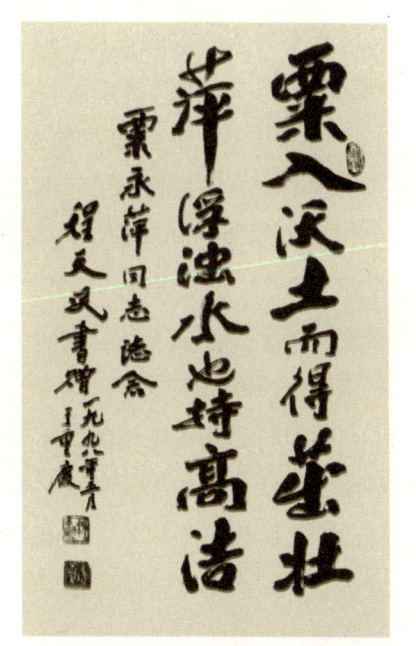

图 8-2　程天民写给粟永萍的对联
（1998 年，程天民提供）

第八章　身后留下一片林　　145

延续防原医学事业的希望

学校的（防原、防化）医学防护教研室从 1955 年白手起家组建，1978 年建立卫生防疫系的同时，正式成立防原医学教研室，1979 年又列编复合伤研究室。其间经历了"文化大革命"动乱、编制调整等诸多磨难。随着和平时期军队建设的战略转移，使防原学科遇到了其他学科不会遇到的特殊问题，加上防原医学本身的专业吸引力不强，至今仍旧是个"冷门专业"，国内有些研究单位的防原医学专业甚至面临招不到研究生或人才流失的尴尬局面。在这种情况下，全军复合伤研究所每年在读的博士后、博士和硕士研究生却达 20 多名，这与程天民为防原医学的学科建设付出的心血和努力密不可分。

程天民认为，防原医学学科能否在新时期持续发展主要是看人才队伍，而人才队伍也只有在学科建设中成长起来。建好学科能够促进、带动人才成长，人才的成长又促进、保障学科的可持续发展。所以，必须把学科的基础打牢，把人才培养好。

引领学科发展的根本前提是鲜明而富有特色的主攻方向。程天民认为，当前复合伤研究仍旧是国家、军队和社会的客观需要，必须坚持把复合伤作为防原医学学科的主要研究任务，以此体现研究的特色；坚持把"复合效应"作为研究的重点，把放射复合伤和烧冲复合伤的发病机理和救治作为主要研究方向。以研究的深度体现研究的质量。这是防原医学发展必须坚持的基本方向。

防原医学毕竟还是比较年轻的学科，与很多基础、临床学科相比，学科涉及面较窄，如果仅满足于学科内的基本理论，人才不易成长、人心不易稳定、科研不易深入、专业也不易发展。现代科技发展必然要求多学科渗透、多层次结合，防原医学也不能只在本学科的范围内兜兜转转，必须与其他学科相互碰撞、交融，在多学科的渗透和结合中不断拓展学术思维、拓宽研究方向，激发出新的创新点和学术生长点，才能有所发现、有所进步。对研究人员而言，在本专业的基础上掌握、运用多学科、多层次的知识和手段，是科技人员专业素质和科研能力的重要方面，也是科技创新的重要基础。

因此，程天民在研究所人数不多的情况下，根据研究工作的需要和人员的原有基础分设了病理组、生化组、血液组和实验治疗组等专业组，每组都有一名教授作为带头人，配备相应实验设备，并且可以交错参加防原专业及其相应专业的学术会议。要求各专业组围绕防原医学，特别是作为研究方向的复合伤，发挥学科优势进行深入研究。通过综合运用防原医学、创伤医学、病理学、免疫学、血液学、细胞生物学、分子生物学和核医学等多学科的理论与手段，实现了从宏观到微观不同层次的相互结合，使研究得以不断拓展和深化，形成了学科新的特色和优势。

人才队伍是学科持续发展的源头活水，发展防原医学的关键在人才。程天民认为，衡量学科建设质量的基本标志是科研成果和教学水平，实现这一目标的根本在于培养锻造一支高素质的人才队伍。防原医学的人才队伍还不够壮大，更需要充分用好、发挥好现有的力量，满腔热情地去发现所属人员的优点，用其所长、扬其所长；帮其所短、补其所短。只有用好人，才能管好人，才能办好事[①]。

为了夯实研究人员的基础能力素质，程天民提出，全所人员无论实际工作岗位如何，都要掌握防原医学的基本理论知识，练好教学、科研的基本功。因为有成就的科学家无一不是具有扎实的基本功的，根深才能叶茂是普通而又深奥的道理。在仪器设备条件日新月异的时代，应该充分学习掌握运用这些先进设备，但不能就此放松对基本功的锻炼和提高。科研的物质条件极为重要，然而科研人员的科研思维、思路和科研基本功更加重要。

年轻人是防原医学的生力军和后备力量，他们能否全面掌握防原医学的教学和科研工作对学科的发展非常重要。为此，程天民主张让年轻人承担全过程的教学任务，在教学实践中形成系统全面的防原医学理论知识结

[①] 程天民：医学高校科室主任工作辩证法刍议。《高等工程教育研究》，2001年第9卷第2期，第13页。

构；鼓励年轻教师参加科学研究和教学研究活动，定期开展观摩教学和讲课比赛，允许他们根据个人的专长、兴趣，围绕主攻方向进行自由探索，各展所长、各尽所能，努力促进教学与科研在自身的结合，不断提高科研水平、教学水平，实现学科人才队伍素质和质量的整体提升。

防原医学发展希望寄予中青年。程天民把造就一批中青年防原医学优秀人才作为研究所的头等大事，积极为骨干教师出国留学、进行科研合作与交流创造条件，大力争取和引进优秀人才和团队。他特别重视研究生尤其是博士生的培养，并以此作为培养学术接班人的主要途径。程天民认为，研究生培养应适当增加数量，重在提高质量。既要发挥导师的主导作用，又要重视指导小组的集体指导。并且将研究生学位课题研究纳入科室研究规划，鼓励来自不同学科的研究生，在原有基础上寻找与防原医学新的学术结合点，从不同专业、不同角度、不同层次深入研究复合伤。

例如，1993年曹佳回国后，顺利通过考试成为程天民的博士生。在探讨研究课题的过程中，曹佳提出想采用在国外工作时了解到的荧光原位杂交技术来研究微核。这一技术在当时还比较前沿，程天民自己也不是很了解。在听过曹佳的详细介绍后，程天民坦陈自己对这一技术不熟悉，但他对曹佳说，能感觉到是一种很先进的技术，用来研究微核和染色体是很大的进步，也一定能出高水平的成果。进而他鼓励曹佳使用这一技术来进行课题研究。在程天民的支持下，曹佳的整个研究工作进展得非常顺利，只用了两年半就完成了博士学业，他的研究成果也使复合伤研究在遗传学领域得到深入和拓展[①]。因此，在程天民营造的这种开放、宽容的学术氛围下，研究生培养与防原医学学科建设有效结合起来了，充分调动了研究人员的创新潜能，既提高了人才培养的质量，又推动了学科的发展进步。

很多人认为，和平时期研究防原医学，既白费工夫又不实用，而且担心在这个专业没有发展前途，学了也没有用武之地，这也是防原医学冷门的一个原因。为了改变这一状况，程天民通过创建"军事预防医学"学科，极大地拓宽了专业口径，让大家看到了学科发展和个人成长的希望；

---

① 曹佳访谈，2012年6月6日，重庆。资料存于采集工程数据库。

他还通过积极引入前沿的科学技术、理论和方法，大力促进学科交融，不断拓宽、凝练关键科学问题，开辟防原医学学科的专业研究领域。例如，"放射复合伤"的研究就有好几个关键科学问题，包括早期休克与保护内脏功能、造血损伤与重建、肠上皮损伤与修复、免疫混乱与调控、创伤难愈和促愈等等，每一个分支都涉及很宽广的现代科学内容，大家可以从中寻找适合自己的方向深入研究，既激发了科研兴趣，又丰富拓展了知识面，让他们即使以后转行或者离开部队，也完全可以胜任别的专业，解除了很多人的后顾之忧，更让大家感觉到在防原医学领域也有奔头，从而有效地吸引、造就了人才，也留住了人才。很多研究生也因此放弃了改行的念头，有的学生从对专业兴趣不大，到逐渐成长为了专业的骨干，报考的研究生数量也增加了。

程天民常说，中国自古以来都强调成功需要"天时、地利、人和"。防原医学没有其他基础医学那么"有用"，没有临床医学那样"吃香"，只能在"人和"上下工夫[1]。他号召大家要有主人翁意识，把自己的家建设好了，家和就能万事兴；齐心协力把学科建设搞好了，也为自己的成长，成才创造了基础。人人为学科发展作贡献，学科发展为人人成长创造条件。为此，程天民不仅以身作则，为学科建设呕心沥血，而且把所有同志当成亲人一般关心爱护，用一言一行和人格魅力，把大家紧紧地团结凝聚在防原医学事业里。

当年，曹佳留学德国期间写信给程天民，希望能在回校后跨专业报考程天民的博士。程天民很快给他回信，表示"能集天下英才而教之，其乐无穷、此生足矣"，为他寄去防原专业的复习资料，还专门跟学校协调，争取曹佳返校考博的特例机会[2]。研究所的邹仲敏携妻带女留学回来之后，孩子需要插班读小学。但是由于国内外课程设置的差异，他一时拿不准该让孩子读几年级。程天民买来了小学四、五、六年级的教材，让他看看再决定孩子上哪个年级更合适。之后邹仲敏的女儿升初中时中文成绩不理想，程天民又联系到教委领导，根据重庆市对留学归国人员的相关

---

[1] 罗成基访谈，2012 年 5 月 15 日，重庆。资料存于采集工程数据库。
[2] 曹佳访谈，2012 年 6 月 6 日，重庆。存地同上。

第八章　身后留下一片林

政策，妥善解决了孩子的入学问题。程天民常说："我老了，但还可以做一些搭桥铺路的事，目的就是让你们一心放在工作上，少一些后顾之忧。"他细致入微的关怀让这些归国的优秀人才深切地感受到：有他在，回来如同回家[①]。

余争平[②]是程天民的博士生，从防化专业跨行到防原医学。1997年，复合伤研究所迁入新的实验楼。由于工程建筑经费不足，没办法给每一个实验室添置新的实验台。这让刚刚从日本留学回来的余争平感到心急如焚，没有实验台，很多工作都没办法开展。程天民找到余争平，从提了多年的旧公文包里拿出五万元现金交给他，让他和所长一起去选购实验台。但是程天民让余争平不要声张，如果让所里的年轻人知道我们穷，就留不住人。这一笔钱是程天民从个人积蓄中拿出来的，相当于他两年的工资。

但是，程天民对自己花钱从来很吝啬。1998年初，程天民和余争平赴日本参加中日外科感染会议，在熊本大学作学术报告后，校方给了程天民三万日元的学术酬金，他转身交给余争平，执意要作为差旅费充公。为了找地方住，他们在东京银座街上转了一圈，程天民都嫌贵，最后才同意住进东京车站附近的一家小旅馆，房间只有六平方米大小，只能放一张上下铺，已经70多岁的程天民和学生两人就一上一下地住在这里。平时除了正式接待，两人外出就餐，程天民每顿都只点最便宜的日本乌冬面，至今他还调侃日本的面条全国都一个味道。这是程天民第一次访日，但他只花了800日元买了一些小小的日本布艺娃娃带回国，作为礼物送给外孙女和研究所的小同志[③]。2006年，重庆市评选首届"科技突出贡献奖"，程天民以全票当选，获得了50万元现金奖励。他将其中的40万元交给研究所购买仪器，剩下的10万全部捐赠给了重庆忠县贫困山区希望小学，自己分文未留。

---

① 第三军医大学军事预防医学院：清泉流响。内部资料，2006年，第96-98页。

② 余争平（1962- ），湖北黄梅人，程天民的博士研究生，第三军医大学劳动卫生学教研室主任，电磁辐射医学防护教育部重点实验室、微波生物效应全军重点实验室主任、教授、博士生导师。2003年获国家科技进步奖一等奖，并荣立一等功。

③ 余争平访谈，2012年6月7日，重庆。资料存于采集工程数据库。

在全军复合伤研究所里，随处可以看到程天民对防原医学的用心。前厅里一边是他亲自书写的巨幅《长征》诗词，让大家知道科研攻关如同走长征路一样，要经历万水千山，必须不畏艰苦、勇于攀登；另一边是一幅《荷花》，他以荷花出污不染的品德、滴水成珠的才华，寓意科技人员要坚持德才兼备；学术会议室里，有程天民捐赠的画家赠给他的松、竹、梅三幅国画，旁边有他亲自加写的条幅："具有如同松之骨气，竹之节气，梅之香气，乃为人之道也"。研究所很多研究生毕业时都会收到程天民送给他们的一个信封，里面装的是他亲笔写的一幅字："黄沙百战穿金甲，不破楼兰终不还"。他用王昌龄的这句诗勉励大家要不畏艰难，用不达目的誓不罢休的韧劲来攻克难关，饱含了他对大家的鼓励和期待。

在程天民的影响下，研究所里还形成了一条不成文的规定：凡是有同志生病住院，所领导都要亲自到医院看望；年轻人遇到提职提级、结婚生子、甚至小孩入学读书等问题，所里都要亲自过问；每年都要组织春游和秋游集体活动，大型节日都有家庭式的聚会。这让大家真正感觉到防原医学这门学科就是一个温馨、团结的大家庭，程天民就是这个大家庭的家长[①]。他以自己的努力和高尚的人格力量，汇集了许多优秀人才献身军事医学，使防原医学始终生机勃勃、充满了活力。

教书与育人

程天民虽然已届85岁高龄，除外出参加学术会议作学术报告外，他还每年坚持为学生讲三堂课——新生入学的第一课《迈进医学之门》、本科生进入军事医学学习阶段的第一课《新军事变革与军事医学》、研究生入学第一课《科学研究中的治学与修身》或《科学与艺术》，引导学生树立起正确的成才观和价值观，走上正确的成才之道。仅2012年，他就为

[①] 罗成基访谈，2012年5月15日，重庆。资料存于采集工程数据库。

多个单位做了多个内容的 11 场学术报告和讲座。他始终认为，人才培养要坚持德育为先，坚持能力为重，坚持全面发展，在这个过程中发挥教师的教书育人作用尤为重要。

教师"教书育人"重在师德，要在各方面起到表率作用，以自己的人格魅力和学术魅力教育感染学生。教书与育人总是分不开的，教师常在教书中育人，寓德育于智育之中。教师总是在自觉和不自觉地对学生起着"育"的作用，他们"教书育人"的一举一动、一言一行都对学生的成长起着正面或负面的影响。教师的表率作用首先是要教好书，连书都教不好就谈不上育人，必须苦练教学基本功，从努力讲好每一堂课做起。

教师本人的修养和品格决定了"表率"的质量和效果，要通过良好的学风、作风，给学生以楷模示范。教师一丝不苟、实事求是的治学态度特别重要。程天民认为，往往教书教得越好、品格越高尚的教师对学生的正面影响也越大。60 多年来，他从未完全脱离过教学岗位，而且平时要求学生做到的，自己一定要做到；要求学生不做的，自己一定不做。鼓励学生大胆提出不同意见，对于自己不了解、一时回答不了的问题总能以"知之为知之，不知为不知，学而后知再教之"的严谨态度对待。在他看来，学生能提出难倒老师的问题，说明是动了脑子的，这是学生的进步，也是老师的成绩。

教不严、师之惰，从严治校、严谨治学是培养合格人才的关键。程天民认为，要实现"育人"目标，教师必须要在教学的各个环节中对学生严格要求，制度再严，教师不严就等于一纸空文①，不对学生从严要求就是教师的失职。"严格"要严在"格"上，不能出"格"，如违背教育规律是起不到教育效果的。只有既是名师，又是严师，才能出高徒。

程天民对学生一向严而有"格"。他的"严"不表现在声色俱厉，而重在严谨治学、诚信为人，要求学生把做人与做学问结合起来，遵守学术道德、恪守学术诚信。平时对于学生提出的大胆、甚至是轻狂的学术见解，程天民都能和颜悦色听他完，再与之进行探讨，但他绝不会姑息、容

---

① 程天民：寓德育于智育之中。《解放军报》，1987 年 12 月 15 日。

忍学生考试舞弊、学术造假等行为。在程天民当副校长分管业务工作期间，有一名女学生在病理生理学考试中作弊且证据确凿，学校训练部给予她严厉处分并通报。然而这名女生能言善辩，而且向《解放军报》的一位记者哭诉受冤。这名记者在不做调查的情况下写了一份"内参"，总后勤部政委阅后批示："假如是这样的话，希望三医大改过来"，并派干部部副部长前来调查。此时，程天民对他说："我们有确凿证据，假如不处理她，我这个副校长就不当了。"[①] 最终学校顶住压力坚持开除了这名作弊的学生，维护了良好的学风和学校的威信。

程天民认为，教师和学生之间的关系是密切而纯洁的，教师"教书育人"的行为和态度对学生的影响也是深远的。教师应该对每个学生怀有真诚爱护和深切关怀的情谊，用心发现每个学生的个性天赋，精心创造条件、培育呵护，使之各得其所、各施所长，健康茁壮地成长。对于学有余力的优秀苗子，要敢于为他们冒尖创造良好的舆论条件和学习条件；对于学习有困难和思想后进的学生，要一视同仁、理解尊重，分析其后进的原因，有针对性地做好个别教育和辅导工作，晓之以理、动之以情、教之以法，决不能有意无意，有形无形地鄙视、放弃[②]。要知道，教师给学生的一次机会、一句鼓励，乃至一个不经意的表情都有可能影响学生的一生。

程天民认为，教书育人不只是政治教师的事，专业教师应该在"教书育人"中发挥更大的作用。一方面，专业教师与学生接触最多。一名医学本科生在整个学习阶段要修30几门专业课程，如平均每门课程以五名教师施教计算，他直接接触的专业教师有150名之多。学生从事专业学习的时间占整个教学计划时数的80%，再加上第二课堂和辅导活动，专业教师与学生相处的时间约占全部学时的90%，能够对他们产生最大、最直接的影响。另一方面，医学专业的性质能让专业教师"教书育人"发挥特殊作用[③]。因为整个人体就是对立统一的有机体，整个医学、各个学科、机体

[①] 程天民院士修改书稿时补充。
[②] 程天民：寓德育于智育之中.《解放军报》，1987年12月15日。
[③] 同②。

的结构与功能、疾病的发生发展和转归、医疗救治的实际效果等等都充满着唯物主义辩证法，这使医学专业课与德育有天然的、特殊的联系。专业教师通过有意识、主动地发挥"教书育人"作用，把专业教学与德育内容相结合，将使学生受教益于专业教学的潜移默化之中，对学生的成长产生特殊的、重要的教育意义。

例如，进行辩证唯物主义教育，并不需要专业教师去讲辩证唯物主义本身的理论。程天民在讲授放烧复合伤的难愈问题时，先是介绍了难愈的原因主要是合并全身放射损伤后机体免疫功能被抑制，导致了烧伤创面极难愈合；之后介绍解决问题的过程，即以辩证思维为指导，利用机体免疫功能降低、排异反应也减轻这一条件，在伤后 24 小时对三度烧伤创面作一次性切痂植异体皮，因排异受抑而取得成功，及时消除了烧伤创面，促进了全身治疗；最后总结出一点：有利与不利可以在一定条件下转化，应当能动地化不利为有利，促进伤病的治愈。在整个授课过程中，程天民在充分把握辩证唯物主义理论实质的基础上，自觉地以辩证唯物主义为指导来讲授专业教学内容，顺水推舟地引出了医学知识中的辩证法智慧，并且在总结时画龙点睛地指出辩证唯物主义思想方法的重要性，这样既避免了政治理论的空洞，使学生听之入胜、积极思维，而且能让他们在教师的专业讲授中，真实体会到无处不在的辩证哲学，形成科学的思维方法，提高分析问题、解决问题的能力。

除此之外，教师能否正确处理教学过程中"教师主导和学生主体"的关系，将对整个教学活动的育人效果产生直接的影响。程天民认为，教师无疑应发挥"主导作用"，主导学生的全面发展，问题是怎样发挥，在那些方面发挥[①]？如果片面强调教师的主导作用，要求教师要"讲深讲透"、"当场解决问题"、"有问必答"等等，可能造成学生对"满堂灌"的知识消化不良，缺乏自主解决问题的信心，养成单纯依赖老师"抱着走"、不积极思考等不良习惯，这种情况下教师的工作虽然辛苦，但是事倍功半，既难以达到教学效果，又严重影响学生主动学习的积极性，限制了他们创

---

① 程天民：对教学改革几个问题的探讨——在教学经验交流会上的讲话。1984 年，未刊稿。存于第三军医大学名人档案馆。

造性思维的发挥，没能真正做到爱护关心学生。

  长期的教学实践让程天民体会到：教与学的矛盾主要方面是学，不是教。教是为了学，教不能替代学，"教是为了不教"。学生是学的内因，教师是学的外因，外因只能通过内因才能起作用。正如钱伟长所说："很多东西可以不教，学生会学会的，不学是不会的，不教是可以会的，关键在学，不在教。教是外在因素，学是内在因素，教师的教主要不是把知识教给学生，而是把处理知识的能力教给学生，这是最关键的。"

  因此，教师在教学中的这种"主导"应当体现在发挥学生的"主体"作用上，通过充分信任和尊重学生，强化学生的主体意识，充分调动学生的学习主动性、积极性和创造性，使学生的"要我学"转变为"我要学"，而且是"我要积极努力地学"。教师的主导还应当更多地体现于"引导"，不仅要"传道授业解惑"，而且也要通过不断地学习新知识、探索新领域，以创新创造的实践和理论引领、指导学生，让他们学会学习、学会思考、学会实践，帮助他们掌握知识的本质和科学研究的精神、方法，把学习、探索、研究作为个人内在的迫切需求，而不是为单纯追求"分数"而被动、消极地应付。所以，通过把教师主导作用和学生主体作用有机结合，将能更好地体现尊师爱生，实现教书育人、教学相长，促进教育事业的蓬勃发展。

只为"江山代有才人出"

  进入耄耋之年，程天民开始把更多的时间和精力投入到人才培养上。一个优秀人才可望成为一位优秀的学科学术带头人，进而可能带动一项重大技术的突破，乃至带领出一个优秀的群体、团队或学科。因此，一个单位能否坚持持续发展、是否具有发展后劲和前途，关键是人才队伍、特别是中青年技术骨干和领军人才。"江山代有才人出"，事业才能后继有人、持续发展、永续希望。

研究生是完成科研任务、创造科技成果的生力军，也是产生学术领军人才的摇篮。程天民把培养研究生作为培养学术接班人的主要途径。他认为，招收研究生需要一定数量，培养质量寓于一定数量中。然而，招收过多是不可取的，更应注重质量，要树立"精品意识"。他为博士研究生题词："努力成为博大胸怀、博大精深之士"，希望研究生具有博大的胸怀，装得下祖国和人民、装得下周围的同志，而且还要有博大宽广的知识面，并且能在某一领域具有深厚的造诣。这样的人才能成为国家、军队和人民所需要的人才，才能成为不断进取，有所作为的人才[①]。

培养研究生，应当坚持以人为本，重文更重人。程天民一直强调，我们培养的是研究生这个"人"。研究生要出学位论文无疑是很重要的，他们在形成学位论文的过程中能够得到如何做科研的全面训练，学位论文是研究生科研成果的结晶和科技水平的体现。然而，研究生不是科研的工具，培养研究生不是单纯为了一篇学位论文，必须坚持以人为本，关心研究生的成长，坚持德才兼备的原则，把培养研究生做人与做学问结合起来，使他们具备与最高层次教育相适应的思想政治素养，着力养成辨证创新的科学思维、严谨求实的科学精神和独立从事科学研究的科学能力，让他们知道"做学问必须先做好人，做好人更好地做学问，做好学问更好地做人"。这些比有形的论文更为重要，是对研究生一辈子都是管用的。

在程天民眼里，导师与研究生之间的关系要比一般教师与学生之间的关系深刻多，有的导师甚至可能引领以至改变研究生的一生。因此，在培养过程中，应当体现尊师爱生，教学相长。研究生"尊师"不是在口头或表面上，努力学习、刻苦钻研，在导师指导下做出成绩才是最好的"尊师"，而导师更应自觉负责，真心实意地"爱生"。程天民提倡导师与研究生之间的学术平等、相互学习、教学相长。他认为，导师不是万能的，导师也不要认为自己是万能的，千万不要有"我是导师，一定比学生高明"的思想，其实导师在某方面不一定比学生了解得多，应该向学生学

---

① 程天民：培养研究生的几点原则思考。未刊稿。存于第三军医大学。

习，应当允许并鼓励学生提出不同的学术见解，使师生之间处于学术上平等、相互帮助的关系，才能形成良好和谐的师生关系。研究生则要善于发现和学习导师之所长，具体的业务理论知识书上都有，技术方法重在锻炼熟练，都能靠自己去学习、掌握。特别要向导师学习的是那些书本上学不到的东西，如科学精神、业务专长、实际经验和特殊才能等等，否则"从师从教数年，学生学不到导师的这些精华，或导师不把这些精华教给学生，岂不枉然"。

　　研究生的个体差异大、素质各不同，要能够因材施教，使人尽其才。有的研究生定了课题就能主要靠自己去研究，但有的甚至"扶着也难走"。程天民总是平等对待不同特点和资质的学生，相信他们既然能被录取为研究生，总有一定基本素质。他善于不断去发现学生身上的闪光点和特长，有重点地因材施教，让他们人尽其才、各施所长。在具体的学习和研究过程中，程天民则强调要敢于"放"，善于让研究生独自钻研，要由他、逼他自己设计、自己实施、自己分析、自己结论，允许他们失败，鼓励反复，甚至重复。导师重在鼓励和扶持，重在给钥匙、领进门，而不是抱着走、当拐杖，要指导、启发、引导研究生自己解决问题。只有让研究生通过艰苦的磨练，靠自己的努力获得独立研究疑难问题的能力，才能让他们逐渐成长为出类拔萃的人才。

　　随着国家高等教育事业的迅速发展，程天民认为，对一所重点院校而言，仅仅具备学科和人才的整体高水平是不够的，必须在此基础上有一批重点学科和优秀领军人才作为支柱，就犹如高原与高峰的关系，既不能像黄土高原那样只有高原而无高峰，也不能像桂林山水那样平地起高峰，应该是既有青藏高原，又有珠穆朗玛峰，这样才能有坚实的基础和持续发展的后劲，又有引领前沿的实力和气魄，两者相得益彰，才能立足于名校之林。

　　造就领军人才，创造有利的客观环境和条件极为重要，但更重要的是其自身的素质、志向、毅力、能力、学识和智慧。程天民认为，领军人才应当具备四种基本素质：一是思想道德素质。大事不糊涂，人品修养好，自我要求高，不妒贤嫉能，不怕别人超过自己，乐于、善于与别人协同共事；二是学术专业素质。学识博大而又精深，重视应对重大需求，掌握专业发展动向，在诸多复杂问题中能引领科学方向，凝练科学问题，带领团队攻坚克难，攀登高峰；三是创新意识和能力。具有科学的创新理念、思维、途径和方法，具有从微观到宏观的分析、综合、概括、提炼、表述和决策的能力，既能自己原始创新，又能将诸多创新进行集成创新，不断提高创新的质量水平和应用价值；四是学术领导能力。能够引领科学领域发展、促进团队人员各扬所长、各尽其所，协调组织研究工作紧张、有序、有效进行[1]。

在此基础上，程天民提出，领军人才还应该努力成为"才人"。所谓"才人"不是一般意义上的人才，而是怀有大志、学有大识、干有大成，铸有大业之士，能够成为"一代江山"的代表人物。要在不同学术领域的领军人才中，培养造就出国内外知名、公认的时代"才人"，他们将是科技师资队伍中的专家、科学家，以至达到"大师"，有大师的大学才是名副其实的大学。

学术领军人才的成长往往离不开重大科研任务的磨练，需要在独立带领学术团队攻克重大科研难题的过程中得到全方位的锻炼。程天民常常讲，我们有一个很好的团队，一批优秀的年轻人，不要有意无意、有形无形地影响到他们的发展。2001年，程天民提出了自己对待年轻人的"约法四章"——不做盖子，当好梯子，修桥铺路，敲锣打鼓。"不做盖子"就是要善于发现人才，并且促进他们成长，而不是用自己的"老资格"有意无意、有心无心地限制或压制年轻人的成长进步；"当好梯子"就是帮助、促进中青年人才脚踏实地，脱颖而出；"修桥铺路"就是积极发挥自己的作用，努力争取经费、项目和设备，为学科发展和年轻人的成长创造更好的发展空间、更宽广的道路；"敲锣打鼓"就是让年轻人做舞台主角，自己在旁为他们摇旗呐喊、鼓劲加油[2]。

从2005年起，程天民进一步声明，除了院士专项以外，他不再担任

---

[1] 程天民：刍议办学、教育与教学。未刊稿。存于第三军医大学。

[2] 程天民：在军事医学座谈会上的讲话。2012年7月17日，重庆，资料存于采集工程数据库。

科研项目的责任人，不再作为第一完成人申报科研、教学奖励，不再以自己名义直接招收研究生。在程天民看来，虽然"大树底下好乘凉"，但是"大树遮阳不好长草"。科学研究是年轻人的事业，如果老一代人不从领衔的岗位上退下来，年轻人哪有出头之日？"要让年轻人发展，为他们发展创造条件，让年轻人更好地成长起来。培养超过自己的新一代学术接班人、领头人是我最大的责任、最大的荣誉、最大的奖励"[①]。

从 1978 年恢复研究生制度以来，程天民一共招收培养了 49 名硕士生、博士生及博士后。他们之中已经产生了新世纪百千万人才工程国家级人选，国家和军队"杰出人才基金"获得者，教育部长江学者特聘教授，新世纪优秀人才支持计划，"973"重大基础研究项目"首席科学家""全国百篇优秀博士论文"获得者，全国优秀科技工作者，全军十大"学习成才标兵"，总后科技"金星""银星""新星"，全国卫生系统科技之星，有的还光荣当选为中国共产党十五大代表和全国人大代表、全国政协委员，很多毕业的研究生已经在各自的岗位上担当起学术领导和管理的大梁。

例如，程天民招收培养的第一位博士生、也是全国第一位防原医学博士——粟永萍，她被选任为中华放射医学与防护学会和全军放射与辐射医学专业委员会副主任委员；曹佳不仅长期担任第三军医大学军事预防医学学院院长，建树颇多，而且他对毒理学中的诱变剂有深入研究，担任了亚太地区国际诱变剂学术会议的大会主席；余争平从防原医学调任军事劳动卫生学教研室、高能微波研究室主任，获得国家科技进步一等奖、荣立一等功，并成为国家"973"项目的首席科学家；史春梦的博士论文入选全国百篇优秀博士学位论文，他率先从皮肤真皮获得多能干细胞，并创用于放射复合伤的治疗，获得中华医学科技一等奖，被评为"长江学者"……在程天民的身后，已成长出一片茂盛的森林。这些在程天民培养、关怀下成长起来的青年科学家，已成为我国军事医学进一步发展的希望所在。

[①] 程天民：在军事医学座谈会上的讲话。2012 年 7 月 17 日，重庆，资料存于采集工程数据库。

程天民在 80 岁时，有感而发，写下一首诗。这首诗表达了他作为新中国第一代防原人，对国家、军队奋斗一生的满腔赤诚，还有对我国防原医学事业的由衷期待：

    岁月八旬弹指间，相勉勿怠齐扬鞭。
    夕阳虽晚当映霞，犹存丹心吐芳菲。
    待到日落西山时，喜望群星耀满天。①

---

① 程天民：八旬书怀。2007 年 12 月，未刊稿。资料存于采集工程数据库。

结 语
求索、艰辛、成功之路

通过系统梳理和详细叙述程天民院士学术成长历程和学术成就，我们可以看出老科学家的成长和成才总是在内外综合因素作用下实现的。经过深入的综合分析，我们认为影响和决定程天民院士学术成长的关键要素如下：①学术成长的基本轨迹：简单而又丰实；②学术成长的外部条件：时代需求，乘风飞扬；③学术成长的内在要素：治学与修身相融；④学术成长的根本源泉：勤奋学习、勇于实践、善于思考；⑤学术成长的厚实底蕴：科技与人文结合。

学术成长的基本轨迹：变动而又丰实

通过梳理程天民院士的学术成长历程，可以感受到他的整个成长轨迹变动而又丰实。

首先，学术成长路线经历几次变动。程天民的学术生涯主要围绕着服从国家和军队的需求展开。大学毕业后，程天民服从命令留校任教，六十几年来虽然一直在军医大学工作，至今没有调过其他部门。他的主要工作地点一是第三军医大学，二是戈壁滩核试验现场。然而在军医大学工作期间，程天民经历了多方面的变动与锻炼，从病理学到防原医学的专业变动，从技术到管理的岗位变动，从基层教师到党政领导的职务变动，长期承担党政"双肩挑"任务,特别是在担任校长期间,还同时兼任校党委书记。因此,程天民的学术成长主要是依靠国家和军队独立培养,通过在军医大学和戈壁滩核试验场的实践锻炼中逐步实现的。

其次,实践经历及成果丰硕。程天民的童年基本上是在沦陷区里度过,饱受亡国奴的屈辱;自入学启蒙到大学结业,他的整个求学历程基本上都是处在连续不断的战争炮火之中,多次随校辗转迁移、艰辛异常。走上工作岗位后,程天民在军医大学里除了从事科学研究和教学工作外,还担任过教研室主任、系主任、副校长、校长,支部书记、党委委员、党委书记等职务,具有丰富的教学、科研及管理经验,对军医大学的办学理念、学科建设及人才培养等方面具有科学而深刻的认识、取得了非凡成就。此外,程天民喜好并擅长书法、绘画、诗词、篆刻等人文艺术,是非常难得的"科学家中的艺术家"。

因此,程天民相对简单的成长轨迹、丰富的实践经历、良好的人文修养,交相辉映、相得益彰,构成了他与众不同、富有建树、色彩斑斓而又耐人回味的学术人生。

学术成长的外部条件:时代需求,乘风飞扬

科学家的成长总是与一定的时代背景紧密相连,离不开外部客观环境的塑造。程天民曾说:"假如我没有参加核试验,没有从事防原医学研究、没有进行复合伤研究,我很难成为一名中国工程院院士。"诚然,程天民之所以能在防原医学领域取得突出的学术成就,并成为我国防原医学专业仅有的两名院士之一,与我国发展核武器事业的特殊时代背景和国防事业的现实需求密不可分。但科学事业总是机遇与挑战并存,程天民在面临学术道路转折时,能够从国家和军队的需求出发,敢于面对风险、迎接挑战,这种信念、勇气和执着也让他得到并抓住了宝贵的学术发展机遇和实践平台,从而在学术成长的道路上异军突起、独领风骚。

第一,进入防原医学领域带来了学术发展的新机遇

1965年,程天民首次参加核试验,研究的重点也逐步从病理学专业转向到防原医学。当年,国内的防原医学刚刚起步,加上基础资料获取困

难，防原医学的很多领域都还是空白。此时程天民决定从国防和军队的需求出发转向研究防原医学，这是非常需要勇气的，表现出了他强烈的爱国爱军信念和执着的科学探索精神。

程天民科研专业转向为他的学术发展带来了巨大的挑战性和未知性，但是风险越大、机会越大。他在我国大力发展核武器事业的特殊历史时期，一方面，毅然选择进入一个几乎空白的研究领域，让他在迎接挑战的同时也拥有了可以自由探索、充分创造的全新空间；另一方面，程天民将原来擅长的病理专业知识与防原医学紧密结合起来，不仅让他在防原病理、创伤病理等方面的研究在病理学界独树一帜，而且通过巧妙而科学地运用病理学知识解决防原医学等军事医学问题，使他实现了在防原医学研究领域的创新和突破。程天民主持并获得的第一个国家科技进步奖一等奖——"放烧与烧冲复合伤的病理学研究"，就是这一结合的结晶。

第二，现场参试的经历积累了学术创新的基础

核试验是接近于实战的真实核爆炸，为研究各种各样杀伤破坏效应及其防护提供了真实条件。我国的核试验动物效应（医学研究）在规模、深度等方面都是其他国家无法比拟的，而且这种现场条件是实验室无法完全模拟的，但是核试验终究会停止，对从事防原医学的研究者来说，参加现场核试验是时不再来的宝贵机会和不可取代的研究经历。从1965年到1980年，程天民共参加了14次核试验，参试次数之多，在国内防原医学领域屈指可数。他也因此在核试验现场得到了丰富的锻炼，获得了一般研究者难以企及的实践经验。

另外，程天民所在的总后效应大队主要承担动物效应和物资效应试验任务，实际上包括了各种医学研究和后勤装备军需物资效应研究。就医学研究而言，既有杀伤效应，又有物理参数监测、医学防护、医疗、救治和卫勤演练，涵盖了医学中的基础医学、临床医学和预防医学，对参试的医学研究人员来说是非常全面、立体的实战化锻炼。程天民充分利用参试机会，不仅亲自解剖观察了大量效应动物，而且通过担任效应大队指挥组组长，掌握和管理各效应研究项目的全局，拓展和加深了对核试验的认识和实践经验。同时，他还在核试验现场收集整理了一大批珍贵的真实核爆炸动物损伤原始标本和资料。所以，程天民在核试验现场摸爬滚打的丰富实践经验，获取的独一无二的数据资料，为他之后在防原医学领域的深入研究积累起了原始创新的基础能量。

第三，多次参加专题总结促进了学术思想的凝练

1964年及1974年，程天民两次参加由国防科委主持的我国核试验资料大总结，成为国内为数不多、能够全面掌握防原医学领域前沿资料和原始数据的研究者之一。通过对核试验资料进行集中整理和深入分析，程天民梳理了不同方式、不同当量核爆炸所致的不同伤类及其发生发展规律，总结出多类核武器损伤的基本病理特点，理清了核武器爆炸医学防护的基本脉络。他亲自撰写的"核武器损伤的病理变化"等十几万字的专题总结结论，成为国内外这一领域资料最全面、学术最权威的病理学文献。在此基础上，程天民受总后勤部委托，主持对核试验资料进行系统的再分析、再研究，编写了供部队应用的专著，进一步促进了他将现场试验数据与部队实际应用相结合。

通过多次专题总结，程天民的防原医学研究思路逐渐清晰，明确提出以复合伤为核心，以放射和非放射复合伤两大类为主线，形成了鲜明的学术观点。在这段时间里，程天民和其他研究人员共同努力，取得了一系列防原医学研究成果，编写出版了《核武器对人员的损伤及其防护》《防原医学》等专著。这些成果都是首次以我国自己真实核武器试验资料为基础、唯一的、国内外最权威的防原医学专著和文献，在防原医学研究领域产生了深远的影响，为发展我国防原医学，建立我国自己的核武器损伤防护的理论学术技术体系做出了重要贡献，也奠定了程天民作为防原医学开拓者之一的学术地位。

第四，选定复合伤研究方向，实现了学术成就的突破

程天民在防原医学领域的研究方向和主攻目标为复合伤。客观上，复合伤研究难度大、风险大，是公认的硬骨头。但是复合伤在核爆炸中有非常高的发生率，这充分说明了复合伤研究的必要性和重要性，它不仅是实战救治的迫切需求，也是和平条件下未雨绸缪的现实需要。程天民抓住了这一根本，坚定地选择复合伤，将个人的科学兴趣、使命责任与国防需求的有机相融，形成了在艰难道路上不懈进取、执着追求的持久动力，并且通过将科研方向与国家、军队的重大需求紧密结合，有利于争取到多方面的资源和支持，为研究的持续深入开展提供了良好的条件。

从自身实际来看，当年学校防原医学教研室的编制只有13人，如果不在研究方向上独辟蹊径，想取得创新成果的几率是很小的。三军医大自20世纪60年代初就已经开始放烧复合伤的病理观察及研究，并且多次派参试分队参加现场核试验，获取了丰富的复合伤原始资料。程天民通过参加多次专题总结，对复合伤的病理特征及基本规律有了进一步的认识和把握，并且率先在国内建立起了复合伤实验室，具备了深入研究复合伤的物质条件和理论基础。因此，在资源有限的条件下，程天民选择研究复合伤有利于扬长避短，集中力量充分发挥自身的优势。

此外，因为复合伤"难"，国内不少知名研究机构都半途放弃，而程天民他们长期艰难而坚定地坚持复合伤研究方向，认为"选定方向难，而更难的是坚持"，"贵在坚持，成在坚持"；"别人不搞，我们搞"，使复合伤成为他们"人无我有"、"人有我优"的特色领域。复合伤"难"，说明有许多问题没有解决，存在着发展创新的空间。复合伤"难"，在于它涉及放射医学、创伤医学、烧伤医学和急救医学等多个学科的内容，实际上是多学科交织的纽带，深入研究将有利于在促进多学科融合，并且不断开辟新的新领域，推动创新发展，从而体现出研究的高质量和高水平。所以，确定复合伤研究方向对于程天民的科研工作全局至关重要，也是他能够在防原医学领域取得创新突破的重要原因之一。

学术成长的内在要素：治学与修身相融

纵观程天民的学术历程，不可否认，特定的时代背景、现实需求和专业领域为程天民的学术成长和成就取得提供了难得的机遇和肥沃的土壤，但是机遇总是给有准备的人，外因只能通过内因起作用，并不是所有的人都能在防原医学白手起家的时期无怨无悔地放弃已经比较成熟的专业方向，开始筚路蓝缕的艰难创业。而且，在物欲横流的时代，程天民仍旧坚守在相对清冷的防原医学领域，在备受争议的情况下，矢志不渝地坚持并发展复合伤研究。在别人遇到死角而中途放弃时，他能够推动研究的拓展深化，并且不断开辟新领域，引领复合伤研究前沿。这些都说明了一切事物必先形于内而显于外，程天民之所以能够取得丰硕的学术成就，归根结底源于自身的学术修养和治学思维。

程天民认为，作为一名科技工作者，做学问要先做人，治学先修身，以修身指导治学。修身要体现于治学，以治学促进修身[①]。正是源于内在对治学与修身的深刻认识，他把个人志趣融入国家、军队的需要和对科学的追求之中，确立了正确的科研动力和方向，明确地回答了为什么做科研、做什么科研、怎样做科研等一系列科学研究的根本问题。在长期艰苦的科研实践中，逐步形成辩证、创新的科研思维，培养了坚忍不拔、不断进取的科学精神。在对复合伤研究的执着坚守和不懈探索中，开辟了防原医学研究的新天地。因此，正确处理治学与修身的关系是程天民实现学术发展的关键要素，让他在主动促进治学与修身相融的过程中，成就了一番有益于国家、有益于人民、有益于科学、无愧于自己的壮丽事业。

将个人志趣抱负融合于国家军队需求和对科学的追求之中

自 1949 年参军入伍开始，程天民的人生就与军队和国防卫生事业紧密相连。作为军人，他以服从命令为天职，以国家和军队的需求作为科研的使命；作为科学家，他对科学事业一直怀有执着的志向抱负和纯粹的探索精神。因此，程天民自觉、主动地将个人志趣抱负与国家军队的需求及对科学的追求融合在一起，将"情系祖国需求、献身军事医学"的使命责任与"攀登科学高峰、探索未知世界"的学术追求融合在一起，为其学术成长之路注入了强大而持久的激励力量。

程天民原本的专业是病理学，1964 年他晋升为当时国内最年轻的病理学副教授。然而，在参加核试验的过程中，程天民亲眼目睹了核爆炸带来的惨烈景象，核武器的强大杀伤作用让他受到了强烈的震撼，深刻认识

---

① 程天民：科学研究中的治学与修身.《中华烧伤杂志》，2005 年第 21 卷第 1 期，第 3 页。

核武器的医学防护研究对国家安危具有特殊的重要意义。一种"不研究如何防护救治怎么得了"的责任感，促使他下定决心转向研究防原医学。他克服戈壁滩的艰苦条件和种种风险，全身心投入到刚刚起步的防原医学研究中。

当时国内的防原医学研究处于初创时期，对核武器损伤及防护诸多方面的认识还很肤浅以致空白。程天民如同所有具有科学精神的研究者一样，把攀登科学高峰、探索神秘的未知世界作为自己执着追求的科学目标。因此，防原医学领域一系列复杂的、未知的、需要深入探索研究的实际科学问题，以及防护、救治核武器损伤的客观需求，不仅没让程天民止步，反而激发起他从零开始深入钻研的浓厚兴趣。

现场参试的珍贵研究机会也对程天民研究防原医学产生了强大的牵引作用。我国核试验次数虽然远远少于美苏两国，但包括了不同当量和不同的爆炸方式，较全面地反映了不同情况下核武器的杀伤破坏作用，能够最大可能地进行动物效应试验，获取全面的病理标本和数据资料，而且核试验现场的环境是真实的、独有的、实验室无法完全模拟的。这些丰富的研究资源和条件对程天民充满了诱惑和吸引力，让他对防原医学产生了强烈的探索欲望和由衷的热爱。

为此，程天民倍加珍惜每次参试的机会，15年间在核试验现场摸爬滚打、艰苦异常，他却甘之如饴、全情忘我地投入到研究工作中，他肩负的使命责任与炽热的科学追求融合在一起，成为他自始至终坚守在防原医学领域、不断追求创新进取的强大精神支柱和不竭的动力源泉。

慎重确立并坚定坚持研究方向

在科学研究的道路上，因为浮躁而中途放弃研究方向、转向追求前沿潮流的情形并不稀奇。但是，程天民认为做科研不是也不能"赶浪头"、"应行情"，科学研究应该是为了解决特定的科学技术问题，服务于国防与经济建设。既然复合伤是国家和军队的重大需求，选择了就必须坚持到底。因此，如果说确定复合伤研究方向是程天民实现学术创新的前提，那他最终能够在防原医学领域取得创新突破的关键，则源自对研究方向矢志不渝的坚定坚持。

能否坚持科研方向，毅力、勤奋和能力都不可或缺。近40年来，尽管复合伤经历了各种各样的非议和磨难，程天民始终坚定地把复合伤作为防原医学的主要研究方向，长期坚持、力戒浮躁、严谨勤奋，一步一个脚印地踏实进取。然而，科学研究总有遇到"山重水复疑无路"的时候，复合伤更是如此。复合伤本身就是一个艰难复杂的研究课题，要么在表浅问题上绕圈子无法深入，要么就陷入研究死角无功而返，研究到一定程度，就像跳高一样，再进步一厘米都非常困难。缺乏整体设计和找不到突破口也是很多人无法坚持而选择放弃复合伤的原因之一。

为此，程天民在深入思考的基础上，提出了复合伤研究的基本思路：一是要在坚持复合伤总方向下凝练关键科学问题；二是要在总体设计下分阶段、分步骤实施；三是要在实践中不断调整、完善，在总方向下不断吸取、运用新知识、新技术。在这一思路指导下，他带领研究团队围绕复合伤总方向，不断凝练关键科学问题，拓展深化研究内容，有计划、有步骤地逐一研究，环环相扣，步步深入，努力在各个部分原始创新的基础上进行集成创新。同时，程天民主张多学科交融，在吸取多学科的理论和技术的基础上，不断开辟出新的研究领域，使复合伤研究在不断地开拓、创新、突破中实现了可持续发展。

科学研究重在选定方向，难在坚持、贵在坚持、成在坚持。程天民从国家和军队的重大需求出发，以敏锐的眼光和独立的判断慎重确立复合伤为主要研究方向，明确了研究目标，凝练了科学问题，凝聚了研究力量；他在坚持复合伤研究的过程中边实践、边思考、边总结、边深化，不断得到新的领悟、新的发现、新的进步，开阔了学术视野、深化了学术思想、提升了研究境界，形成了较强的全局驾驭能力，思想素质与专业素质都得到了极大的考验和锻炼，有力地促进了治学与修身相结合。同时，程天民通过长期坚持研究复合伤，不断推动研究向更高层次、更广领域拓展深化，促进了学科发展和人才培养，使和平时期的防原医学焕发出了新的生机和活力，更进一步夯实了他个人成长的学术根基。

以辩证、创新的思维指导科研工作

程天民认为，辩证思维和创新思维是科学研究的灵魂，是科技人员思想业务素质的重要体现，是治学与修身的重要结合点[①]。他自参加工作后就认真学习毛泽东的《实践论》和《矛盾论》，在自觉学习马克思主义世界观、方法论的基础上，把唯物辩证法作为认识处理问题的指南。程天民深刻认识到：物质条件虽然极其重要，但是科学思维更为重要。科学思维形成科学思路。如缺乏必要的物质条件，而有很好的科学思路，可以创造或借助他人的物质条件进行科研。然而，即使有先进的物质条件，而却没有很好的科学思维和思路，脑子"一盆糨糊"，可能做出来一大堆指标数据，但说明不了实质性的科学问题，更谈不上创新和突破[②]。具有科学思维，才会变得更有智慧，更具能力，更加高效。

在与科研实践结合的过程中，程天民逐步形成了独具特色的辩证、创新思维，让他能够在纷繁复杂的现象中抓住问题的本质，以整体、系统、全面的视野思考问题、设计思路，用敏锐的洞察力和科学的方法探索未知、寻求规律、概括提炼，从而得以在科学思维和科学方法的更高层次上指导科研实践，创造性地推动复合伤研究在更宽广的层面上深化、拓展、突破。可以说，这种辩证、创新的思维正是程天民进行科学研究的强大思想武器，也是他科学思维的基础和精髓，影响着学科发展和个人成长的方方面面。

删繁就简，立异标新

程天民非常喜欢郑板桥的名联："删繁就简三秋树，领异标新二月花"。他认为郑板桥这两句话既立论于科学，又富含文学想象，充分体现了科学、辩证、创新的思维，是科学、哲学与艺术形象相结合的典范。郑板桥这副对联本来是针对写文章而作的，但在其他方面同样具有重要的指导意义，启发程天民在各项具体工作中体现"三秋树"的严谨简约和"二月花"的特色创新。

在教学工作中，程天民注意突出每一堂课的核心内容，而其余的教学内容如同枝叶，枝叶是为丰富、充实主干，能使教学主题有骨有肉，但又不能过于繁茂，以至遮盖、冲淡主干。所以既要展得开，还要收得拢，内

---

① 程天民：科学研究中的治学与修身.《中华烧伤杂志》，2005年第21卷第1期，第2页。
② 同①，第1页。

容要围绕主题适当展开。例如，程天民讲核武器的四种杀伤因素，本来内容甚为繁杂，他经过梳理后，只选择把早期核辐射、光辐射、冲击波和放射性沾染的形成、作用量单位和致伤作用三个主要环节作为这堂课的主干内容，删除与主题无关的内容，让学生能在庞杂内容中掌握关键的要领，为以后学习各种核武器损伤打下基础。

对研究设计和论文撰写，"删繁就简、立异标新"的思维也极其重要。程天民认为，科学研究离不开观测指标，但指标绝不是越多越好，而是要有科学性、先进性、针对性和相关性，一大堆经不起推敲、形不成论点、又无创见的资料，只是浪费精力、时间和物力的无效劳动[①]，必须紧紧围绕研究目的进行设计和组织实施；撰写学术论文也必须围绕研究目的展开，要以材料说明观点，以观点统率材料，使材料与观点相统一，因此，既要删除繁琐，使之重点突出、结构明确，又切忌空泛，需言之有物、言之有据、言之有理，尤其要以自己的思想和研究发现为主，引用文献是为了说明问题，不能铺天盖地、喧宾夺主，一定要体现出个人的创新特色。

"删繁就简，立异标新"也是程天民开展科学研究的有效思维工具。在科学研究中，程天民认为一定要在刻苦实践的基础上形成大量的感性认识，而后必须在飞跃升华上多下工夫，由表及里，由此及彼，从个性归纳共性，以共性指导个性，从偶然发现追索必然规律，就如删去繁杂的枝叶一般，从纷繁的现象中抓住问题的根本，显露出树木清晰的枝干；同时，创新是科学研究的灵魂，也是科学思维的灵魂。创新要贯彻于科学研究的始终，要有新的思维和思路，新的设计和途径，新的方法和指标，从而获得新的见解和结果。因此，要在有充分且清晰的事实依据基础上，敢于立异标新，哪怕与自己原来的想法、老师的想法、大多数人的想法不一致、与既有文献不一致，也要敢于提出自己的创见[②]。既要有立异标新的勇气，又要有严谨求实的精神，才能使科学事业不断有所创造、有所发现、有所前进，"如同二月时节其他花朵尚未开放，你一花独放"。

[①] 程天民：辩证思维：删繁就简，立异标新。见：卢嘉锡，《院士思维（选读本）》。合肥：安徽教育出版社，2000年，第695-712页。

[②] 同①。

以质量取胜，以特色取胜

在选择并坚持研究复合伤的过程中，程天民领悟到：科学研究要切实提高质量、充分体现特色。调任校长后，程天民将从复合伤研究中萌发的思想与办学实际紧密联系，明确提出了"以质量取胜、以特色取胜"的思想。

在程天民看来，质量和特色是反映事物本质的两大要素，质量是特色的基础，特色是质量的反映。质量和特色都必须建立在满足国家和军队的重大需求上。质量要体现在解决重大需求的广度和深度上，特色必须首先体现出重大需求，之后才是别人不搞、少搞、后搞。质量和特色的程度都是相对的，没有尽头的。质量"没有最好，只有更好"。原本的特色也会因为环境、条件的变化而可以成为"常规"、"普通"。因此，必须不断提高质量，并在更高层次和更好水平上不断创造特色。

质量与特色相互依存，又与"取胜"紧密联系。讲求"质量和特色"不能停留在一般意义上，而是要通过在这两个根本的方面不断努力，志存高远、高瞻远瞩，立足西南、放眼全国、走向世界，把自己放在国内外广阔的天地中去竞争，去体现出高水平的质量和特色，在剧烈的竞争中创优争先、自我超越，不断追求在更高的层面上"取胜"。而且，这种"取胜"不是虚构来的，必须要通过不断地、实实在在地提高质量，突出特色来实现。

所以，没有质量的特色，形不成真正的特色，也不可能具有生命力；没有特色的质量，不易体现质量的内涵和价值，也缺乏创造性和竞争力。"质量和特色"是取胜的前提，没有质量和特色，"取胜"无从谈起；没有"取胜"作为牵引激励，也不可能有持续提高质量、创新特色的动力。只有不断追求和实现"取胜"，才能引发永不满足、不断求进、创优争先的激情，才能推动质量和特色的不断提升，才能体现出质量与特色的水平和意义。

因此，正是对取胜的渴望、对质量的追求、对特色的坚持，指引着程天民不断在科研、教学、管理等多个领域为国家和军队作出创造性的贡献，尤其是他在校长、党委书记岗位上提出了"两个取胜"的办学思想，在这一思想指导下，全校坚持以"军事医学"为特色和优势，极大地促进了学校的建设发展，取得了一系列瞩目成绩，特别是在军事医学领域获得了五项国家科技进步奖一等奖、产生了三名院士等代表性的突出成就。"以质量取胜、以特色取胜"的思想经过了学校七届党委的坚持和发展，二十几年的实践证明，它不仅是正确的办学思想，而且具有十分丰富的内涵，对学校教学、科研和管理工作都有着重要的指导意义。

正确认识宏观与微观的结合

各种事物和工作，包括科学研究都有宏观和微观的问题。在科学研究中的宏观与微观，常被称为宏观水平、整体水平、细胞水平（cellular level）、分子水平（molecular level）等等。如果把"level"理解成"水平"，似乎分子水平的研究必然、当然比细胞水平要高。但实际上宏观和微观只代表研究层次，并不代表研究水平的高低。因此，程天民建议将"水平"改为"层次"，以端正对宏观和微观研究的正确认识[①]。

程天民认为，宏观与微观是相互结合、补充，而不是相互替代、排斥的关系。宏观和微观层次的研究，各有其作用和价值，各有其评价标准。同一层次的研究会有不同的科研水平，包括理论价值和实践意义，以及所体现出来的科学性、创新性和实用性。从不同层次进行研究，是为了解决不同领域、不同方面问题的不同需要，并且通过促进不同层次研究的结合，解决更全面、更深层次的问题。

例如，流行病学，必然需要大样本的人群研究，疾病的诊断特别重视患病的整体特征。疾病或损伤程度的划分主要依据整体病情、伤情的严重程度或其主要靶器官的损害程度。临床病理学、特别是肿瘤的病理诊断，迄今主要依据光镜下的组织细胞变化；多种影像学诊断主要依据肉眼所见的影像变化等等。这些属于人群、整体、脏器、组织、细胞层次的研究仍然极其重要，不可取代，更不能取消，需要进一步发展、完善和提高。另外，更微观的层次也是极其重要的，特别是现代分子生物学的发展，为生命科学包括生物学、医学的发展提供了极其有利有用的先进理论与技术，

[①] 程天民：辩证思维：删繁就简，立异标新。见：卢嘉锡，《院士思维（选读本）》。合肥：安徽教育出版社，2000年，第695—712页。

用以解决宏观层次所不能解决的问题，展现了广阔而深远的前景。

同时，程天民也认识到，随着现代科学技术的不断发展，在研究细化、专门化的过程中，强调研究的综合效应趋势日益明显，整体、系统的知识结构、综合分析解决问题的能力逐步受到人们所重视。这就要求促进不同层次研究的结合，在此基础上，以全观的思维发现问题，阐明问题，解决问题。

因此，程天民对不同层次研究都存有一种开放、包容的态度，善于吸纳不同层次研究的理论、技术和方法，并且在掌握从宏观到微观的理论和技能基础上，养成了从宏观出发提出问题，在宏观到微观的不同层次深入研究机制，最后再回到宏观上去解决问题的科研思维和方法路径。这使他得以将科学研究中的宏观与微观结合起来，整体、全面、深入地认识把握研究对象，并在不同层次、不同角度寻求研究突破的途径，不断深化认识，开辟复合伤研究的新领域，推动研究在不同层面实现创新发展。

辩证看待和处理"正常"和"反常"、"有利"和"不利"

程天民认为，在观察各种事物中，"熟视无睹"、"习以为常"的现象是经常发生的，往往会因为习惯地认为这是正常现象，就不再去怀疑、不再去进行再认识。与此同时，遇到一些"反常"，也就习惯地认为不合常规，而不再去深究。这种思维方法和心态对于科学研究，特别是对于创新，是一种思想障碍。事实上，人类对真理的认识过程是无穷尽的，很多科学"规律"常常是一定条件下对事物运动的相对近似反映，是一种不太完全的归纳与概括。往往就是在"偶然"、"反常"、"不利"中存在着发现新规律的契机。

例如，机体同时或相继发生两种及两种以上不同性质的损伤称为复合伤。很多文献报道复合伤的特点就是发生"相互加重效应"，因此称复合伤为"相互加重综合征"。这种说法已为很多教科书、参考书所定论，被认为是复合伤的"正常"现象。然而，程天民在指导学生研究轻型肠型放射病合并烧伤（放烧复合伤）的肠道病变时，却发现当度过休克期后，复合伤的肠上皮比同剂量单纯放射病时反而修复更快更好，这显然是一种对传统观点的"反常"。当时他们自己也不相信，最终通过一系列的量效研

结语 求索、艰辛、成功之路

究确认了这一事实,使原来的"反常"转变为这种特定情况下的"正常"现象,证明了复合伤后不一定发生加重效应,具体效应取决于多方面的因素,可能不加重,甚至减轻,从而加深了对复合伤规律的全面认识。

另外,事物的"有利"与"不利"也不是一成不变的,可在一定条件下转化。程天民正是把握住了这一点,充分发挥主观能动性,在条件有利时能够谨慎地未雨绸缪,防止有利转化为不利;在遭遇不利情况时,能够以辩证的思维看待困难、挫折,促进不利转化为有利。

程天民在研究放射损伤合并烧伤的创面处理时,感到单纯烧伤已有很多成熟经验,但在合并放射损伤的情况下要困难得多。细菌很早就可以通过创面进入痂下和体内,创面坏死组织因炎症反应削弱而不易脱落,进入症状危重时期后造成创面严重感染、出血,使全身伤情进一步加重恶化。如果进行切痂植自体皮固然较容易成活,但取皮更加重了伤情,创面又不易愈合。他辩证思考:放烧复合伤时的放射损伤抑制免疫功能,对机体是不利的,但可否利用这一效应,抑制排异反应,化不利为有利,改植异体皮,延长异体皮的存活期,及时消除烧伤创面,从而变复合伤为单纯放射病?为此,他进行了一系列实验。在伤后早期(24小时),利用细菌由创面入侵以前的时机进行早期一次性切痂并移植异体皮。发现单纯烧伤所植异体皮在10天内全部排异坏死脱落,而一定剂量范围内的合并放射损伤者,异体皮长期存活、生长良好,全身反应减轻,顺利地度过了极期,进入恢复期,取得了良好的治疗效果。

所以,在程天民的科研思维中,一个重要的方面就是善于敏锐地观察、捕捉"偶然"、"反常"现象,不迷信已知和权威,勇于对一般已知的"正常"现象进行独立思考,让他能够独辟蹊径地深入探索,从而取得创新性的研究成果。

科学运用多学科的渗透、结合

程天民认为,现代科学问题、特别是比较疑难的复杂问题,不是单一学科所能解决的,必须采用多学科的理论、理念、思路、途径和手段进行综合研究,现代科技发展必然要求多学科渗透、多层次结合。在本专业的基础上学习运用多学科、多层次的知识和手段,是科技人员的专业素质、也是治学的重要方面、科技创新的重要基础[①]。

复合伤本身的内容涉及多个学科,是多学科交叉的纽带。因此,程天民本人的专业专长虽然是病理学,但他常常围绕复合伤,综合运用烧伤学、创伤学、血液学、细胞生物学和分子生物学等学科的理论,大胆采用前沿技术手段,促进复合伤研究的创新发展,他所取得的几项较高层次研究成果都是以多学科研究为基础的。另外,为了促进多学科的交融,虽然研究所的编制人数有限,程天民仍坚持设置了由不同专业人员组成的多个专业组和专业技术平台,例如致伤、临床实验治疗、病理学、实验血液学、细胞生物学、生物化学与分子生物学、放射性核素技术和药物研制等,并且在他的倡导和积极推动下,进一步新组建完成了纳米医学实验室。从而使研究人员通过掌握运用多学科、多层次的知识和手段,极大地锻炼了个人的专业素质和科研能力,提高了科研队伍的整体水平,有力地促进了复合伤的研究质量。

例如,程天民在组织研究合并放射损伤的创伤难愈与促愈的过程中,综合运用了防原医学、实验血液学、创伤学、病理学、药理学、免疫学和分子生物学等多学科的知识和手段,从动物活存、创面愈合的宏观层次,到细胞和分子、基因变化、调控的微观层次,揭示了难愈的机理是由于"以细胞损害为关键环节的愈合诸因素网络失调"。找到了在白细胞下降的情况下,还能吸引炎细胞到达创伤局部发挥促愈作用的两种药物。进而引入干细胞研究,由骨髓间充质干细胞到皮肤真皮多能干细胞,显示了促进创伤愈合和造血重建的双重疗效,并从分子基因层次研究提出了这种促愈作用是由于干细胞与损伤局部微环境相互作用而实现的理论认识[②]。

通过主动促进多学科的渗透与多层次的交融,程天民培育并激发出防原医学新的学术生长点,使复合伤研究在不同学科领域里延伸拓展,有力地加强了学科间的合作交流,在各个创新的基础上实现了多学科的集成创新,极大地提高了创新成果的水平和质量。在这一思想指导下,进一步明确了复合伤研究的三个层次,即在基础层次上着重研究复合伤与有关伤害

---

① 程天民:科学研究中的治学与修身.《中华烧伤杂志》,2005年第21卷第1期,第3页。
② 同①。

结语 求索、艰辛、成功之路

的发病机理，在应用层次上突出复合伤与有关伤害的救治原则与技术措施，在转化层次上注重科技成果转化及新药研发。通过三个层次的相互衔接和紧密结合，推动着复合伤研究在理论和应用两方面不断拓展深化，促进了研究的良性循环、持续发展。

淡泊名位、专注事业

程天民常笑谈：以前人们叫我"老程"，现在叫我"程老"。他说，"老"表明过去工作时间的长，今后工作时间的"短"，更要抓紧时间，多做些力所能及的工作。1988年，程天民从校领导岗位上退下来，选择回教研室继续从事科研工作，至今已经过去24年。在此期间，他以第一完成人获得了五项国家科技进步奖与教学成果奖，及多项重大科技奖励，完成了"军事预防医学"新学科建立和一系列重要专著的编写，并在69岁时当选为中国工程院院士。可以说，程天民的主要学术成就都产生于62岁以后，真正算是老有所学、老有所为。

作为德高望重的"老院士"、"老领导"，三军医大的"老人"，学校各级组织的很多领导曾是程天民的学生和下属，而现在成为他的"顶头上司"。学校党委在做重大决策时也把主动咨询程天民的意见作为一条不成文的默契。而程天民在处理个人与组织、集体、领导的关系中，坚持"支持而不干扰，帮忙而不添乱"。他总是会花费大量时间和精力思考谋划，为学校献计献策，当好参谋顾问，但同时又反复表明：意见好提，决策难定，党委和领导一定要根据学校全局和实际来思考和决定问题，自己的意见仅作参考，可以采纳，也可不采纳，不采纳不等于不尊重。学校、学院和研究所的一些同志请他对文件、文稿提出意见，他从不推诿拒绝，总是拿着放大镜逐字逐句阅读，从总体思想、具体措施到语言提法、用词，甚至标点符号都认真修改，有时还会亲自动笔重新写。诸如此类的工作已不计其数，成稿后外人却从来不知道他的辛苦付出。程天民却认为这都是应该做的，他把刘伯承元帅"功高不居功，位尊不恋位，权重不擅权"的高尚品格作为自己的榜样，时刻提醒自己不能倚老卖老、自以为是，固执己见、居功自傲。

多年来，程天民获得了各种各样的荣誉和奖励，但他始终都能淡然处之：荣誉和奖励代表过去，之后还需要攻克一些更加重大的科学问题，仍然是任重道远，没有任何理由骄傲自满，应该更加谦虚谨慎、不断进取。他还认为，自己只是代表集体领受荣誉，其实都是大家齐心协力攻关的结果，单靠自己一个人，可能"连条狗都拴不住"。因此，程天民获得的科研教学成果奖金绝大部分都分给了其他研究人员。2006年，程天民被授予重庆市首届科技突出贡献奖，总共50万奖金，他把其中40万留作研究所的科研经费，余下的10万捐赠给重庆边远农村的小学，自己一分都没有留下，因为"从事科研工作不是为了获得多少物质奖励，自己所从事的工作能得到肯定，能解决科学问题和实际问题，这比物质奖励更重要"。此外，程天民多年来还自掏腰包为研究所购置设备，为希望小学和赈灾捐款、帮别人出书和解决生活困难等等，加起来已经有90多万元。

随着年纪大了，程天民常常讲：自己在有生之年要争取多做贡献，但这个贡献不是再多写论文、多出成果，而主要是建好学科、育好人才，使事业可持续发展。为了让冷门的防原医学事业后继有人，程天民花了大量精力建设学科。虽然已届85岁高龄，而且双眼患有严重的青光眼病，但程天民仍旧坚持每天上班，为学科发展和人才培养出谋划策，以自己的学术修为和包容关怀的人格魅力，为增强学科的向心力、团队的凝聚力不遗余力。他强调要让老中青各得其所、各施所长，无论是岗位安排还是研究方向，都着眼于个人的专长和兴趣，努力为学科里的每个人提供发展的机会和平台，充分调动起研究人员攻坚克难的积极性和创造性，培育了一支高素质的专业研究队伍，强化了学科发展的后备力量。程天民识才、爱才、用才，认为科学事业要更多地依仗年轻人，要着力培养中青年。他把"培养出德才兼备、超过自己的年轻一代"作为自己最大的心愿和期盼，主动提出"约法四章"，努力当好梯子、修桥铺路，为年轻人的成长发展创造各种有利条件。他呕心沥血造就出的一批批优秀人才，已经逐渐成为引领防原医学持续发展的中流砥柱和坚强力量。

学术成长的根本源泉：勤奋学习、勇于实践、善于思考

相对于一些知名的科学家，程天民既没有出国留学深造的经历，也没有名师专门引领的耀眼光环，可以说，他是由我们国家和军队独立培养

的、在多岗位实践中摸爬滚打成长起来的、"土生土长"的院士。天行健，君子以自强不息。程天民"情系国家安危，献身军事医学"，几十年如一日扎根在军医大学，立足于本职岗位踏实工作，勤奋学习、勇于实践，并善于思考，促进了教学与科研、管理与专业、实践与思考在自身的有机结合，相互协调、相辅相成，实现了个人思维、能力、素养等各方面的全面锻造和快速提升，逐步成长为一名一专多能的复合型人才，以自己的不懈努力为我国的国防卫生事业及军事医学发展做出了不凡贡献。

教学与科研相互结合

程天民认为，教学是教师的主要任务，而科研是教师成长的必由之路，两者密不可分、相互促进，自己几十年来实际从事的工作就是教学与科研。

自1950年走上教学岗位以来，"在教学战线摸爬滚打，在三尺讲台施展才华"的教学实践为程天民从事科学研究打下了系统、扎实的专业理论知识和技能的基础。严格的教学要求和教风学风，磨练了他严谨求实的科学作风。少而精、启发式、逻辑推理的教学讲课，促进程天民逐步形成了科学的思维方法，具备了较强的口头和文字表达能力，对他的科研选题、设计、实施、分析，论文的写作与报告，以及成果的汇集与答辩等等都极有帮助。因此，程天民对教学工作十分重视和热爱，从教60多年来，即使在承担较重科研任务时，他也没有完全中断教学工作，目前仍旧坚持每年为本科和研究生新生开设入学教育及其他专业讲座。

长期的科研实践也有效地提高了程天民的教学质量。程天民讲课内容丰富、生动活泼、趣味盎然，几十年前的学生至今仍对他的授课记忆犹新。他把亲自研究获得的一手资料和科研成果融入书本知识，形成了丰富鲜活的教学内容，大大提高了学生的学习兴趣。在科研实践中形成的科学思维方法，帮助他在教学过程中广收博览、提炼精华，提高每一堂课的"含金量"。同时，程天民特别注意启发学生的创新思维，培养学生养成逻辑、辩证的思维方式，并且注重以身作则、言传身教，潜移默化地培育严谨诚信、实事求是的科研精神，为学生从事科研工作打下良好的基础。

作为军医大学的教师、教授，程天民不仅既能教、又能研，更重要的是在长期教学、科研并行的过程中,程天民自觉地、能动地、有机地、创新地将两者结合,不仅提高了工作效率,完成了具体任务,而且丰富了知识结构,提升了教研能力和学术修养,实现了教学与科研的良性互动。他先后以第一完成人获得国家教学成果奖一等奖一项、二等奖两项;国家科技进步奖一等奖一项、二等奖一项;军队教学与科技奖一等奖七项,在教学与科研两方面都创造出了丰硕的成果。

专业与管理相辅相成

从学生成长为教师、教授、校长,再从校长回归到教授,程天民在不同岗位上都有过很长一段时间专业和管理"双肩挑"的经历:在大学学生时期,他既要完成学业,又担任学生自治会主席。工作后,他在教研室既当主任,又任党支部副书记、书记。当系主任时,兼任系党委书记,当校长时又兼任校党委书记。这种实践经历让程天民感到,既要做好管理工作,又要在专业技术上不断进取,这在时间和精力上的确有矛盾,但是两者在很多方面是统一的、是能够相互促进、相辅相成的。

首先,没有纯粹的专业技术工作,专业技术工作中就有管理。全面掌握专业技术,力求成为"内行",将能为科学管理奠定理念、经验和专业知识的基础。长期工作在学校的教学、科研一线,程天民对学校的发展历史、一线的业务工作非常熟悉,对教学和科研的基本规律有深刻的理解和把握。学校管理的主要对象是学生、教师和科研人员,程天民本人也是从一名学生逐步成长为教师、科研人员、管理者的,这样的经历让他对管理对象的需求有充分的理解和切身的体会,使他能够从大局和整体出发、从教育规律出发思考谋划管理,并且结合教职员的实际需求,充分发挥管理功能,做好组织协调和服务保障工作,有效地调动起了管理对象的积极性和创造性,增强了团队的凝聚力、向心力,不断提高教学和科研工作的水平,实现办学质量的整体提升。

其次,从管理工作中增长的才干、智慧,又能促使自己从更高层次、更广范围去学习、掌握专业技术,去指挥、发展更广、更深、更高的专业技术。程天民在管理岗位上,特别是担任校长以后,要求他必须在更广的范围、更高的层次来思考问题、解决问题。由此形成的大局观念和整体视野对他之后的学术研究工作极有帮助，让他可以从多个学科、多个层次来理解专业研究，从宏观、大局来考虑专业的战略决策和组织计划等问题，从而扩大了知识面，拓宽了专业领域，丰富了科研思路，提高了科研的层次和质量。

另外，管理要通过管人来做到管事，要与人打交道、为人服务。程天民对管理本质的认识和对人的重要性的理解，让他在科研工作中不仅更加注重以身作则、严格律己，而且十分注重人际关系的协调融洽，善于营造相互理解、密切协同、默契配合的良好科研氛围，促进学术思想的交流沟通，从而带动大家齐心协力共同攻克科研难题，不断推进复合伤研究的深入发展。

因此，程天民在促进专业与管理工作相互结合的实践中，专业实践使他能从教学和科研规律、专业人员的处境需求来思考和实施科学管理；行政和党务工作让他更具全局长远的思维视野，又能海纳百川、与人共事，并以更高的标准严格要求自己，注重从宏观、大局思考专业的战略决策、方向途径及组织协调等问题。不仅出色地完成了学术研究和行政管理任务，也实现了专业水平和管理效益的同步提升。

实践与思考相互促进

业精于勤，行成于思。在承担"双肩挑"任务过程中，程天民感到，做好任何工作都必须"勤"与"思"，两者缺一不可。勤奋实践是首要的、必须的，实践出真知，只有充分地实践，才能获得丰富的感性认识；但是盲目勤奋是不行的，不能当"门市部的伙计"，整天陷于被动应付、忙忙碌碌的事务之中，一定要在勤奋学习、工作、实践的基础上勤奋思考，从思考中找到各项工作的结合点和规律性，从而提高各方面工作的效率，做时间的主人、事务的主人。

通过长期的实践与思考，程天民更加深刻地认识到：思考对一个人的事业、生活，对观察、认识和处理事物，对改造客观世界的同时改造主观世界，是何等重要！不能只停留在完成一项任务、一项具体工作上，不能满足于完成日常的、经常性的具体工作，一定要不断地想问题，要不断地思考，而且要善于在此基础上总结、提炼，上升成为更高层次的、规律性的东西，从更高层面提出宏观的、整体的，甚至是战略性的策略和看法。

因此，程天民逐步养成了在实践中独立思考提出问题，使感性认识升华为理性认识，并从理性的高度指导工作实践，不断推动"实践—思考—再实践"循环上升的科学思维习惯，并且形成了对待学习和工作的鲜明态度：不满足于走过场式的完成任务，要么不做，要做一定做好，追求完美；不飘浮于一般地了解事物，总想寻根问底，学习政治理论也力求联系实际，知其精髓；不习惯于人云亦云，力求从事物深处独立思考，提出意见；不停留于大量实际工作，总想在此基础上总结、提炼出一些带规律性的东西，以不断提高工作质量。

这种思维习惯和实践态度也正是程天民能够在教学、科研、管理等不同领域取得成就的深层次原因。例如，程天民在教学实践中，认识到研究生知识面不够广，从而提出并创建了军事预防医学新学科。在科研工作中，他以完成各项具体工作为基础，提出以复合伤为主攻方向，持之以恒坚持发展，引领了复合伤研究前沿。走上学校领导岗位后，他先后提出业务建设的基本思路和"两个取胜"办学思想，对学科建设、人才培养、学校发展做出了积极贡献，产生了深远的影响。

学术成长的厚实底蕴：科技与人文结合

科学追求真，文学追求善，艺术追求美。科学技术和人文艺术既是不同领域，又息息相通，在更高层次上是统一、同源的。几十年来，从最初受到家乡氛围影响学习人文艺术，到走上工作岗位后逐步把具体的艺术技巧用于教学和科研工作中，再逐渐从思维和情操的更高层次指导业务实践，程天民将人文的底蕴与情怀融入了学术成长的每一步，自觉在艺术修养的基础上促进科技与人文的结合，使他的学术发展和个人成长具有了高尚的情操境界和深邃的智慧基础。

正如顾健人院士对程天民的评价："程天民是一个非常难得的、科学家队伍中的艺术家，而且是优秀的艺术家……科学的最高境界是 state of the art，达到艺术境界是科学的最高境界。科学和艺术是相通的，艺术属于人文科学，这里面有哲学思想。一个优秀出色的科学家，必须是有哲思想指导的，哲学和人文是分不开。所以，程天民能在科学上取得那么大成就，与他的文学艺术修养是分不开的。"①

事业观——科技思牵重任，人文引发激情

程天民的事业发展始终与军事医学、军医大学联系在一起。从青春到华发，几十年来程天民投身防原医学研究，在艰苦的核试验现场摸爬滚打，虽然"茫茫戈壁，荒无人烟，黄沙漫天，何美可恋"？但是作为科技工作者，程天民身上肩负着独立自主发展我国防原医学事业的科研重任，而军人的使命豪情和艰苦奋斗的传统精神更引发了他内在的激情。正是"科技思牵重任，人文引发激情"，让程天民能够将个人志趣、抱负融合于国家与人民的需要之中，融合到我们国家打破核垄断、发展核武器、发展防原医学这样宏伟的事业中。这种责任与激情融合产生的动力激发了程天民对防原医学事业的由衷热爱和执着追求，形成了他战胜困难、刻苦钻研、发展事业的持久动力。

程天民不仅14次参加核试验，而且无论遭遇何种困难、挫折，他始终没有放弃发展防原医学事业的初衷，默默奉献自己的青春和毕生精力亦无怨无悔。在停止核试验以后，程天民又多次回到核试验基地执行新任务，并且写下"戈壁战友份外亲，西出阳关有故人；雷声虽已远离去，号角催我又远征；大漠黄沙磨利剑，卫国安邦斩长鲸"的诗句。1998年再访马兰时，他又写下"神往戈壁思马兰，十八年后重访她；老友新朋情深切，共叙当年战楼兰"，表达了对戈壁战友的思念和对参试岁月的怀念之情。

从考入大学开始，程天民就与军医大学结下了不解之缘，半个多世纪来扎根在第三军医大学。可以说，程天民是第三军医大学变迁、发展的历史亲历者和见证人，他亲眼目睹、亲身经历了学校的负重自强、蓬勃发展的全过程，对学校的一草一木充满着感情。正是由于这种深厚的情感和主人翁的意识与发展军事医学教育、科研事业的责任，程天民不想到高处做官，选择安心在学校工作，服从组织安排，甘愿在不同的岗位从头学起，并承担繁重的"双肩挑"任务。

---

① 顾健人访谈，2012年2月15日，上海。资料存于采集工程数据库。

1990年，总部批准程天民离休回上海安家落户，干休所里也盖好了他的正军级住房。但是，程天民放弃了落叶归根回家乡养老的机会，选择继续留在重庆。而今，程天民仍旧坚持每天上班，为学校和学科建设出谋划策，以自己的学术地位和影响力为学校建设争取更大的发展空间和机会，他还将自己珍藏的200余幅著名书画家的作品无偿地捐献给学校，学校以此为基础成立了一所人文艺术馆，为培育医学生的审美情趣和人文素养提供平台。在学校合校50周年时，程天民专门撰写了一段唱词"大道康庄三医大"，设计了唱腔并亲自登台清唱，抒发了他作为老一代三医大人昂扬的事业激情和爱校情怀：

赣江流，嘉陵水，汇合大江；
七医大，六医大，源远流长。
随大军，战中原，挺进西南后方；
跨松辽，入关内，转战南北战场。
群英才，众园丁，来自天府与南昌；
弹指间，五十年，高滩岩上。
育人才，出成果，桃李芬芳；
为祖国，为军民，救死扶伤。
忆往昔创业维艰，看今朝更创辉煌！
奔腾急，三医大，大道康庄！

　　后来，程天民受校党委委托，又撰写了《第三军医大学校歌》歌词，与著名作曲家刘青的作曲相配。从此，洪亮的校歌唱响在第三军医大学的上空。

　　学术观——理性与感性的思维碰撞

　　科学与艺术的灵魂和本质都是创新。自然科学讲求理性逻辑，人文艺术注重感性抒情，两者结合相得益彰，有利于激发创新思维，并在思维和方法的更高层次上指导业务实践。

　　因此，程天民认为，一个科技工作者应该全面发展，应具有良好的政

图结-1 第三军医大学校歌（采集小组复制）

治素质和科学素质，最好还具有一定的人文素质，以促进正确思维的形成、发展和活化，使工作、生活更加丰富，更有情趣，更能积极进取，不断做出创造性贡献[1]。程天民兼具科学与艺术的修养，通过把活跃以至带有浪漫色彩的感性思维与严谨求证的理性思维相结合，艺术的想象力和创造性常常可以潜移默化或移花接木地启发科学灵感，对他的研究工作产生了多方面的促进作用，有时甚至发挥了独特的作用。

例如，摄影极讲究取景，要使影像显示特色，富有美感。程天民在摄取病理学宏观或显微图像时，既能够抓住需要显示的病理变化，又善于从正常与异常对比、低倍与高倍对应、符合解剖组织学结构等方面进行多角度摄取，避免了图片的呆板、杂乱，使照片既具科学性，又有可视性[2]。

又如书法、绘画都极讲究笔画构图的结构布局，讲究形态变化和形态美

---

[1] 程天民：辩证思维：删繁就简，立异标新。见：卢嘉锡，《院士思维（选读本）》。合肥：安徽教育出版社，2000年，第695—712页。

[2] 同[1]。

感，这无形中使程天民对形态观察和形态变化更感兴趣、更为敏感，对"熟视无睹、视而不见"的现象保持洞察，也更充实了他病理观察的基本功，让他能够敏锐地感觉、捕捉各种病理变化，常能从病理切片的平面所见想象到立体变化，从诸多不同的静态形态构思成动态的发展规律，形成清晰的科研思路和独特的技术途径。程天民在思考如何确认中性粒细胞是存在于巨核细胞体内这一设想的技术方法时，形象地联想到西瓜子必然是在西瓜体内的，把西瓜切开便能看到。因此，他通过对病理组织进行连续切片，把一个巨核细胞切成几个断面，果然发现每一断面都有粒细胞，这就简单而确凿地证明了这些粒细胞已进入了巨核细胞的体内，而不是依附、重叠在它的体表，为程天民确认并命名"骨髓巨核细胞被噬现象"提供了有力前提。

程天民还将具体的人文技艺直接用于专业工作。在教学中，程天民把科学内容与艺术表达相结合进行周密设计，上课时，他能够一边讲、一边画，甚至还演，图文并茂而又生动、形象地讲授教学内容，有效地激发起学生的学习兴趣，使同学们在智育和美育的结合中、在享受而不是负担中得到启迪、学得知识，提高了教学的实际效果。他利用自己既懂病理又能绘画的技能，不仅把各种病变的特点、形态真实形象地绘出来，编印成病理学图谱充实教材，而且在研究论文和学术报告中也尽可能辅以简图或示意图，生动简明地把研究结论表示出来，显著地提高了教学和科研工作的效能水平。

人际观——海纳百川，包容并蓄

文化的交流是没有界限的。程天民的真诚为人及他对艺术的尊重与追求，使他在翰墨交往中结识了很多不同领域的人物。例如，著名国学大师季羡林在96岁高龄时亲笔为程天民写下"努力使人文与科技相结合"；原中央军委副主席迟浩田送给他一幅"科教兴国"；中国工程院原院长朱光亚专门为《程天民业余文影选集》题词"科技与人文结合、治学与修身相融"，时任院长宋健题词"科学艺术同源、情操创新攀登"；在他编印的《程天民珍藏书画选集》中，著名书法家马识途亲自题写书名，徐匡迪院长专门撰写了《科学与艺术》长篇序言。

程天民的书法、绘画、篆刻和摄影等方面自成一家，尤善于以书法、诗词抒发感受，他常常以此表达对友人的情谊。在我国烧伤奠基人之一的盛志勇院士从医65年暨87岁诞辰时，程天民精心书写了一幅字："八七春秋逢盛世，六五寒暑谱华章；伏枥犹存千里志，勇领风骚战烧伤；杏林大师人敬崇，祈愿老翁寿而康"；顾健人院士80周岁时，他书赠"健思健魄，人寿人强"；巴德年院士病愈康复，他书赠"崇德笃学，豁达康年"。程天民在这些赠诗中都精心地隐含了几位院士的名字。2006年，程天民与"保持英雄本色的共和国卫士"丁晓兵一起被评为全国优秀共产党员，他深深感动于丁晓兵的事迹，专门书赠："晓大义，当大兵，蒙大难，战大苦，炼大志，铸大业"。程天民在这幅字里对所有的"大"字都采用了不同字体，表达了他对英雄的崇敬。这些都可见程天民对友人的用心之诚恳，以及他们之间的深厚情谊。

程天民还不拘一格，与很多深谙艺术的布衣朋友们结下了深厚的情谊。几年前，他经人介绍并从一本杂志上了解到四川泸州81岁高龄的书法家倪为公老先生的经历。倪为公青年时代投身革命，1957年蒙冤逐遣到川南水尾的凤凰山乡，生活坎坷但信念坚定，几十年醉心于书法艺术并有大成。程天民对此非常感动，专程到倪老家拜访。程天民对倪老说："您追求书法艺术的精神令我感动，我在这方面不如你，我要拜你为师"，倪老谦虚地说："你是科学大家，众人敬佩，我不敢称师，我们做兄弟吧。"由此，程天民和倪为公以"大哥"、"老弟"相称。他还驱车山间公路，专门到当年倪为公贬居的凤凰村观访，并赋诗相赠："凤凰茅屋僻陋小，凝聚山河精气神；漫道坎坷何足论，闻得横空泼墨声"。平日里，程天民还时常对倪为公关心照顾、嘘寒问暖，让倪为公深受感动[①]。

2007年，程天民走访长征路，夜宿四川叙永县，偶然与当地国画家刘和璧相见。交谈中，程天民了解到刘和璧早年曾在西南师范学院学习，1957年被错划为右派，贬迁回乡，艰难从事绘画糊口，后专注画荷花，几十年的磨砺，成为"写意荷花"名家。程天民在感佩之余，帮助刘和璧两次在重庆中国三峡博物馆开办画展，并出资为其印刷出版了《刘和璧写意

---

① 第三军医大学军事预防医学院：清泉流响。内部资料，2006年，第56页。

荷花》画集。

在这种不同于工作关系和上下关系的文化交往中,程天民与不同性格、不同领域的人广泛接触。这些人物各领风骚、各有个性、各具风采,让程天民不仅在思想、艺术等方面深受教益,也促进他形成了"海纳百川,包容并蓄"的人际交往心态。在科研工作中他尤其注重营造和谐氛围,坚持"能攻心则反侧自消";管理中注重松树与柳树的统一,刚柔相济、宽严得体。面对不同意见,能够以"认识有先后,水平有高低,修养有好坏,角度有正偏"的豁达态度淡然处之,做到大事讲原则,小事讲谅解,既能"你说你的怪话,我干我的实事",又有"千年功过任人评说"的大气魄[①]。他谦逊、开放、包容的胸怀对增进团结、激发团队精神发挥了重要作用,使各类人才能够各尽其能,强化各学科协同攻关,凝聚了学术团队,促进了防原医学的发展和各学科的合作共荣。

生活观——张弛有道,宁静致远

"紧紧张张、专心致志地工作,快快乐乐、健康潇洒地生活"是程天民的一贯主张。从满头青丝到两鬓染霜,程天民长期承担多重任务,熬更守夜、挑灯夜战是家常便饭,至今仍旧为学科建设和人才培养殚精竭虑、不遗余力。在日本福岛核电站事故发生之后,程天民带领团队用三天三夜编印出《核事件医学应急与公共防护》科普读物,由人民军医出版社在全国发行。然而,忙碌中的程天民仍旧能够以书画寄情,调剂紧张的工作节奏。他平日里除了写诗作画还尤其喜欢旅游、摄影,75岁时还独自拴在缆绳上飞越重庆武隆芙蓉江大峡谷,刺激惊险却不亦乐乎。他和夫人胡友梅共同摄影并编印的两部摄影集,天南地北的河山美景、万紫千红的群芳吐艳,都在他们独特的视角下相映成趣,令人回味无穷。

程天民常说:"祖国江山如此多娇,中华文化如此多彩,科学境界如此深邃,小事私事何足烦恼?"这种对祖国的热爱和对科学的追求,让他始终心想大事、胸怀全局,对事业充满激情,同时又不为功名利禄所困扰,既能在事业高峰时主动请辞让贤,在饱受争议时专注于清冷研究,又

[①] 程天民:医学高校科室主任工作辩证法刍议.《高等工程教育研究》,2001年第9卷第2期,第13页。

能在浮躁物欲中安于朴素平淡生活。他非常喜欢唐初四大书法家虞世南的咏蝉诗：

> 垂緌饮清露，流响出疏桐，
> 居高声自远，非是藉秋风。

在 2011 年 6 月 27 日第三军医大学召开的纪念中国共产党成立 90 周年大会上，程天民作为全国优秀共产党员，为全校官兵作了"加强党性修养的感悟"发言。他说："入党 58 年来，年龄、职务、专业、岗位经历了不少变化，但始终坚持一个不变，就是记住自己是一名共产党员，并在不断学习和实践中努力增强党员意识，加强党性修养，力争为党的事业多做些贡献。"

程天民着重从"四个正确对待"汇报了他的感悟。一是从 20 世纪 60 年代初国家经济严重困难时期搞科研和赴戈壁滩参加核试验的经历，感悟到"如何正确对待艰苦"；二是从自己担任校长兼党委书记时军政一把手，虽大权在握，但始终正确行使职权，努力尽职尽责、办校治学，不以权谋私，不假公济私，感悟到"如何正确对待权力"；三是从主动请辞校长职务，推荐年轻人接任，不计"份内份外"、"有名无名"，主动做好各项工作，感悟到"如何正确对待名位"；四是由"老程"想到"程老"、老校长、老领导、老教授、老院士……从年老不卖老、不居功，保持谦虚谨慎，处理好个人与组织、集体、年轻人的关系，并抓紧老年时间为党多做工作，感悟到"如何正确对待年老"[①]。

程天民的"四个正确对待"和他所坚持的"四观"（事业观、学术观、人际观、生活观），既诠释了他这位老党员老科学家爱国、爱党、爱军、爱科学的炽热情怀，又反映了这位老共产党员的党性修养体悟；他这种豁达、淡泊、宁静的人文情怀，正是一位科学大家学术人生的最佳写照，更是他能"既创科学事业的成就，又享丰富多彩的人生"的秘诀所在。

---

① 程天民：加强党性修养的感悟——在第三军医大学纪念中国共产党成立 90 周年大会上的发言。2011 年 6 月 27 日，未刊稿。资料存于第三军医大学。

附录一 程天民年表

1927 年
12月27日,生于江苏省宜兴市周铁镇,父亲程绶彬,母亲洪振家,继母冯定贞,兄弟姐妹七人,排行第三。

1933 年
就读于江苏宜兴周铁镇竺西小学(后改为周铁小学)。

1939 年
正值抗日战争期间,家乡沦陷,在竺西中学(后改名为彭城中学)读初中。

1942 年
10月,就读于江苏省立苏州中学,后因苏州沦陷,学校迁至宜兴境内。此间因日寇扫荡,学校三次流亡搬迁,先后随校迁至亳阳村、义庄村、西锄村等地就读,学校后改名弘毅中学。

1945 年

8月，从苏州中学高中毕业后，与同班同学毕敖洪、庄逢巽由宜兴出发，经敌伪封锁线，徒步到安徽屯溪（现黄山市）报考大学，9月3日在屯溪迎来抗战胜利。

10月，先后被江苏学院（福建三明）、中正医学院（福建长汀）和英士大学医学院（浙南山区）录取，后选择进入国立中正医学院。

1946 年

随国立中正医学院从福建长汀迁至江西南昌继续就读。

1949 年

5月，正值解放战争后期，当选为中正医学院"非常时期理代联合会"主席，负责组织领导以学生为主体的护校运动，并完整保存了学校各项设施，迎接南昌解放。

6月30日，作为学生代表参加江西省庆祝七一大会。

8月1日，中正医学院由中国人民解放军南昌军事管制委员会接管，改名为南昌医学院。

8月，南昌医学院与解放军第四野战军医科学校合并成为军事院校，校名更改为华中医学院（后来学校多次易名，1950年11月改名为中南军区医学院，1951年更名为第四军医学院，1952年7月正式更名为第六军医大学）。

9月，在华中医学院参军入伍。

1950 年

4月，加入新民主主义青年团。

9月，华中医学院五年制结业并留校，分配到病理学科担任见习助教，在科主任晏良遂教授领导下从事病理学教学工作。

1951 年

9月，被派往广州参加全国第一期病理学高级师资班培训，为专业发展打下坚实基础。

1953 年

2月，到广州参加中南军区后勤部"三代会"，受到通报表扬，同年3月荣立三等功。

9月1日，由徐树林、曾宪政介绍加入中国共产党，此前长期担任校本部直属单位团支部书记。

9月21日，正式任命为病理学助教，确定职务为正连职。

1954 年

4月7日，中央军委颁发《关于军医大学整编的决定》，决定将第六军医大学迁往重庆，与第七军医大学合并为新的第七军医大学（1975年更名为第三军医大学）。由此与第六军医大学教职员一起从南昌迁至重庆。

1955 年

9月28日，军队结束多年供给制，实行军衔制，被授予上尉军衔。

1956 年

5月1日，在重庆与同校的胡友梅结婚。

9月，晋升为第七军医大学病理学讲师。

1958 年

7—9月，到重庆钢铁公司扩建劳动工地参加劳动锻炼，担任第七军医大学劳动锻炼队队长，之后为响应毛主席"为钢而战"的号召，回校参加大炼钢铁。

9月，第七军医大学为迎接全军、全国第一次放射医学学术会议，被临时抽调进行急性放射病实验研究，首次接触放射医学。

随后，在石家庄参加全军第一次放射医学学术会议，并作"急性放射病并发感染和出血的病理形态观察"会议报告。

1960年

3月，在杭州参加解放军总后勤部举办的军队"三防"医学会议，史称为"三三会议"。与罗成基一起作为第七军医大学防原医学专业代表参加。

会后，学校抽调相关人员组成医学防护研究组专门开展复合伤研究，开始参加放射复合伤集中研究。

1962年

年底，医学防护研究组建制撤销，回病理学教研室继续工作。

1964年

6月，晋升为第七军医大学病理学副教授。并因肝内胆管结石症的病理学研究成果荣立三等功。

10月16日，我国成功进行了第一次核试验，随后上书总后勤部"21办"（核试验效应办公室）申请参加核试验，获得批准。

10月，赴四川宜宾专区屏山县参加"社教"活动，率分队成员（主要为学校医学本科621队学生）到屏山县二龙公社进行社教。

11月，接学校紧急通知返校，为组织第七军医大学分队参加我国第二次核试验做准备。学校成立"新一号组"进行急性放射病的实验治疗研究，担任副组长。

1965年

5月，随第七军医大学小分队第一次赴戈壁滩参加我国第二次核试验，此后参加核试验共计14次。

9月，在《中华病理学杂志》发表《肝内胆管结石症的病理变化》，系统阐述了此病在尸检例中的发生率以及不同类型肝胆管结石及其所致病变与转归后果。

1966年

10月，在北京待命参加核试验期间，参加到人民大会堂的群体，受到毛泽东、周恩来等党和国家领导人的接见。

1969 年
8月29日，中央军委批准总后党委《关于医科院校调换校址的报告》，第七军医大学调至上海，第二军医大学调至西安，第四军医大学调至重庆。随第七军医大学迁至上海，其间赴广州军区卫生学校参加教改调研。

1970 年
9月，学校将各基础与军事医学教研室合并为四个教研室，9月10日被任命为第二教研室主任，包含原病解、病生、药理、生物和化学五个教研室，1971年恢复原教研室建制后，任病理学教研室主任。

1972 年
参加国防科委组织的《我国核试验技术资料汇编（绝密）》，并与李国民、赵乃坤等共同撰写《核爆炸所致狗损伤的病理变化》专题总结。

1973 年
为使核试验绝密资料能为部队所用，受总后司令部委托，与王正国、叶常青一起对核试验资料进行再研究，使其系统化、实用化，主持编写了我国第一部《核武器对人员的损伤及防护（机密）》，由战士出版社出版，1973年由总后勤部卫生部印发全军。

1975 年
5月30日，国务院、中央军委批复总后党委《关于第二、四、七军医大学迁回原校址的请示报告》，决定第二、第四、第七军医大学迁回原址。遂随校迁回重庆。

7月24日，中央军委命令第七军医大学改称为中国人民解放军第三军医大学。担任第三军医大学病理学教研室主任。

1977 年

11 月，与夫人胡友梅一起作为科技先进个人代表出席总后勤部科学大会，并受表彰。

1978 年

10 月，国家恢复学位制，防原医学学科成为首批硕士学位授权学科，被批准为硕士生导师。

参加总后勤部召开的先进集体个人代表大会，被授予"模范教育工作者"称号。

1979 年

2 月 3 日，被任命为第三军医大学防原医学教研室主任兼卫生防疫系副主任。

4 月，当选第三届全军医学科学技术委员会委员。

学校在防原医学教研室基础上列编组成复合伤研究室，招收培养第一个硕士研究生张春生。

参加国防科委组织的第二次《我国核试验技术资料大总结（绝密）》，主持"动物效应"医学研究部分，并与王德文等一起完成《烧冲复合伤的病理变化》专题报告，与 1972 年总结的《核爆炸所致狗损伤的病理变化》一起成为国内外最完整、最具学术权威性的包括不同当量空爆与地爆时所致的真实核武器损伤的病理学文献。

1980 年

3 月，以多次核试验资料为基础，与叶常青、王正国等一起编写《核武器损伤及其防护（秘密）》，由战士出版社出版并印发全军，成为防原医学的权威性专著和主要参考书。

5 月，在《解放军医学杂志》上发表《几类损伤的骨髓巨核细胞被噬现象》，首次阐明了严重烧伤、创伤是血小板数量减少、功能降低的主要原因之一。

1981年

4月9日，由总后勤部党委批准为教授，专业技术六级。

6月，被评为总后勤部优秀共产党员。

赴上海参加中美国际烧伤会议，并作《烧冲复合伤的病理学研究》学术报告。

1982年

3月，当选为解放军医学杂志编委会副主任委员，并担任全军医学科委会防原医学专业组副组长。

12月，主持研究的《烧冲复合伤的病理变化》获军队科技成果一等奖，首次获得高等级科技奖励。

1983年

2月22日，应邀参加军事医学科学院二所病理学发展战略研讨会。

6月20日，由总后勤部党委任命为第三军医大学卫生防疫系主任，8月10日任命为卫生防疫系党委书记。期间着重明确了卫生防疫系培养目标，并实现了正式招收培养预防医学本科生。

12月10日，由中央军委主席邓小平任命为第三军医大学副校长，分工负责医疗、教学、科研业务管理。

1984年

4月，作为校党委常委和业务副校长在第三军医大学召开的第七次党代表大会上做了《对我校业务工作的设想》的报告，分析了学校建设面临形势，强调学校各项工作都要讲求质量，注重特色，为后来制定学校建设发展规划奠定了基础。

9月，参加学校教学经验交流会并作总结发言，着重阐述既要教书又要育人；既要传授知识，又要培养能力；既要努力参加教学实践，又要加强军医教育研究的教研思想。

12月，被评为全军后勤工作先进个人。

1985 年

2月，受聘为国务院学位委员会第二届学科评议组成员。

10月，在第三军医大学首次研究生工作会议上作主题报告，总结研究生教育与学位工作，提出学校研究生教育发展意见。

10月27—31日，组织协调各方面力量，支持协助黎鳌教授在重庆主办了中美国际烧伤学术会议，这是军队第一次召开的国际学术会议，取得圆满成功。

11月30日，参加全军医学科学技术大会，受到大会表彰，并再次当选全军科学委员会委员，担任防原医学专业组学术顾问。

1986 年

6月，与黎鳌、王正国教授一起，争取成立了中华医学会外科学会创伤学组，之后又成立了创伤学会。

8月，主编《防原医学》，由上海科学技术出版社出版，体现了平战结合、军民兼用。

11月1日，由中央军委主席邓小平任命为第三军医大学校长，并由总后党委决定兼任学校党委书记。

12月，参加国务院学位委员会学科评议组会议，经各方努力，学校一次增加了六个博士学位授予权学科。成为博士生导师，招收的第一个博士研究生粟永萍。

12月25日，参加军委扩大会议，全体代表受到邓小平、胡耀邦、叶剑英等党和国家领导人接见。

12月26日，在全校干部大会上明确提出"以质量取胜、以特色取胜"的办校思路，强调质量是特色的基础，特色是质量的反映。确立全校以军事医学为重点和特色，三所附属医院要办成各具特色的综合性教学医院，各科室要在提高整体水平的基础上具有自己的专业特色，科技人员要在打好基础的前提下具有自己的业务专长。

作为第三军医大学校长、党委书记，着手解决学校一系列历史遗留问题：①关于中正医学院作为学校前身的问题。正式明确："华中医学院由第四野战军医科学校和南昌医学院合并而成,南昌医学院的前身是1937年成立的国立中正医学院";②关于确定第六军医大学部分学生参加革命的时间问题。总后党委于1990年作出决定:原第六军医大学高一期至高五期学生参加革命时间定为1949年9月;③解决大批老同志退休的医疗问题。

1987年

4月11日,在全校干部大会上,结合传达总后工作组对学校检查评估的意见,作了加强学校党的建设和干部队伍建设的报告,强调全校要统一思想,团结一致,加速学校建设发展步伐。

5月,率学校三大部和三所附属医院领导先后到武汉同济医科大学、上海医科大学和第二军医大学参观访问,吸取办学经验,进一步确立了"两个取胜"的办学思路。

5月11日,以军医大学校长身份,接待了以美军分管卫生事务的助理国防部部长W.Mayer博士为团长的美军军医代表团。

6月,参加总参谋部组织的军队院校院校长研讨班学习,受到总参谋长杨得志,总政主任李德生和国防大学校长张震等接见。

10月29日,由专业技术四级调整为专业技术三级。

11月,骨髓巨核细胞被噬现象的研究获军队科技进步奖二等奖。

12月,经过向总部汇报和与重庆市多方协商,争取获得了重庆市市长肖秧的同意,以350万元征得337亩地,拓展了学校和附属医院继续建设发展的空间。

向总后申请经费修建了学校招待所,对校办公楼进行改造加层,改善了学校工作、接待条件。

1988年

1月13—15日,参加全军后勤工作会议。

4月19日—5月6日,参加由总后勤部副部长刘明璞中将率领的中国人民解放军军医代表团,访问美国和加拿大。

7月29日，全军实行文职干部制度，由现役军官改为现役文职干部。

8月20日，中央军委命令，免去第三军医大学校长职务，改为文职干部。事前主动请辞，推荐李士友为校长。

9月1日，经中央军委同意，参加总后卫生部专家组，并作为专家组成员"不脱离原单位，不再担任行政领导职务，不计编制定额，原政治和生活待遇不变"。之后回防原医学教研室、复合伤研究室任教授，继续从事业务工作。

10月6日，担任第三军医大学科学技术委员会主席。

11月22日，由第三军医大学党委决定兼任学校病理解剖教研室教授。

12月10日，在南宁参加全军军事病理学学术会议，期间参访了中越边境前沿阵地。

1989年

2月，先后到北京军事医学科学院、卫生部工业卫生实验所、天津中国医学科学院放射医学研究室以及太原中国辐射防护研究院进行参观学习，了解专业发展前沿。

3月10日，致函总后勤部卫生部，呼吁扶持防原医学和复合伤研究。随后总后勤部下拨实验室建设经费100万元改善科研条件。

10月，在南昌出席全国烧伤会议，并参加三医大江西校友会，访问六医大原校址。

防原医学学科被评为首批国家重点学科。

1990年

4月，被推选为苏州中学校友总会名誉会长。

担任国家科技奖励医学评委会和总后勤部评委会委员，直至2000年。

12月，总后党委批复程天民参加革命时间定为1949年9月。

1991年

7月，招收培养的第一位博士研究生粟永萍毕业并获博士学位，成为全军、全国第一位防原医学博士。

10月，撰写《第三军医大学发展几个片段、侧面的回忆》，编入总参《军队院校历史回忆史料》一书（1995年由解放军出版社出版）。

10月，获首批国务院政府特殊津贴。

1992年

2月11日，担任四川省第一届学位委员会委员。此后多次主持四川省医学高校学位学科评审工作。

8月27日，赴乌鲁木齐主持"苏联核试验对我国的辐射影响"技术鉴定会。

8月，主编了《创伤战伤病理学》，由解放军出版社出版，是国内这一领域的第一部专著。

主持的"放烧复合伤的病理学研究"获军队科技进步奖一等奖

1993年

1993—1997年，担任第八届全国政协委员（医药卫生界）。

1993—2006年，担任第三军医大学学位评定委员会主席（2006年起任名誉主席）。

1月5日，在上海主持"6·25辐射事故医学救治"技术鉴定会。

3月，接待国务院学位办专家组考察防原医学国家重点学科。

3月18日，在人民大会堂参加国家科技奖励大会，受到江泽民等党和国家领导人的接见。同年，复合伤研究所参与的《核事故医学处理措施研究》获国家科技进步奖二等奖。

6月，在安徽黄山参加国家科技奖励总后勤部评委会会议。

12月，所在的复合伤实验室被批准为全军重点实验室。

主持的"放烧和烧冲复合伤的病理学研究"获当年全国医学系统唯一的国家科技进步奖一等奖。

1994 年

4月21日，赴苏州医学院参观访问，期间拜访了母校苏州中学。

7月1日，所在的防原医学教研室、复合伤研究室荣立集体二等功。

8月2日，由总后批准为文职一级，从1992年9月起算。

9月30日，第三军医大学党委作出《关于在全校开展向程天民、黎鳌同志学习的决定》。

10月1—3日，参加中国人民解放军英模代表团国庆45周年庆祝活动。

10月，主持全军"九五"预防医学发展战略调研，为期三个月，访问多个单位并完成调研报告。

11月13日，参加广州全军防原医学教学研讨会。

1995 年

1月5日，在第二军医大学主持"211"工程立项论证会议，并任专家组组长。

8月2日，由总后勤部党委批准由专业技术二级调整为专业技术一级。

9月，被国家教育部、人事部评为全国优秀教师。

10月，在郑州参加中华创伤学会第三次学术会议，并继黎鳌院士后当选为中华医学会创伤学会主任委员，并在大会做《从现代战争探讨战创伤卫勤保障的几个问题》学术报告。

10月6日，参加全军后勤科技大会，受到江泽民、刘华清、张震、张万年等中央军委领导的接见。

1996 年

1月，参加国务院学位委员会第六次学科评议组委员会议，倡议将"三防"医学（防原、防化、防生物危害）和军队卫生学（劳动卫生、环境卫生和营养与食品卫生学）等学科内容组合拓展形成"军事预防医学"新的二级学科。在评议组第一召集人詹成烈教授支持下，得到公共卫生与预防医学评议组的一致赞同，遂将此建议正式上报国务院学位委员会。

2月16日，当选为中国工程院院士（医药卫生学部）。

4月18日，总后勤部党委电贺程天民当选为中国工程院院士。

4月20日，向总后司令部书面汇报，并亲赴总后呼吁成立"全军复合伤研究所"。

7月6日，在成都与汤钊猷院士共同主持国家自然科学基金临床基础项目终审会，会间在华西医科大学作学术报告。

7月25日，主持哈尔滨医科大学"211"工程专家评审会。

8月3日，参观访问长春白求恩医科大学，并参观该校放射生物学教育部重点实验室。

9月，首次到延安参观访问。

9月23日，与何庆加共同主持制定的"放烧复合伤、放冲复合伤的诊断标准与处理原则"两项国家标准，由国家技术监督局和国家卫生部批准颁发（GB16391-1996，GB16392-1996）。

10月12—16日，在北京参加第31届国际军事医学大会，并作《中国军队复合伤研究进展》的大会特邀报告。

12月，由黎鳌主编，程天民第一副主编的《现代创伤学》，由人民卫生出版社出版发行。

被评为总后首批"一代名师"，同时，培养的第一位博士粟永萍被评为总后首批"科技金星"。

主持的教学研究《"以质量取胜，以特色取胜"新型办学思路与十年实践》获军队教学成果奖一等奖、国家教学成果奖二等奖。

1997年

2月，接待由中国工程院师昌绪副院长带领的14位两院院士到复合伤实验室参观访问。

3月3日，在全国政协第八届五次会议上，联合五位病理学家作大会书面发言《学习邓小平同志彻底唯物主义精神，大力提倡遗体解剖》。

3月14日，接待美国国防部卫生事务助理、国防部帮办克莱普尔准将为领队的美国军医代表团参观复合伤实验室。

6月10日，复合伤研究室被总后勤部批准为"中国人民解放军复合伤研究所"，担任名誉所长。同时举行了新建复合伤实验楼落成庆祝会，总后勤部副部长刘明璞亲临揭幕。

6月，国务院学位委员会和国家教委批准了设立"军事预防医学"为新的二级学科。

9月，学校举办军事预防医学新学科研讨会，四所军医大学和军事医学科学院的业务、管理专家参会，筹备编著学科奠基性参考书和教材，对程天民提出的编写提纲作了讨论和编写分工。此后，全军各相关研究生培养单位开始按"军事预防医学"专业招收研究生。

10月16—25日，访问德国慕尼黑国立环境医学研究所和德国军医大学放射生物学研究所、乌尔茨堡大学药学院、海德堡国立癌症研究中心，并进行学术交流，着重介绍了关于放射损伤与复合伤的研究成果。

12月27日，第三军医大学预防医学系召开庆祝程天民七十寿诞大会，会上宣读了中国工程院贺电，王谦校长到会讲话，程天民做《人生之路》发言。

担任重庆市直辖后第一届学位委员会委员。

1998年

1月，担任中国人民解放军第一届学位委员会委员。

6月20日，担任南京军区总医院全军肾脏病研究所学术委员会委员。

8月，阔别18年后应邀访问我国马兰核试验基地，并在基地作《现代军事医学进展》的学术报告。

9月26日，接待由军医署长为领队的波兰军医代表团。

11月，当选为中国工程院教育委员会委员，直至2006年6月。

12月12—20日，与肖光夏、余争平等赴日本名古屋参加中日国际外科感染学术会议，并作《肠道黏膜免疫与肠源性感染》学术报告，会后参观访问了九州国立产业医科大学和熊本大学医学院，并作学术交流。

1999年

3月17日，受聘为昆明医学院客座教授。

4月23日，在南京主持第四届全国创伤学术会议，作《军事医学中的几个特殊医学问题及其民用意义》的学术报告。

7月，获得解放军四总部颁发的全军专业技术重大贡献奖。

11月，主编的《军事预防医学概论》，由人民军医出版社出版。该书为军事预防医学新学科的第一部奠基性专著和教材，被教育部评为"全国研究生推荐用书"。

11月4日，到广州中山医科大学参加纪念梁伯强教授诞生100周年活动，作缅怀发言并作学术报告。

12月22日，在总后党委扩大会议上接受"全军专业技术重大贡献奖"颁奖。

由重庆市政府聘为重庆市首届科学技术顾问团成员。

2000年

1月6日，参加由重庆市贺国强书记主持的科教文卫新年座谈会，并代表科技界发言，为发展重庆科技发展建言献策。

4月30日，应邀到重庆大学作《从医学科学的发展看创新的重大意义》学术报告。

5月21日，到西柏坡、大寨参观学习。

6月5—7日，作为老师和老校长参加第三军医大学1957级同学大连聚会，并发言抒怀。

6月13日，应邀到山东潍坊参加解放军89医院创伤外科中心成立十周年活动。

7月，到广州第一军医大学与巴德年院士一起主持论证热带医学的建设发展方向和规划。

7月13日，受聘为总后勤部卫生部防疫大队学术委员会主任委员。

9月25日，中国工程院正式成立工程管理学部，由医学卫生学部推选为首批工程管理学部院士，成为首批跨学部院士。

10月，获得何梁何利基金科技进步奖。

12月16—18日，赴香港参加"王定一国际外科学术研讨会"。

主持"十五"军队攻关项目《某高技术武器杀伤效应与医学防护研究》。

2001年

1月，主持的《放烧复合伤几个关键环节的治疗及其理论基础的实验研究》获国家科技进步奖二等奖。

4月18日，在海口参加全国创伤学术会议，做《关于严重创伤难愈和促愈》的特邀报告。

6月19日，参加武警部队"野外快速卫生检验箱"技术鉴定会。

8月，撰写《参试抒怀》，载于"核武器效应史编委会"编写出版的《大西北、大戈壁、大事业——中国核武器效应试验史》序篇。

10月，由中央军委主席江泽民签署命令，荣立一等功。

11月21日，学校召开"庆祝程天民荣立一等功，杨宗城荣立二等功大会"，总后勤部副部长周友良莅会并颁发军功章，国家科技部副部长程津培院士，重庆市委副书记滕久明、副市长程贻举等参加会议。

主持研究的《主动适应军队现代化要求创建军事医学教学体系》获军队教学成果奖一等奖。

学校军事预防医学学科再次被批准为"国家重点学科"和军队"2110"工程重点建设学科。

2002年

2月，荣获全军院校育才金奖。

3月22—26日，赴酒泉实地参观神舟三号发射，并参观了我国第一颗东方红卫星、第一次导弹核武器发射塔，在卫星发射基地展览馆题词书写"遥问神舟何所依，大漠深处航天人"，并在基地特殊燃料供应基地作关于军事医学的学术报告。

5月23日，赴绵阳参观访问总装备部29基地。

6月，参加院士大会期间，在医药卫生部做《高技术武器伤害及其医学防护》的学术报告。

6月6日，参加总后勤部党代表会议，选举参加党的十六大代表。

7月1—8日，参加中国工程院医药卫生学部组织的代表团首次访问台湾。

7月26—30日，应邀再次访问我国核试验基地马兰，并作《高技术武器伤害及其医学防护》学术报告。

10月7日，胡锦涛主席视察重庆，作为重庆副军以上干部和三级以上专家教授代表受到胡主席接见。

10月24日，在广西南宁为广州军区卫生干部集训班讲授《现代军事医学进展》。

11月8日，受聘为暨南大学名誉教授。

11月26日，在苏州参加第六届全国放射医学与防护学术会议，应邀作了《加强复合伤研究的实践与思考》的大会报告，同时受聘为苏州大学名誉教授。

11月，在广州从化参加中国工程院医药卫生学部科学前沿高级学术报告和第三届全国创伤修复与组织再生学术交流会，并作《合并放射损伤的创伤难愈与促愈研究》学术报告。

11月29日，受聘为南京医科大学名誉教授。

2003年

2月，所在复合伤研究所与野战外科研究所、烧伤研究所组成的"创伤烧伤与复合伤国家重点实验室"获批进入建设计划。

3月3—4日，访问云南大理学院药学院。

4月18日，受聘为浙江大学兼职教授，应邀在医学院作学术报告。

4月19日，访问浙江绍兴，瞻仰书圣王羲之兰亭原址。

4月20日，在深圳全国高技术论坛上，应邀作《平时罕见、特殊情况下发生的几种伤病》学术报告。

4月23日，受聘为第一军医大学名誉教授。

8月23日，受聘为天津医科大学名誉教授，并在"北方医学论坛"作学术报告。

10月24日，在总参谋部主办的全军百名院士讲坛活动中，应邀作《现代战争引发的伤病及其医学防护》学术报告。

11月16日，与王正国院士一起约请八名军队两院院士上书中央军委领导，要求妥善解决精简整编后保留下来的军医大学编制等问题，得到中央军委领导的高度重视，获得较好解决。

12月，在合肥"安徽省首届博士论坛"作《应对突发公共卫生事件的重要方面——现代战争与恐怖活动伤害及其医学防护》特邀报告。

被聘任为重庆市学位委员会副主席。

2004年

1月，参与完成的96L044项目（署名第11位），获国家科技进步奖一等奖。主要完成人为宁竹之、余争平等。

5月20日，作为第三军医大学学位评审委员会主席，在学校学位与研究生教育工作会议上作报告，总结学位委员会工作并着重强调进一步增强研究生教育工作重视程度，以及培养研究生要体现以人为本。

6月1日，参加全军第八届医学科技大会。

7月，主持研究的《放创复合伤时创伤难愈与促愈的实验研究》获军队科技进步奖一等奖。

8月30—31日，在西安全国非电离辐射与电离辐射生物效应学术会议上，应邀作《放创复合伤创伤难愈机制与真皮多能干细胞等的促愈作用》学术报告。

10月28日，在武汉第七届全国烧伤学术会议上，应邀作《科学研究中的治学与修身》报告，事后经整理成文刊于《中华烧伤杂志》2005年21（1）期卷首。

10月，为纪念中国工程院成立十周年和第三军医大学合校五十周年，编印《程天民业余文影选集》。

2005年

1月6日，赴四川合江县龙顶乡肇成小学助学捐赠，并题词"合大江之水，育栋梁之苗"。

3月2日，受聘为解放军总医院、军医进修学院名誉教授。

5月17日，与付小兵、粟永萍等同赴新加坡参加亚洲组织修复学术会议。

6月9日，陪同第三军医大学青年专家、首席科学家蒋建新到北京参加国家"973"项目答辩，第三军医大学获得"严重创伤"的第二项"973"研究项目及研究经费3000万元。

7月3日，在成都参加解放军医学杂志社等单位主办的战创伤休克复苏高层研讨会，应邀作《贫铀弹伤害及其医学防护》学术报告。

8月，主持研究的"军事预防医学新学科的创建与教学实践"获军队教学成果奖一等奖、国家教学成果奖二等奖。

赴长春参加吉林大学医学院刘树铮教授80华诞，并参加国际放射生物学与全国放射医学与防护学术会议，应邀做大会学术报告。

9月6日，迎接总后勤部孙大发政委和孙思敬副政委到复合伤研究所视察。

9月23日，在全军第八届医学科学技术委员会上再次当选为副主任委员，同年被聘为总后勤部科技咨询委员会副主任委员。

10月12—14日，在北京参加以再生医学为主题的香山科学会议，作了《对再生医学几个问题的探讨》的学术报告，重点论述了干细胞在再生医学中的意义。

11月6日，主持建设的《核、化学武器伤害防治学》课程被评为"国家级精品课程"（全军首批共15门课程，其中总后两门）。

11月7日，所在的全军复合伤研究所与学校野战外科研究所、烧伤研究所组合而成的"创伤烧伤与复合伤国家重点实验室"顺利通过国家科技部专家组验收，成为全军第一个国家重点实验室。

12月29日，赴北京参加军事医学科学院召开的"吴在东教授诞生100周年，刘雪桐教授诞生80周年"纪念会，并在会上作缅怀发言。

2006年

1月12日，出席全军后勤工作会议，受到胡锦涛等中央军委领导的接见。

2月，主编的《军事预防医学》由人民军医出版社出版。该著作在1999年出版的《军事预防医学概论》基础上有很大的拓展和深化。

3月8—10日，随吴灿校长赴绵阳参观访问中国工程物理研究院和总装备部29基地。

3月31日—4月4日，赴泸州、叙永、古蔺、遵义等地重走长征路。

4月，获第六届"光华工程科技奖"。

4月28日，受聘为成都医学院高级顾问委员会主任委员。

5月10日，参加重庆市科技大会，并获重庆市首届科学技术突出贡献奖。

5月19—20日，参加第四军医大学"十五"211工程建设验收专家组并任组长。

5月29日，向到第三军医大学视察的中央军委郭伯雄副主席汇报军事医学研究成果。

6月6日，在两院院士大会上接受由陈至立、徐匡迪和路甬祥颁发的光华工程科技奖。

6月30日，被评为全国优秀共产党员。

7月7日，将重庆市奖励的50万科技突出贡献奖金中的10万元捐赠给重庆市忠县花桥镇中心小学，另40万留作研究所科研经费。

7月11日，第三军医大学为余争平立功和程天民获奖召开庆功表彰大会。学校党委作出了《向程天民、余争平同志学习的决定》。

9月9日，学校召开了"纪念教师节和程天民院士先进事迹报告会"，在会上作汇报发言。粟永萍、曹佳、王云贵分别以《恩师程天民》、《院士程天民》和《校长程天民》为题作事迹报告。

9月20日，应邀参加第四军医大学科技大会，并作《以质量取胜、以特色取胜的办学思想与实践》的报告。

10月30日，为纪念从事医学教育科学研究工作55周年，编辑出版《岁月留痕》。

2007 年

4月15日，到福州参加全军创伤医学学术会议并作关于复合伤的学术报告。

8月1日，当选建军80周年全军英模，参加由中共中央、国务院和中央军委在人民大会堂召开的"庆祝中国人民解放军建军80周年暨全军英雄模范代表大会"。

10月4日，访问上海宝山钢铁公司，主要参观了海上码头，轧钢车间等部门。

10月28日，参加在北京举行的中国工程院院士诗文书画摄影作品展。

11月14日，应邀在九江学院濂溪讲坛作《现代战争和恐怖伤害及其医学防护》的报告。

11月17日，游览瞻仰革命纪念地井冈山。

12月，主编的《军事预防医学》（人民军医出版社出版）获"中国人民解放军图书奖"和"第二届中华优秀出版物（图书）奖"。

2008 年

3月26日，访重庆市聚奎中学（江津白沙镇）并作学术讲座。

3月，应邀担任重庆市老科学技术工作者协会名誉会长。

4月，中央军委委员、总后勤部廖锡龙部长到家看望并探讨后勤建设问题。

5月8—10日，接受中央电视台记者采访，制成《戈壁军魂》在中央电视台10频道"科技人生"节目中播出。

7月25日，参加上海第二军医大学主办的现代外科学前沿研究生班高层讲座，作复合伤专题报告。

11月6—9日，参加中国工程院书画社绍兴兰亭"科学与艺术"笔会及相关活动。

12月16日，入选《解放军报》组织的"改革开放30周年全军军营新闻人物"，赴京参加颁奖会，接受"与时代同行"奖牌。

12月，撰写了第三军医大学校歌歌词，与著名作曲家刘青商谈校歌曲调。

2009年

2月27日，在军事医学科学院博学论坛作《科学与艺术》讲座。

3月31日—4月2日，参加无锡籍大学校长论坛并作办学治校的发言。

8月13日，获军队教学成果奖一等奖。

9月9日，获国家教学成果奖一等奖，参加在北京人民大会堂举行的奖励大会，并受到胡锦涛、温家宝等中央领导的亲切接见。

9月29日，被评为新中国成立60周年重庆市杰出贡献英模。

10月25日—11月2日，参加院士大会，其间参加"歌颂祖国——院士与书画家笔会"，两幅书画入展。

2010年

4月9日，在"上海市迎世博城市反恐医学救援高峰论坛"作特邀报告《对恐怖袭击伤害与医学救援的探讨》。

7月21—22日，在成都拜访文学和书法大师马识途（96岁），并瞻访汶川特大地震绵竹等地震灾区和重建新区；参观四川《建川博物馆》，访问馆长樊建川（原第三军医大学政治教员）。

9月14日，参加全军医学科学技术大会，全体代表受到胡锦涛等中央军委领导的亲切接见。

10月1日，参加在重庆举行的全国高校京剧演唱和研讨会并作发言。

10月16—18日，参加中国工程院工程管理学部组织的中国高铁（杭州至上海）和（上海）海洋石油公司深井钻井海上平台建设新成就考察学习，并作讨论发言。

10月25—28日，参加中国工程院书画社长沙橘子洲头笔会，期间访问国防科技大学并作学术报告，瞻仰韶山毛泽东故居。

12月11日，由中华医学会聘请为《中华放射医学与防护杂志》编辑委员会顾问。

2011年

4月，日本福岛核电站事故后，与粟永萍共同主编《核事件医学应急与公共防护》科普读物，由人民军医出版社出版。

4月7—8日，参加由中国工程院工程管理学部组织的四川达州川气东送工程考察学习。

6月27日，在第三军医大学纪念中国共产党成立90周年大会上作《加强党性修养的感悟》的报告。

6月30日，在全校毕业典礼上为毕业本科生、研究生作《迈好人生路，征途共相勉》的报告。

8月25—28日，参加在西宁举行的"全军辐射医学会议"，并作"坚持放射复合伤的研究与思考"专题报告，之后参观原子城。

8月26日，在兰州全军病理学专业委员会学术会议上被授予全军病理学"特别贡献奖"。

8月30日，为新入学研究生作《科学与艺术》报告。

9月3日，《黄家驷外科学》新版完稿，编写《军事作业、特殊环境与战伤》一节。

9月4日，到石家庄参加第八届全国创伤学术会议，被授予"我国创伤医学终身荣誉奖"。

9月20日，中国工程院院长周济来校视察并交谈，听取"两个取胜"办学思想的介绍。

10月1日，应重庆市渝北区区委区府邀请，到龙头寺公园（建有"院士林"）作第一次院士报告"科学·艺术·健康"。

10月9日，中央军委委员、总参谋长陈炳德上将来校视察，并参观全军复合伤研究所。汇报了军事医学研究成果和进展，受到高度赞扬。

10月24日，与校领导一起分别与学校"领军人才"谈话，对其成长发展提出建议。

10月28日—11月2日，参加纪念军事医学科学院建院60周年纪念活动，并在《军事医学研究与发展论坛》上作了"Recent Advances on Radiation Combined Injury Research China"的报告。

11月12—14日，与学校罗长坤校长一行赴湖南怀化二炮某基地调研，建议三医大与二炮建立战略协作关系，努力创建我国我军的"二炮医学"，受到二炮后勤部、卫生部与基地领导的赞同。

11月22日，与所内同志一起到重庆市造纸研究所，商议合作研制多功能防护口罩项目。

11月27日，向三医大图书馆赠送50余部图书，包括个人编著的专业和人文方面书籍，以及其他院士专家赠送的专著，并赠送书法条幅："搏浪书海，驰骋疆场"、"书读万卷，志在千里"、"把书读进去，从书走出来"。

11月28日，为新入学博士研究生作《复合伤研究的进展与思考》学术报告。

2012年

3月2日—4月27日，接受"中国科协老科学家学术成长资料采集工程"访谈七次，共522分钟，整理成文近11万字。

3月6日，二炮总医院王开平院长一行来访，并邀任二炮总医院名誉院长。

3月12日，上书总后司令部刘铮参谋长，并转呈廖部长、刘政委，建议加强二炮医学研究。4月初，总后勤部司令部、卫生部复函，转达首长关怀，并表示支持。

3月，担任军队高层次创新人才蒋建新的培养导师，签署协议并接受聘书。

4月10日，参加学校与第二炮兵后勤部签订全面战略协作协议仪式，并发表感言。

4月19日，在武汉华中科技大学为研究生作"科学与艺术"讲座。

4月20日，为武汉军事经济学院全校师生作"科学与艺术"讲座。

4月26日，为纪念洪学智诞辰100周年，总后勤部组织有关部门撰写回忆录。应约撰写文稿"深切缅怀洪学智老部长"。

5月，完成《万紫千红——程天民、胡友梅花卉摄影选集》编辑印刷工作，在6月院士大会期间，赠送中国工程院全体院士和工程院机关工作人员。

6月11—13日，参加两院院士大会，聆听了胡锦涛总书记、温家宝总理和刘延东国务委员的重要报告，并参加大会有关活动。

7月11日，赴内蒙古呼和浩特参加全国烧伤学术会议，会议由解放军二五三医院承办。

7月14日，赴二连浩特瞻仰共和国国门和边界哨所。

7月17日，军事医学科学院高福锁政委率领32名团以上干部来校学习考察，应邀做专题授课。

7月26日，学校召开党委扩大会议，在会上就"站在新起点打好'两个取胜'新战役"主题作了"对两个取胜的再思考"发言。

7月29日，赴成都参加全国全军普通外科学术会议，并作了"高技术武器伤害及其医学防护"的学术报告。

8月8—9日，赴淮安解放军八二医院，作"高技术武器伤害及其医学防护"学术报告。其间，瞻仰了周恩来故居和周恩来纪念馆，深受教育。

8月10日，赴连云港149医院参观考察，并作高技术武器伤害方面的学术报告。

9月1日，为新入学2012级研究生作"科学与艺术"报告。

9月6日，为新入学2012级本科生作"迈进医学之门"报告。

9月，担任军队高层次创新人才史春梦的培养导师，签署协议并接受聘书。

10月11日，"中国工程院医学院士文库——程天民集"经二校修改补充后，寄回人民军医出版社。

附录二 程天民主要论著目录

主编、主审和副主编

[1] 程天民. 核武器对人员的损伤及其防护. 北京：战士出版社，1973.

[2] 程天民. 核武器损伤及其防护. 北京：战士出版社，1980.

[3] 程天民. 防原医学. 上海：上海科学技术出版社，1986.

[4] 程天民. 创伤战伤病理学. 北京：解放军出版社，1992.

[5] 程天民. 军事预防医学概论. 北京：人民军医出版社，1999.

[6] 程天民. 军事预防医学. 北京：人民军医出版社，2006.

[7] 程天民，等. 现代烧伤病理学. 北京：化学工业出版社医学出版分社. 2008.

[8] 程天民，等. 核事件医学应急与公众防护. 北京：人民军医出版社，2011.

[9] 程天民. 核武器损伤的防治. 北京：北京外文印刷厂，内部发行（秘密），1977.

[10] 程天民. 医学百科全书《战伤外科》分卷. 上海：上海科学技术出版社，1987.

[11] 程天民. 现代创伤学. 北京：人民卫生出版社，1996.

［12］程天民主审，王德文主编．现代军事病理学．北京：军事医学科学出版社，2002．

［13］程天民主审，吴乐山，孙建忠主编．现代军事医学战略研究．北京：军事医学科学出版社，2004．

［14］程天民主审，罗成基，粟永萍主编．复合伤．北京：军事医学科学出版社，2006．

［15］程天民主审，苏旭主编．中国放射卫生进展报告（1949—2008）．北京：中国原子能出版社，2011．

参编专著

［16］陈意生，史景泉主编．烧伤病理学．重庆：重庆出版社，1993．

［17］李超林主编．军事医学荟萃．北京：军事医学科学出版社，1996．

［18］黎鳌，杨宗城，肖光夏，汪仕良主编．实验烧伤外科学．重庆：重庆大学出版社，1997．

［19］王正国主编．现代战伤外科学．济南：山东科学技术出版社，1998．

［20］黎鳌，盛志勇，王正国主编．创伤愈合与组织修复．北京：人民军医出版社，1998．

［21］王正国，华积德，李主一主编．战伤救治手册．北京：人民军医出版社，1999．

［22］黎鳌主编．创伤后脏器功能不全．石家庄：河北科学技术出版社，1999．

［23］王正国主编．创伤基础与临床．长春：吉林科学技术出版社，1999．

［24］黄家驷外科学（第六版）．北京：人民卫生出版社，2000．

［25］黎鳌主编．黎鳌烧伤学．上海：上海科学技术出版社，2001．

［26］王正国，付小兵，周元国主编．分子创伤学．福建：福建科学技术出版社，2004．

［27］杨宗城主编．烧伤治疗学1—3版．北京：人民卫生出版社，2006．

［28］杨宗城主编．中华烧伤医学．北京：人民卫生出版社，2008．

[29] Multipotent Stem Cells from Skin Dermis: Basic Biology and Therapeutic Implications. In "Frontiers in Stem Cell Research", Chapter 5. Editors: Julia M. Spanning. Nova Science Publishers, NY, USA. 2006, P135-151.

[30] Mesenchymal Stem Cells for Skin Wound Healing and Skeletal Muscle Repair. In "Hematopoietic Stem Cell Transplantation Research Advances. Chapter VIII." Editor: Karl B. Neumann. Nova Science Publishers, NY, USA. 2008, P215-228.

科研论文

综合性论文

[31] 程天民. 对核武器减员问题的初步探讨. 人民军医·卫勤学术增刊, 1979, 16-25.

[32] 程天民. 核爆炸时核辐射损伤和放射反应发生情况的探讨. 第三军医大学学报, 1982, 4（2）: 83-88.

[33] 程天民. 军队地方密切协同, 加强军事医学研究. 解放军医学杂志, 1984, 9（1）: 74-75.

[34] 程天民. 对加强创伤医学研究的思考. 中华创伤杂志, 1999, 15（1）: 1-2.

[35] 程天民. 高技术武器伤害的宏观探讨. 解放军医学杂志, 2003, 28（6）: 482-485.

[36] 程天民. 平时罕见, 特殊情况下发生的几种伤病. 罕少疾病杂志, 2003, 10（2）: 1-4.

[37] 程天民, 胡友梅. 创伤难愈的主要原因与发生机制. 中华创伤杂志, 2004, 20（10）: 577-580.

[38] 程天民. 应对新军事变革加强军事医学研究. 中华创伤杂志, 2005, 21（1）: 15-17.

[39] 程天民. 科学研究中的治学与修身. 中华烧伤杂志, 2005, 21（1）: 1-3.

［40］程天民，罗成基，粟永萍，等. 中国军队复合伤研究进展. 第31届国际军事医学大会特邀报告. 见：李超林主编. 军事医学荟萃. 北京：军事医学科学出版社，1996：57-61.

［41］程天民. 军事医学中的几个特殊医学问题. 见：汤钊猷，侯云德，秦伯益主编. 中国工程院医药卫生学部——医药院士世纪谈. 浙江科学技术出版社，1998：273-292.

［42］程天民. 辩证思维：删繁就简，领异标新. 见：卢嘉锡等主编. 院士思维（选读本），安徽教育出版社，2000：695-712.

［43］程天民. 参试抒怀. 见：核武器效应试验史编委会编. 大西北、大戈壁、大事业——中国核武器效应试验风云录. 北京：海潮出版社，2002：32-37.

单一损伤

［44］程天民，王正国. 核爆炸烧伤. 人民军医，1981，（7）：5-8.

［45］王亚，程天民. 冲击伤及附加负荷对心肌效应病变的实验研究. 创伤杂志，1985，1（2）：77-80.

［46］闵锐，程天民，罗成基，等. 电离辐射对人T淋巴细胞TCR、CD3、CD18及CD25表达的影响. 第二军医大学学报，1994，15（5）：417-422.

［47］闵锐，程天民，罗成基，等. 5名电离辐射事故患者外周血T细胞抗原受体、T细胞分化抗原决定簇-3效应的研究. 第三军医大学学报，1995，17（1）：7-10.

［48］闵锐，程天民，罗成基，等. 急性放射病患者照射后2.5—3.5年淋巴细胞功能研究. 中华放射医学与防护杂志，1996，16（2）：134-136.

［49］闵锐，程天民，刘本俶，等. 上海"6.25" ^{60}Co源辐射事故受照者照后2.5—4.5年外周血淋巴细胞表型分析. 中华放射医学与防护杂志，1996，16（5）：324-326.

［50］Ran Xinze, Yan Yongtang, Cheng Tianmin. Effects of blood transfusion on bone marrow transplantation for the survival of rats after total lymphoid irradiation treated with cyclophosphamide. J Med Coll PLA, 1996, 11（3）: 227-230.

[51] 曹佳, 刘胜学, 程天民, 等. γ-射线诱发微核的超微结构电镜观察. 卫生毒理学杂志, 1998, 12（1）: 35-37.

[52] 徐辉, 程天民, 粟永萍, 等. 8Gy全身辐射对小鼠小肠上皮内淋巴细胞数量及功能的影响. 中华放射医学与防护杂志, 1998, 18（6）: 373-376.

[53] 徐辉, 程天民, 粟永萍. 放射损伤小鼠小肠上皮内淋巴细胞增殖活力变化的实验研究. 第三军医大学学报, 1998, 20（3）: 187-190.

[54] 徐辉, 程天民, 粟永萍, 等. 全身辐射对小鼠小肠上皮内淋巴细胞功能影响的实验研究. 中华放射医学与防护杂志, 1999, 19（1）: 18-21.

[55] 王军平, 胡川闽, 程天民. 用mRNA差异显示法进行小鼠肠上皮细胞辐射损伤相关基因的克隆. 中华放射医学与防护杂志, 1999, 19（6）: 372-374.

[56] 屈纪富, 程天民, 许霖水, 等. 全身放射损伤对皮肤伤口成纤维细胞参与组织修复能力的影响. 生理学报, 2002, 54（5）: 395-399.

[57] 胡川闽, 粟永萍, 程天民, 等. 小鼠轻型肠型放射病肠上皮细胞基因表达谱的差异. 中华放射医学与防护杂志, 2002, 22（5）: 326-329.

[58] 胡川闽, 粟永萍, 程天民, 等. 小鼠轻型肠型放射病肠上皮细胞差异表达基因的筛选研究. 第三军医大学学报, 2002, 24（6）: 705-708.

[59] 李建福, 程天民, 冉新泽, 等. 胫骨放射性损伤病理学改变的实验研究. 中华放射医学与防护杂志, 2002, 22（6）: 426-428.

[60] 李建福, 程天民, 冉新泽, 等. ^{60}Co γ射线对体外培养成骨细胞作用的实验研究. 第三军医大学学报, 2002, 24（9）: 1005-1008.

[61] 蔡建明, 程天民. 辐射致癌分子机制研究的现状与展望. 第二军医大学学报, 2003, 24（7）: 697-701.

[62] 张乾勇,糜漫天,程天民. 视黄酸对 pRARE4-IFNα 表达载体转染 HL-60 细胞放射敏感性的影响. 第三军医大学学报,2005,27(18):1826-1829.

[63] 宗兆文,程天民,冉新泽,等. CXCR4 基因转染促进移植真皮多能干细胞向全身照射大鼠骨髓分布的研究. 实用医学杂志,2010,26(2):193-195.

[64] Shi Chunmeng, Zhang Chao, Cheng Tianmin. Cyanine dyes in optical imaging of tumours. Lancet Oncol, 2010, 11(9):815-816.

放射复合伤

[65] 程天民. 我国放射复合伤的研究概况. 中华放射医学与防护杂志,1989,9(5):325-329.

[66] 何庆加,程天民,陈宗荣,等. 国家卫生标准《放烧、放冲复合伤诊断标准及处理原则》研制中的一些学术问题. 中华放射医学与防护杂志,1993,13(5):356-357.

[67] 郑怀恩,程天民. 复合伤的特点与发病机理. 科学,1993,(3,总175):21-26.

[68] 程天民,邹仲敏. 放射复合伤的研究进展. 中华放射医学与防护杂志,1998,18(5):299-304.

[69] Ran Xinze, Shi Chunmeng, Cheng Tianmin(5). Experimental Research on the Management of Combined Radiation-Burn Injury in China. Radiat Res, 2011, 175(3):382-389.

放烧复合伤

[70] 程天民,周善章. 犬急性放射性损伤复合烧伤并发感染的几个问题(综合研究结果的讨论). 1963年全国放射生物学和放射医学学术会议论文选集·放射医学分册,1964. 160-166.

[71] 程天民,蒋鲁丽,林远,等. 狗急性放射病复合烧伤的病理形态学观察(着重探讨并发感染的几个问题). 1963年全国放射生物学和放射医学学术会议论文选集·放射医学分册,1964. 182-190.

[72] 张春生,程天民. 大鼠放射损伤、烧伤和放烧复合伤时肾上腺皮质

的病理变化. 解放军医学杂志, 1984, 9（5）: 344-347.

[73] Su Yongping, Cheng Tianmin. Effects of combined radiation-burn injury on intestinal epithelium mice. J Med Coll PLA, 1987, 2（1）: 59-63.

[74] 粟永萍, 程天民, 冉新泽, 等. 早期休克对放烧复合伤整体效应及肠上皮的影响. 中华创伤杂志, 1993, 9（5）: 258-260.

[75] 粟永萍, 程天民, 刘贤华. 放射损伤及放烧复合伤对小鼠肠上皮损害的量效研究. 第三军医大学学报, 1994, 16（5）: 313-315.

[76] 熊业, 陈宗荣, 程天民. 维拉帕米对放烧复合伤大鼠心肌线粒体功能的保护作用. 第三军医大学学报, 1995, 17（2）: 93-95.

[77] Cheng Tianmin, Luo Chengji, Su Yongping, et al. Medical management and its pathological basis of radiation combined injury in nuclear accidents. International Review of the Armed Forces Medical Services, 1996, 4/5/6: 119-122.

[78] 冉新泽, 阎永堂, 程天民, 等. 小面积Ⅲ度放烧复合伤创面处理的实验研究. 中华医学杂志, 1997, 77（2）: 154-156.

[79] 熊业, 程天民, 陈宗荣. 外源性钙对放烧复合伤早期心肌线粒体呼吸功能的影响. 第三军医大学学报, 1997, 19（2）: 93-97.

[80] 叶本兰, 程天民, 萧家思, 等. 放射损伤、烧伤及放烧复合伤后血清成分对培养心肌细胞内向整流性钾通道活动的影响. 中华放射医学与防护杂志, 1997, 17（4）: 225-229.

[81] 叶本兰, 程天民, 萧家思, 等. 放射损伤、烧伤与放烧复合伤血清成分对心肌细胞钙离子通道活动的影响. 中国应用生理学杂志, 1997, 13（3）: 231-234.

[82] Ran Xinze, Yan Yongtang, Cheng Tianmin, et al. The effect of skin grafting at different time post blood transfusion and bone marrow transplantation on rats combined radiation-burn injury. Chin Med Sci J, 1998, 13（2）: 112-115.

[83] Ran Xinze, Yan Yongtang, Cheng Tianmin, et al. Effects of combined radiation and thermal burn injury on the survival of skin allograft and

immune function in rats. Chin Med J, 1998, 111（7）：634-637.

[84] 艾国平，粟永萍，程天民，等. 放烧复合伤小鼠小肠黏膜免疫变化与肠源性感染关系的实验研究. 中华放射医学与防护杂志，1999，19（1）：15-17.

[85] 宋举峰，楼淑芬，程天民. 碘伏和苯妥因局部用药对放烧复合伤创面的治疗研究. 第三军医大学学报，1999，21（6）：390-393.

[86] Cheng Tianmin, Chen Zongrong, Yan Yongtang, et al. Experimental studies on the treatment and pathological basis of combined radiation and burn injury. Chin Med J, 2002, 115（12）：1763-1766.

[87] 冉新泽，粟永萍，程天民，等. 放射及复合烧伤大鼠腹腔灌洗液对骨髓造血祖细胞生长的影响. 中华放射医学与防护杂志，2003，23（3）：145-147.

[88] 陆建华，粟永萍，程天民，等. 颈交感神经阻滞对放烧复合伤小鼠的治疗作用. 第三军医大学学报，2005，27（12）：1253-1255.

[89] Ran XZ, Su YP, Zong ZW, Cheng TM. Effects of serum from rats with combined radiation-burn injury on the growth of hematopoietic progenitor cells. J Trauma. 2007, 62（1）：193-198.

[90] 程天民，冉新泽. 放烧复合伤的治疗研究. 中华烧伤杂志，2008，24（5）：387-389，400.

[91] 冉新泽，程天民. 放烧复合伤的发病机制与救治研究. 中华放射医学与防护杂志，2009，29（3）：335-337.

[92] Ran Xinze, Su Yongping, Cheng TM. Effects of peritoneal lavage fluid from radiation or/and burn injured rats on the growth of hematopoietic progenitor cells. Int J Radiat Biol, 2008, 84（6）：499-504.

放创复合伤

[93] 宋述强，程天民. 电离辐射对伤口巨噬细胞的影响及苯妥英钠的促愈合作用. 中华医学杂志，1997，77（1）：54-57.

[94] 宋述强，程天民，林远. 电离辐射对伤口液中细胞因子变化的影响及苯妥英钠的作用. 第三军医大学学报，1998，20（3）：237-239.

[95] 孟德胜, 胡友梅, 程天民. 粉防己碱-胶原复合膜对大鼠单纯切割伤和放射切割复合伤创面愈合的作用. 第三军医大学学报, 1999, 21（2）: 78-80.

[96] 陈晓红, 程天民, 冉新泽. 电离辐射对大鼠伤口中性粒细胞肌动蛋白的影响. 中华放射医学与防护杂志, 2000, 20（6）: 388-390.

[97] 舒崇湘, 程天民, 阎国和, 等. 6Gy全身照射对皮肤伤口几种细胞外基质成分的影响及W11-a12的促愈作用. 中华创伤杂志, 2001, 17（10）: 604-607.

[98] 陈晓红, 程天民, 冉新泽. 电离辐射对大鼠创面愈合早期阶段的影响. 第三军医大学学报, 2001, 23（1）: 24-26.

[99] 陈晓红, 程天民, 艾国平. 电离辐射对伤口中性粒细胞的影响及康复新的促愈作用. 第三军医大学学报, 2001, 23（3）: 287-289.

[100] 程天民, 冉新泽. 合并放射损伤的创伤难愈与促愈研究的进展与思考. 中华放射医学与防护杂志, 2002, 22（3）: 145-148.

[101] 屈纪富, 程天民, 许霖水, 等. 全身放射损伤对皮肤伤口成纤维细胞增殖的影响. 中华放射医学与防护杂志, 2002, 22（3）: 152-155.

[102] 屈纪富, 程天民, 许霖水, 等. 放创复合伤皮肤伤口成纤维细胞凋亡变化及其机理研究. 中华放射医学与防护杂志, 2002, 22（3）: 155-158.

[103] 艾国平, 粟永萍, 程天民. 骨髓间充质干细胞对放创复合伤创面的促愈作用. 中华放射医学与防护杂志, 2002, 22（3）: 164-167.

[104] 冉新泽, 程天民, 林远, 等. 大鼠放创复合伤时皮肤创伤愈合的形态学观察. 第三军医大学学报, 2003, 25（14）: 1233-1236.

[105] Qu Ji-fu, Cheng Tianmin, Shi Chunmeng, et al. Reduced presence of tissue-repairing cells in wounds combined with whole-body irradiation injury is associated with both suppression of proliferation and incresed apoptosis. Medical Science Monitor. 2003, 9（10）: BR370-377.

[106] Shi Chun-meng, Qu Ji-fu, Cheng Tian-min. Effects of nerve growth

factor on the survival and wound healing in mice with combined radiation and wound injury. J Radiat Res（Tokyo）. 2003, 44（3）: 223-228.

[107] Qu JF, Cheng TM, Shi CM, et al. A Study on the Activity of Fibroblast Cells in Connection with Tissue Recovery in the Wounds of Skin Injury after Whole-body Irradiation. J Radiat Res（Tokyo）. 2004, 45（2）: 341-344.

[108] Ran Xinze, Cheng Tianmin, Shi Chunmeng, et al. The Effects of total-body irradiation on the survival and skin wound healing of rats with combined radiation-wound injury. J Trauma, 2004, 57（5）: 1087-1093.

[109] 李建福，程天民，冉新泽，等. 加压外固定促进合并放射损伤骨折愈合的实验研究. 中华放射医学与防护杂志，2006, 26（2）: 121-124，132.

[110] 宗兆文，程天民，冉新泽，等. CXCR4基因转染促进移植dMSCs向放创复合伤创面分布的研究. 中华放射医学与防护杂志，2009, 29（4）: 351-354.

[111] Chen Xiaohong, Ran Xinze, Cheng Tianmin. Protective effect of an extract from Periplaneta americana on hematopoiesis in irradiated rats. Int J Radiat Biol, 2009, 85（7）: 607-613.

[112] Zong Zhaowen, Cheng Tianmin, Su Yongping, et al. Recruitment of Transplanted Dermal Multipotent stem Cells to the Sites of Injury in Rats with Combined Radiation and Wound Injury by Interaction of SDF-1 and CXCR4. Radiat. Res. 2008, 170（4）: 444-450.

烧冲复合伤

[113] 程天民，林远，古德全. 几类损伤的骨髓巨核细胞被噬现象. 解放军医学杂志，1980, 5（6）: 325-328.

[114] 程天民，林远，古德全，等. 烧冲复合伤肺脏病理变化的实验研究. 中华外科杂志，1982, 20（5）: 278-281.

[115] 林远，程天民，古德全，等. 烧冲复合伤心脏病理变化的实验研究. 解放军医学杂志，1982, 7（4）: 193-195.

［116］Cheng TM, Lin Y, Gu DQ, et al. Ultrastructural changes of bone marrow megakaryocytes in several types of injury. Burns, 1984, 10（4）: 282-289.

［117］郑怀恩，程天民. 烧冲复合伤肺脏病变对血小板生成的影响. 中华血液学杂志，1988，9（12）: 720-722.

［118］郑怀恩，程天民，等. 烧冲复合伤时几种骨髓细胞的超微结构变化. 第三军医大学学报，1989，11（5）: 335-339.

化学复合伤

［119］Yu Zhengping, Cheng Tianmin, Igisu H. Effects of hypoxia, soman and their combination on PC12 cells. J Med Coll PLA, 1997, 12（3）: 173-176.

［120］刘勇，程天民，董兆君，等. 缺氧条件下有机磷毒剂梭曼对大鼠心肌损伤的实验研究. 卫生毒理学杂志，1999，13（4）: 268-269，277.

［121］刘勇，程天民，李云鹏. 缺氧条件下梭曼中毒对培养大鼠心肌细胞的影响. 第三军医大学学报，1999，21（2）: 81-83.

干细胞与组织修复

［122］史春梦，程天民，粟永萍. 重新认识高等动物成熟体细胞的发育潜能. 科学通报，2000，45（15）: 1569-1571.

［123］邹仲敏，程天民，罗成基，等. 肌形成及其基因调控的研究进展. 中国科学基金，2000，14（3）: 137-142.

［124］宫立众，孙士红，程天民，等. 外周血干细胞和骨髓基质细胞联合输注对急性放射病造血重建作用的实验研究. 中华放射医学与防护杂志，2002，22（4）: 266-268.

［125］史春梦，程天民. 创伤局部微环境对大鼠真皮多能干细胞生物学性状的影响. 中华创伤杂志，2003，19（4）: 199-202.

［126］Shi Chunmeng, Cheng Tianmin. Effects of acute wound environment on neonatal rat dermal multipotent cells. Cells Tissues Organs, 2003, 175（4）: 177-185.

［127］Chunmeng Shi, Tianmin Cheng, Yongping Su, et al Transplantation of dermal multipotent cells promotes survival and wound healing in rats with combined radiation and wound injury. Radiation Research, 2004, 162（1）: 56-63.

［128］Chunmeng S, Tianmin C, Yongping S, Xinze R, Yue M, Jifu Q, Shufen L, Hui X, Chengji L. Effects of dermal multipotent cell transplantation on skin wound healing. J Surg Res. 2004, 121（1）: 13-19.

［129］Chunmeng S, Tianmin C. Effects of plastic-adherent dermal multipotent cells on peripheral blood leukocytes and CFU-GM in rats. Transplant Proc. 2004, 36（5）: 1578-1581.

［130］麦跃，史春梦，程天民. 真皮多能间充质干细胞对毛囊生长的影响. 中国临床康复，2004，8（2）：232-233.

［131］麦跃，程天民. 皮肤真皮修复中日益被关注的毛囊真皮细胞. 中国临床康复，2004，8（5）：934-935.

［132］史春梦，麦跃，程天民，等. 真皮来源成体多能干细胞体外自发恶性转化现象及机制研究. 第三军医大学学报，2004，26（1）：71-73.

［133］程天民，史春梦，粟永萍，等. 成体干细胞在体外培养扩增中的自发恶性转化. 中华医学杂志，2005，85（27）：1883-1884.

［134］宗兆文，程天民，冉新泽，等. 放创复合伤大鼠伤口液对真皮多能干细胞趋化作用的实验研究. 中华放射医学与防护杂志，2005，25（2）：111-113.

［135］Chunmeng Shi, Ying Zhu, Yongping Su and Tianmin Cheng. Stem cells and their applications in skin-cell therapy. Trends in Biotechnology, 2006, 24（1）: 48-52.

［136］宗兆文，程天民，冉新泽，等. 移植dMSCs向放创复合伤创面优势分布的机制研究. 中华放射医学与防护杂志，2006，26（4）：313-316.

［137］宗兆文，程天民，粟永萍，等. CXCR4腺病毒表达载体的构建及其在真皮多能干细胞中的表达. 第三军医大学学报，2006，28（5）：481-484.

[138] Zong Zhaowen, Li Nan, Cheng TM. Effect of hBD2 Genetically Modified Dermal Multipotent Stem Cells on Repair of Infected Irradiated Wounds. J Radiat Res, 2010, 51（5）: 573-580.

[139] Zong Zhaowen, Cheng Tianmin, Su Yongping, et al. Crucial Role of SDF-1/CXCR4 Interaction in the Recruitment of Transplanted Dermal Multipotent Cells to Sublethally Irradiated Bone Marrow. J Radiat Res（Tokyo）. 2006, 47（3-4）: 287-293.

[140] Zong Zhaowen, Xiang Qiang, Cheng Tianmin, et al. CXCR4 gene transfer enhances the distribution of dermal multipotent stem cells to bone marrow in sublethally irradiated rats. J Radiat Res, 2009, 50（3）: 193-201.

贫铀伤害

[141] 程天民，李蓉，粟永萍，等. 贫铀弹伤害及其医学防护. 解放军医学杂志, 2005, 30（7）: 549-551.

[142] 李蓉，艾国平，程天民，等. 贫铀对人肾小管上皮细胞的恶性转化及苯乙酸、亚硒酸钠的抑制作用. 第四军医大学学报, 2004, 25（20）: 1897-1901.

[143] 冷言冰，李蓉，程天民，等. 长期接触贫铀对大鼠遗传毒性的初步研究. 第三军医大学学报, 2006, 28（9）: 869-871.

[144] 冷言冰，李蓉，艾国平，徐辉，粟永萍，程天民. 贫铀长期摄入对大鼠肾脏损伤效应的研究. 第三军医大学学报, 2008, 30（18）: 1686-1689.

[145] 冷言冰，李蓉，艾国平，徐辉，粟永萍，程天民. 贫铀长期摄入对大鼠某些性激素水平和睾丸的影响. 毒理学杂志, 2008, 22（4）: 269-271.

[146] 冷言冰，李蓉，艾国平，徐辉，粟永萍，程天民. 贫铀长期植入对大鼠生殖系统损伤效应的研究. 现代预防医学, 2008, 35（9）: 1618-1620.

其他

[147] 程天民，梁延杰. 肝内胆管结石症的病理变化. 中华病理学杂志，1965，9（1）：28-31.

[148] 胡友梅，程天民. 对硝喹致癌作用的实验观察. 第三军医大学学报，1979，1（4）：78-80.

[149] 胡友梅，程天民，等. 复方硝喹的毒性作用及其防治的实验研究. 第三军医大学学报，1986，8（1）：25-29.

[150] Hu Youmei, Cheng Tianmin, Li Xianzhen, et al. Studies on toxicity of Nitroquine-dapson compound and therapeutic effects of folic or folinic acid on toxicated animals. J Med Coll PLA, 1986, 1（3）: 225-231.

[151] 粟永萍，程天民，林远，等. 肺血循障碍性病变的宏观图像定量分析. 中华创伤杂志，1991，7（4）：208-209.

[152] 曹佳，程天民. 微核的染色体组成模型与微核实测DNA含量的比较研究. 第三军医大学学报，1996，18（4）：281-284.

[153] 程湘，程天民，冉新泽. 辐射联合化学药物协同抗卵巢癌作用的研究. 现代妇产科进展，1999，8（4）：339-341.

[154] 叶治家，程天民，江智红，等. 人酰基辅酶A：胆固醇酰基转移酶N端片段在大肠杆菌中的表达. 第三军医大学学报，1999，21（3）：156-159.

[155] 程湘，程天民. 人卵巢癌细胞亚系M951的建立和生物学特性初步观察. 细胞生物学杂志，2000，22（2）：84-86.

[156] 叶治家，程天民，江智红，等. 人酰基辅酶A：胆固醇酰基转移酶C端片段在大肠杆菌中的表达及其抗体的制备. 第三军医大学学报，2000，22（2）：101-105.

[157] 程湘，程天民. 卵巢癌细胞体外粘附腹膜模型的建立及CD44表达对粘附能力影响的研究. 第三军医大学学报，2000，22（6）：512-515.

[158] 杨峥嵘，程天民，粟永萍，等. Genistein体外抑瘤效应及其对不同细胞作用选择性的研究. 第三军医大学学报，2002，24（1）：62-65.

[159] 张乾勇,程天民. 视黄酸和 α-干扰素对带有视黄酸反应元件的 LUC 报告基因表达的调控作用. 第三军医大学学报,2002,24(3):249-251.

[160] 闫国和,粟永萍,程天民,等. 人羊膜负载猪角朊细胞重建表皮的形态学研究. 第三军医大学学报,2002,24(8):933-936.

[161] 吴锡南,程天民,刘苹,等. 出生前暴露 1800 MHz 电磁场大鼠 Morris 迷宫测试. 环境与健康,2003,20(1):10-12.

[162] 胡友梅,程天民. 经典药物新枝叠发——非甾体抗炎药的临床应用. 中国处方药,2003(3):28-33.

[163] 杨峥嵘,何飞,程天民. 重组小鼠凝血因子Ⅶ-pPIC9K 表达载体的构建及其在毕赤酵母中的表达. 中国肿瘤生物治疗杂志,2005,12(2):98-102.

[164] 孙仁山,冉新泽,程天民,等. 人 FcεRI 膜外区 α 蛋白的表达及其自身抗体的检测. 科技导报,2006,24(5):59-61.

[165] 程天民,粟永萍,胡友梅,等. 严重自然灾害医学救援工程管理探讨. 中国工程科学,2009,11(6):63-67.

[166] Shi Chunmeng, Zhu ying, Cheng Tianmin. Beta2-microglobulin: emerging as a promising cancer therapeutic target. Drug Discov Today. 2009, 14(1-2):25-30.

[167] Shi Chunmeng, Zhu Ying, Ran Xinze, Cheng Tianmin. Therapeutic potential of chitosan and its derivatives in regenerative medicine. J Surg Res, 2006, 133(2):185-192.

[168] Zong Zhaowen, Li Nan, Cheng Tianmin, et al. Current state and future perspectives of trauma care system in mainland China. Injury, 2011, 42(9):874-878.

教学论文

[169] 程天民. 精讲重点,启发推理——讲好一堂课的体会之一. 第三军

医大学教学经验汇编，1980.6.

[170] 程天民. 刻苦锻炼表达能力，努力提高教学效果——讲好一堂课的体会之二. 第三军医大学教学经验汇编，1980.6.

[171] 程天民. 对教学改革几个问题的探讨. 第三军医大学1984年度教学经验交流会总结报告. 1984.

[172] 程天民. 寓德育于智育之中. 解放军报，1987.12.15第2版.

[173] 程天民. 与研究生谈成才. 学位与研究生教育，1987，(6)：28-30.

[174] 程天民，黎鳌，王正国，等. 创建新型军事医学教育体系的研究与实践. 高等工程教育研究，2001，(3)：53-56.

[175] 程天民，李士友，李荟元，等. "以质量取胜，以特色取胜"的新型办学思想与十年实践. 见：重庆市教育委员会编. 当代重庆教学论文大系（第1卷）. 昆明：云南民族出版社，2002. 428-431.

[176] 程天民. "军事预防医学"新学科的创建与八年教学实践. 中国高等医学教育，2006，(8)：47-49，77.

[177] 程天民. 医学高校科室主任工作辩证法刍议. 高等工程教育研究，2001，(2)：13-17.

[178] 程天民. 军事预防医学新学科的设立与实践. 解放军预防医学杂志，2001，19（4）：310-312.

附录三　程天民担任、兼任学术职务

序号	任职时间	担任、兼任学术职务
1	1979.04—	第三届及以后历届全军医学科学技术委员会委员
2	1982.03—	《解放军医学杂志》编委会副主任委员、顾问；全军医学科学技术委员会防原医学专业组副组长
3	1985.02—2004	国务院学位委员会第二、三、四届学科评议组成员；第三、四届公共卫生与预防医学学科评议组召集人
4	1986.12—	军医大学学报英文版第一届及以后各届编委会委员
5	1988.10—1993	第三军医大学科学技术委员会主席
6	1990—2000	国家科技奖励医学评委会和总后勤部评委会委员
7	1992.02—1998.09	四川省第一届学位委员会委员
8	1993—2006	第三军医大学多届学位评审委员会主席，2006年后为名誉主席
9	1995.10—2000	中华医学会创伤学会主任委员
10	1996—2006	《第三军医大学学报》多届编委会主任委员
11	1996.02—	中国工程院院士（医药卫生学部）
12	1997.09—	重庆市第一届学位委员会委员，2003年后任副主席
13	1998.01—2001	中国人民解放军第一届学位委员会委员

续表

序号	任职时间	担任、兼任学术职务
14	1998.11—2006.6	中国工程院教育委员会委员
15	1999.03—	受聘为昆明医学院客座教授
16	2000.07—	受聘为总后勤部卫生部防疫大队学术委员会主任委员
17	2000.09—	中国工程院工程管理学部院士（跨学部院士）
18	2002.11—	先后受聘为：广东省人民医院名誉教授，第四军医大学名誉教授，苏州大学名誉教授，南京医科大学名誉教授
19	2003.04—	受聘为浙江大学兼职教授；第一军医大学名誉教授
20	2003.08—	受聘为天津医科大学名誉教授
21	2005.03—	受聘为解放军总医院、军医进修学院名誉教授
22	2005.09—	全军第八届医学科学技术委员会副主任委员；总后勤部科技咨询委员会副主任委员
23	2006.04—	成都医学院高级顾问委员会主任委员
24	2008.03—	重庆市老科学技术工作者协会名誉会长
25	2010.12—	《中华放射医学与防护杂志》编辑委员会顾问
26	2012.03—	应邀担任二炮总医院名誉院长

附录四
程天民所获科技成果与荣誉奖励
（军队与省部级二等奖以上奖励）

科研成果奖

国家科技进步奖（4项）

序号	获奖等级	获奖时间	获奖项目	完成人
1	国家科技进步奖一等奖	1993年12月	放烧和烧冲复合伤的病理学研究	程天民、粟永萍、林远、郑怀恩、王德文、古德全、何庆嘉、罗长坤、史景泉、初宪高、张春生、蒋鲁丽、施同舟、李延平、可金星
2	国家科技进步奖三等奖	1998年12月	微核形成机制、检测方法及其用于人群监测和毒性评价的系列研究	曹佳、薛开先、程天民、马国建、易东
3	国家科技进步奖二等奖	2001年1月	放烧复合伤几个关键环节的治疗及其理论基础实验研究	程天民、冉新泽、陈宗荣、闫永堂、叶本兰、熊业、郑怀恩、魏书庆、徐辉、粟永萍
4	国家科技进步奖一等奖	2004年1月	96L044项目	宁竹之、余争平、周传明、刘国治、王勇、孟凡宝、龚书明、王登高、李林、黄文华、程天民、张广斌、钟敏、张彦文、曹佳

军队科技进步奖（11项）

序号	获奖等级	获奖时间	获奖项目	完成人
1	军队科技进步奖一等奖	1983年5月	烧冲复合伤的病理变化	程天民、林远、古德全、王德文
2	军队科技进步奖二等奖	1987年11月	骨髓巨核细胞被噬现象的研究	程天民、林远、古德全
3	军队科技进步奖一等奖	1992年7月	放烧复合伤的病理学研究	程天民、粟永萍、林远、郑怀恩、古德全、张春生、罗长坤、刘贤华、闫国和
4	军队科技进步奖二等奖	1994年10月	合并全身放射损伤时深度烧伤创面处理研究	闫永堂、冉新泽、魏书庆、何庆嘉、郑怀恩、程天民、林远、向明章、肖皓昆
5	军队科技进步奖二等奖	1996年8月	T细胞表面活性分子电离辐射效应及其对细胞功能的影响	闵锐、程天民、罗成基、陈纪、沈茜、孟祥顺、丁振海、杨如俊、刘本俶
6	军队科技进步奖二等奖	1997年9月	微核形成机制及其用于非整倍体检测的研究	薛开先、曹佳、马国建、程天民、沈宗丽、胡斌、吴建中、杨录、刘胜学
7	军队科技进步奖二等奖	1998年10月	烧冲复合伤与冲击伤心肺损伤的系列研究	郑怀恩、程天民、林远、屈纪富、李爱莲、冉新泽、粟永萍、闫国和、古德全
8	军队科技进步奖二等奖	1998年10月	DNA聚合酶β的某些分子放射生物学性质及DNA修复作用	蔡建明、郑秀龙、罗成基、程天民、高建国、杨如俊、陈金国、余宏宇、张丽民
9	军队科技进步奖二等奖	1999年7月	《烧伤病理学》	陈意生、史景泉、程天民、黄文华、杨宗城、肖光夏、赵雄飞、李元平、王灿
10	军队科技进步奖一等奖	2001年8月	96L044项目	宁竹之、王登高、余争平、周传明、刘国治、龚书明、程天民、王勇、孟凡宝、李林、肖家思、贺松生、林远、刘倩予、曹佳、冯华
11	军队科技进步奖一等奖	2004年7月	放创复合伤时创伤难愈与促愈的实验研究	程天民、舒崇湘、冉新泽、陈晓红、屈纪富、宋述强、史春梦、李建福、粟永萍

重庆市科技进步奖和自然科学奖（4项）

序号	获奖等级	获奖时间	获奖项目	完成人
1	重庆市科技进步奖二等奖	1997年1月	异体骨髓移植和不同方法输血对急性放射病治疗作用的实验研究	冉新泽、闫永堂、程天民、魏书庆、林远、向明章
2	重庆市科技进步奖二等奖	1999年4月	放射损伤复合烧伤后几个治疗关键及其机制的实验研究	闫永堂、冉新泽、程天民、魏书庆、林远、郑怀恩、罗成基、何庆嘉
3	重庆市科技进步奖二等奖	2011年5月	高亲和力IgE受体及慢性特发性荨麻疹的研究	孙仁山、程天民、陈晓红、冉新泽、粟永萍、刘荣卿、刁庆春、叶庆佾、伍津津
4	重庆市自然科学奖二等奖	2008年3月	真皮与骨髓来源多能干细胞的生物学特性及其促进创伤修复的机制	史春梦、粟永萍、艾国平、闫国和、冉新泽、屈纪富、程天民

中华医学科技奖（1项）

序号	获奖等级	获奖时间	获奖项目	完成人
1	中华医学科技奖一等奖	2012年12月	放创复合伤难愈机制与干细胞治疗的实验研究	史春梦、粟永萍、冉新泽、程天民、邹仲敏、宗兆文、屈纪富、王涛、刘登群、艾国平、王军平、闫国和、徐辉、陈晓红、舒崇湘

教学成果奖

国家教学成果奖（3项）

序号	获奖等级	获奖时间	获奖项目	完成人
1	国家教学成果奖二等奖	1997年10月	"以质量取胜，以特色取胜"的新型办学思路与十年实践（1997-2-356-1#）	程天民、李士友、李荟元、魏守钜、王谦
2	国家教学成果奖二等奖	2005年9月	"军事预防医学"新学科的创建与教学实践（2005554#）	程天民、曹佳、宁竹之、王登高、王云贵
3	国家教学成果奖一等奖	2009年9月	创建现代军事医学学科体系，培养新型军事医学人才的研究（2009063）	程天民、王正国、吴灿、王登高、罗长坤

军队教学成果奖（4项）

序号	获奖等级	获奖时间	获奖项目	完成人
1	军队教学成果奖一等奖	1996年12月	"以质量取胜，以特色取胜"的新型办学思路与十年实践	程天民、李士友、李荟元、魏守钜、王谦
2	军队教学成果奖一等奖	2001年8月	主动适应军队现代化要求，创建新型军事医学教育体系	程天民、黎鳌、王正国、王谦、陈俊国
3	军队教学成果奖一等奖	2005年8月	"军事预防医学"新学科的创建与教学实践	程天民、曹佳、宁竹之、王登高、王云贵
4	军队教学成果奖一等奖	2009年8月	创建现代军事医学学科体系，培养新型军事医学人才的研究	程天民、王正国、吴灿、王登高、罗长坤

主要荣誉与奖励（20项）

序号	获奖时间	获奖项目	授奖单位
1	1953年3月	三等功	中南军区医学院
2	1964年6月	三等功	第七军医大学
3	1978年	总后勤部模范教育工作者	解放军总后勤部
4	1981年	总后勤部优秀共产党员	解放军总后勤部
5	1984年12月	全军后勤科技工作先进个人	解放军总后勤部
6	1991年10月	首批政府特殊津贴	国务院
7	1993年3月—1998年2月	第八届全国政协委员（医药卫生界）	全国政协
8	1994年10月	参加中国人民解放军英模代表团暨国庆45周年活动	解放军总政治部、总后勤部
9	1995年9月	全国优秀教师	国家教育部，人事部
10	1996年12月	总后勤部科学技术"一代名师"	解放军总后勤部政治部
11	1999年7月	全军专业技术重大贡献奖	解放军总参谋部、总政治部、总后勤部、总装备部
12	2000年10月	何梁何利基金科学技术进步奖	国家科技部组织评审，理事会审定
13	2001年10月	一等功	中央军委
14	2002年2月	全军院校育才金奖	解放军总参谋部、总政治部、总后勤部
15	2006年4月	第六届光华工程科技奖	中国工程院审评，理事会审定
16	2006年5月	重庆市首届科学技术突出贡献奖	重庆市人民政府
17	2006年6月	全国优秀共产党员	中共中央决定、中组部授予
18	2007年8月	建军80周年全军英雄模范代表	中央军委
19	2008年12月	改革开放30周年与时代同行军营新闻人物	解放军报
20	2009年9月	新中国成立60周年重庆杰出英模	重庆市委、市政府

参考文献

[1]《晋书·列传》.

[2]郭海全. 周铁镇志[M]. 南京：凤凰出版社，2008.

[3]蔡大镛，张昕. 道山情怀[M]. 苏州：古吴轩出版社，2010.

[4]蒋励君. 三进苏州中学[A]. 见：胡铁军. 百年苏中[C]. 苏州：苏州大学出版社，2005.

[5]何友良. 熊式辉与中正大学的创办[J]. 江西社会科学. 2008,（4）：117.

[6]杨锡寿. 抗日战争中的国立中正医学院[J]. 贵阳文史. 2008,（6）：29-32.

[7]中正医学院学则. 中正医学院院刊. 1942.

[8]程天民. 第三军医大学发展简史和几个片段、侧面的回忆[A]. 见：第三军医大学编. 程天民院士科研教学与管理文选[C]. 北京：人民军医出版社，2006：583.

[9]郭常顺. 江西解放前中共地下党领导下的学生运动[J]. 长沙铁道学院学报（社会科学版），2012,13（1）.

[10]彭友德. 近代江西高等学校沿革纪略[J]. 江西社会科学，1986,（3）：117-122.

[11]江西省中共党史学会编印. 江西党史讲义[M]. 江西：江西省中共党史学会，1984：704.

[12]中共南昌市委党史研究室编. 中共南昌城工部史料[M]. 1989.

[13] 高恩显主编. 中国人民解放军第四野战军卫生工作史资料选编（1945.8—1950.5）[M]. 北京：人民军医出版社, 2000.

[14] 中国人民解放军组织沿革·文献（3）：854, 第四野战军兼华中军区命令, 军字第22号（1949年9月22日）.

[15] 李官禄. 红军博士涂通今[M]. 北京：军事医学科学出版社, 1998.

[16] 程天民. 精讲重点, 启发推理[A]. 见：第三军医大学编. 程天民院士科研教学与管理文选[C]. 北京：人民军医出版社, 2006：551.

[17] 程天民. 刻苦锻炼表达能力, 努力提高教学效果[A]. 见：第三军医大学编. 程天民院士科研教学与管理文选[C]. 北京：人民军医出版社, 2006：554.

[18] 郑文翰主编. 军事大辞典[M]. 上海：上海辞书出版社, 1992：378.

[19] 核武器效应试验史编委会编. 大西北, 大戈壁, 大事业：中国核武器效应试验风云录[M]. 北京：海潮出版社, 2002.

[20] 宋炳寰. 核试验效应记事[J]. 神剑, 2007（2）：10.

[21] 第三军医大学编. 程天民院士科研教学与管理文选[C]. 北京：人民军医出版社, 2006：64-65.

[22] 陈光明. 戈壁春秋[M]. 北京：国防工业出版社, 2007.

[23] 中国人民解放军总后勤部卫生部编. 百年医学科技进展[M]. 北京：人民军医出版社, 2005：186.

[24] 程天民, 林远. 几类损伤时的骨髓巨核细胞被噬现象[J]. 解放军医学杂志, 1980, 5（6）：325-326.

[25] 郑怀恩, 程天民. 复合伤的特点与发病机制[J]. scientific American, 1993,（3）：21.

[26] 程天民, 罗成基等. 中国军队复合伤研究进展[A]. 见：第32届国际军事医学大会论文选编. 军事医学荟萃[C]. 北京：军事医学科学出版社, 1996：57-61.

[27] 程天民, 邹中敏. 放射复合伤的研究进展[J]. 中华放射医学与防护杂志, 1998, 18（5）：299.

[28] 程天民, 李士友等. "以质量取胜, 以特色取胜"的新型办学思想与十年实践[A]. 见：第三军医大学编. 程天民院士科研教学与管理文选[C]. 北京：人民军医出版社, 2006：569.

[29] 向焱彬, 陈俊国等. 坚持"两个取胜", 注重"两个建设", 培养各类人才

的探讨［J］.西南教育管理究.1996,（2）：73-75.

［30］程天民.我国放射复合伤的研究概况［J］.中华放射医学与防护杂志,1989,9（5）：325.

［31］辛哲.我国放烧复合伤综合救治水平居国际先进［J］.中华放射医学与防护杂志,2001,6（3）：204.

［32］程天民,胡友梅.创伤难愈的主要原因与发生机制［J］.中华创伤杂志.2004,20（10）：577.

［33］程天民,李蓉等.贫铀弹伤害及其医学防护［J］.解放军医学杂志,2005,30（7）：549.

［34］周远清.在国务院学位委员会第十四次会议上的工作报告（摘要）［J］.学位与研究生教育,1996,（4）：1.

［35］程天民.军事预防医学新学科的设立与实践［J］.解放军预防医学杂志,2001,19（4）：310-312.

［36］程天民."军事预防医学"新学科的设立与实践［J］.解放军预防医学杂志,2001,19（4）：310-312.

［37］程天民."军事预防医学"新学科的创建与八年教学实践［J］.中国高等医学教育,2006,（8）：47-49.

［38］张孝文.深化改革、调整结构、提高质量、进一步推进我国的学位工作［J］.学位与研究生教育,1995,（3）：8-13.

［39］程天民.医学高校科室主任工作辩证法刍议［J］.高等工程教育研究,2001,9（2）：13.

［40］程天民.科学研究中的治学与修身［J］.中华烧伤杂志,2005,21（1）：1.

［41］程天民.辩证思维：删繁就简,立异标新［A］.见：卢嘉锡.院士思维（选读本）.合肥：安徽教育出版社,2000：695-712.

后 记

《求索军事医学之路：程天民传》是中国科协"老科学家学术成长资料采集工程"分题"程天民学术成长资料采集工程"的成果之一。该课题于2011年4月正式启动，第三军医大学专门成立了项目组，由全军复合伤研究所冉新泽书记担任组长，教育学博士邓晓蕾为副组长，成员包括院士秘书肖燕，学校政治部长期从事广播电视工作的张远军台长，新闻宣传干事赵虹霖和专职从事电视摄像的郑小涛等人。2011年4月16—18日，项目组主要成员在上海科学会堂参加了第二批采集人员培训班。经过一年半的不懈努力，2012年11月5日，在济南市参加了中国科协采集工程办公室组织的第一次结题验收会。在中国科技史学会管理的23个采集项目中，综评结果为优秀的有4个组，本组是其中之一。后又经项目组成员多次修改，几易其稿，程院士亲自审定，最后完成了研究报告和《程天民传》的撰写。

程天民院士科技硕果累累，人生经历丰富多彩。他的学术成长历程，在一些方面反映了我国防原医学，尤其是复合伤研究的发展历程，更是军医大学办学理念发展的辉煌写照。《程天民传》则集中全面地记述了他的学术成长、学术思想、学术成就和风范风采，这必对新一代青年学人在树立爱国爱军信念，从执着的科学探索与无私奉献精神，到严谨的治学态度、科研思维、人格魅力等诸多方面，起到启迪、示范和砺炼激励作用。

在《程天民传》的撰写和采集过程中，项目组成员不辞辛苦，多次携带笨重的摄制器材，除在重庆访谈采集外，还北上北京、东赴上海、苏州、宜兴等地，高质量完成了大量访谈工作，项目组成员积极为采集出主意想办法，主动进取，勇于创新，多次对撰写思路和采集进展等问题进行探索和协商，尤其是邓晓蕾博士倾注了大量心血，几乎无法照看年幼的爱女，多次冒雪赴北京进行采集访谈，长时间放弃休息时间，对撰写研究报告做出了最大贡献。如果没有项目组成员之间的密切配合协作和很多人的帮助，是很难完成这一被大家称之为史无前例、意义重大、工程浩大的学术成长资料采集工程的。因此，本组成员都能以作为一名亲身参与过这一开创性工程的采集人员而深感使命光荣、责任重大。

在研究过程中，本项目得到了第三军医大学的高度重视和大力支持，由学校副政委挂帅，政治部季志宏主任、喻雪萍副主任和寇晋副主任亲自主持，多次组织训练部、政治部、科研部、研究生管理大队、军事预防医学院协调各相关部门参与资料采集，确保资料采集不漏项、高质量；罗长坤校长、高占虎政委、王云贵副校长均挤出时间接受访谈，亲自过问或安排相关采集事项；军事预防医学院周来新院长、毛志坚政委专门抽时间对采集工作进行指导。采集组谨此深深致谢。

需要特别提出，程院士积极主动参与和热情支持此项采集工作，是项目组完成此项工作的重要保证。他多次提出如何采集的工作建议；翻箱倒柜地搜集和整理各种宝贵资料，包括二十世纪六七十年代的读书笔记、讲稿手稿；认真准备，主动回忆，接受7次共9小时的直接访谈；对形成的文稿细致阅读修改，有些段落甚至亲自撰写。采集过程使项目组成员与程院士产生了深厚的感情，最后他为每一位成员书写了一幅含有各自姓名的藏头诗书法，让大家备受感动。

在采集过程中，我们深深的为多位原总部和学校领导、学术同行、学生和亲友们对程院士的真切敬重和深厚情谊所感动。他们讲述了许多珍贵的、有些鲜为人知的史实，诚恳而殷实地评价了程院士的贡献，为我们完成采集研究和撰写《程天民传》，提供了重要的不可或缺的依据和指导。

他们中包括总后勤部原副部长刘明璞，原副部长、第三军医大学原校长王谦，原部长助理兼卫生部长陆增祺，第三军医大学原校长吴灿，原副校长程凤翔，军事医学科学院科技部原副部长吴乐山，军事医学科学院原院长秦伯益院士，中国医学科学院巴德年院士，上海肿瘤研究所顾健人院士，第三军医大学附属大坪医院野战外科研究所王正国院士，第三军医大学原副校长、全军复合伤研究所原所长罗成基教授；学生代表全军复合伤研究所时任所长粟永萍研究员，军事预防医学院原院长曹佳教授、劳动卫生学教研室主任余争平教授，程院士家乡代表江苏省苏州中学校史馆主任朱九如，江苏宜兴电视台编导沈重光，宜兴市周铁镇原书记许云昌，时任书记裴焕良，程院士苏州中学同学孙初；程院士妹程美瑛、弟程虎民，程院士亲密的伴侣胡友梅教授、女儿程红缨教授，以及学校图书馆耿鹏副馆长和馆员赵海荣等曾给本项目组提供或下载了很多极其宝贵的文字资料、照片或文献。还感谢中国科协"老科学家学术成长资料采集工程"项目办公室负责人张藜研究员和刘洋博士的帮助，他们对本稿极为重视，不惜耗费大量时间审读，提出了许多宝贵意见，使我们受益匪浅。

  然而，由于作者学力所限，阅历尚浅，不管怎样写都感觉写不出满意的文字，再多的文字也表达不完我们对程院士的感谢和感激，书中难免仍有不足之处，还望读者给以谅解并批评指正！

冉新泽
2014 年 3 月 18 日 于重庆

老科学家学术成长资料采集工程丛书
已出版（50种）

《卷舒开合任天真：何泽慧传》　　《此生情怀寄树草：张宏达传》
《从红壤到黄土：朱显谟传》　　　《梦里麦田是金黄：庄巧生传》
《山水人生：陈梦熊传》　　　　　《大音希声：应崇福传》
《做一辈子研究生：林为干传》　　《寻找地层深处的光：田在艺传》
《剑指苍穹：陈士橹传》　　　　　《举重若重：徐光宪传》

《情系山河：张光斗传》　　　　　《魂牵心系原子梦：钱三强传》
《金霉素·牛棚·生物固氮：沈善炯传》《往事皆烟：朱尊权传》
《胸怀大气：陶诗言传》　　　　　《智者乐水：林秉南传》
《本然化成：谢毓元传》　　　　　《远望情怀：许学彦传》
《一个共产党员的数学人生：谷超豪传》《没有盲区的天空：王越传》

《含章可贞：秦含章传》　　　　　《行有则　知无涯：罗沛霖传》
《精业济群：彭司勋传》　　　　　《为了孩子的明天：张金哲传》
《肝胆相照：吴孟超传》　　　　　《梦想成真：张树政传》
《新青胜蓝惟所盼：陆婉珍传》　　《情系梁菽：卢良恕传》
《核动力道路上的垦荒牛：彭士禄传》《笺草释木六十年：王文采传》

《探赜索隐　止于至善：蔡启瑞传》《妙手生花：张涤生传》
《碧空丹心：李敏华传》　　　　　《硅芯筑梦：王守武传》
《仁术宏愿：盛志勇传》　　　　　《云卷云舒：黄士松传》
《踏遍青山矿业新：裴荣富传》　　《让核技术接地气：陈子元传》
《求索军事医学之路：程天民传》　《论文写在大地上：徐锦堂传》

《一心向学：陈清如传》　　　　　《铃记：张兴铃传》
《许身为国最难忘：陈能宽传》　　《寻找沃土：赵其国传》
《钢锁苍龙　霸贯九州：方秦汉传》《虚怀若谷：黄维垣传》
《一丝一世界：郁铭芳传》　　　　《乐在图书山水间：常印佛传》
《宏才大略：严东生传》　　　　　《碧水丹心：刘健康传》